한일관계의 흐름 2006-2007

국립중앙도서관 출판시도서목록(CIP)

한일관계의 흐름 2006-2007＝Essays on Korea-Japan
relation 2006-2007 / 최영호, -- 서울 : 논형, 2008
p. ;   cm. -- (논형 일본학 ; 9)

색인 수록
ISBN   978-89-90618-91-7 04340 : ₩14,000
ISBN   978-89-90618-50-4(세트)

349.11013-KDC4
327.519052-DDC21   CIP2008000778

Essays on Korea-Japan Relation 2006-2007

한일관계의 흐름
2006 - 2007

최영호 지음

한일관계의 흐름 2006-2007

ⓒ 최영호, 2008

지은이 | 최영호
초판1쇄 인쇄 | 2008년 3월 15일
초판1쇄 발행 | 2008년 3월 20일
펴낸이 | 소재두
펴낸곳 | 논형
등록 | 제2003-000019호
등록일자 | 2003년 3월 5일
주소 | 서울시 관악구 봉천2동 7-78 한림토이프라자 5층
전화 | 02) 887-3561(대)
팩스 | 02) 887-6690

ISBN 978-89-90618-91-7 04340
 * 값 14,000원

이 책은 지난 2006년에 발간한 『한일관계의 흐름 2004-2005』에 이어 2006년과 2007년에 일어난 시사 문제를 중심으로 한일관계의 흐름을 정리한 것이다. 이 책은 지난 2006년부터 2007년까지 필자가 인터넷으로 배포한 「한일시평」과 2007년 『동북아역사논총』에 게재한 연구논문 등을 재구성하고 보완해 단행본으로 엮은 것이다. 「한일시평」은 2004년 1월부터 필자가 중심이 되어 한일관계에 관한 시사 문제를 에세이 형태로 작성하여 인터넷으로 제공하고 있는 평론공간이다. 2004년 정월 초하루 고이즈미(小泉純一郞) 수상의 전격적인 야스쿠니신사 참배에 대한 비판으로부터 '가벼운' 마음으로 1호를 시작한 것이 2007년 말 현재, 160호를 넘기게 되었다.

지난 2006년과 2007년을 회고해 보면, 이 시기 한국에서는 참여정부가 정권 후반기를 맞았으며 일본에서는 고이즈미에 이어 아베(安部晋三)와 후쿠다(福田康夫)가 정권을 이어받는 정치적 변화가 있었다. 이 시기 한일관계는 이전의 과거사 문제와 영토 문제로 야기된 석연치 않은 분위기를 이어받았으며, 2006년 8월에 고이즈미 수상이 야스쿠니 참배를 감행함으로써 이런 분위기를 더욱 암울하게 했다. 아베 정권에 들어서도 여전히 한일관계에 쌓인 앙금은 쉽게 가라앉지 않았다. 그것은 아베가 기본적으로 고이즈미의 외교노선을 답습한데다가 그가 수상이 되고 나서도 과거에 자신이 보였던 주변국을 배려하지 않는 몰(沒)외교적 역사인식 행태를 뒤엎을 만한 적극성을 보이지 않았기 때문이다. 여기에 한국의 참여정부도 대일관계의 관계회복을 위한 적극성을 보이지 않았다. 대북관계에 보인 적극성에 비하면 대일외교는 상대적으로 소극적이었다고 평가할 수밖에 없다.

참여정부 말기에 일본에서 등장한 후쿠다 정부는 역사인식 문제에 대해 신중한 입장을 보이기 시작했다. 2007년이 끝나가는 시점에 한국에서는 한나라당의 이명박 후보가 대통령으로 당선되면서 한일관계의 개선을 긍정적으로 전망하는 소리가 높아졌다. 그간 한일관계가 흐린 날씨와 같은 분위기에서 하루속히 회복되지 못했던 것은 참여정부가 관계 개선을 위한 외교적 노력에 소극적이었던 이유도 있지만, 한일 양국에 걸친 근본적인 역사인식의 차이가 있다는 점을 간과해서는 안된다. 앞으로도 언제든지 일본 정치권에서 부적절한 과거사 관련 언동이 나올 가능성이 있다. 2008년을 시작하는 시점에서 단기적으로 볼 때 후쿠다 수상의 정치적 성향으로 보아 역사인식 문제에 대해 신중한 행보를 지속할 것으로 보이기는 하지만, 그렇다고 해서 그가 보수화 경향이 심화되고 있는 일본 사회의 상황 속에서 적극적으로 이 문제를 재검토하고 솔선하여 전후 문제 처리에 나설 것으로 보기는 어렵다. 그에게 기대할 수 있는 것은 역사인식 문제로 주변국을 곤혹스럽게 해오던 일본 정치권의 움직임을 최소화하는 노력이다. 아울러 새로운 한국 정부에게는 일본 정치권의 부적절한 언동에 대해 단호하고도 의연한 자세를 견지하고 국민감정을 슬기롭게 다스리려는 노력을 주문하고 싶다.

2006년 저서의 서론에서도 밝힌 바와 같이 필자는 한일관계에 있어 명분을 둘러싸고 상호 대립을 보이는 상부구조와 함께, 실리를 추구하고 교류를 확대해 가는 하부구조가 병존하는 현실을 인식해야 된다고 생각한다. 그리고 이 두 가지 구조가 존재하는 한일관계의 현실을 직시하는 것과, 명분과 실리의 균형을 잃지 않는 시각을 가지는 것이 중요하다는 점을 재삼 강조하고 싶다. 이 책을 통하여 필자는 한일관계의 두 가지 구조를 이루고 있는 개별적인 문제들을 가능한 균형을 잃지 않은 시각으로 해설하고 관련 자료들의 소재와 관련 움직임의 현황을 전달하고자 한다. 이러한 필자의 입장이 때로는 우유부단한 것으로 보일 때가 있어 "좀더 분명한 태도를 취해 달라"고 주문하는 독자의 소리가 있었던 것도 사실이다. 필자의 관점과 능력의 부족으로 본인의 의도와 문제의 내용을 충분하게 전달하지 못하는 것에 대해서는 독자 여러분의 비판적인 시각과 심도 있는 연구를 통해 더욱 보완되기를 기대한다.

끝으로 이 지면을 빌어 지금까지 단행본과 「한일시평」에 대해 따뜻한 격려와 생산적인 비판을 주신 한일 양국의 관련 연구자들과 독자들에게 감사의 뜻을 전한다. 시사 문제를 실감나고 쉽게 설명하기 위해 사진자료와 한일관계 기본자료를 수집하는 과정에서 연구보조원 김혜진 학생이 수고를 아끼지 않았는데 이에 감사한다. 이 책이 비교적 신속하게 나오기까지에는 논형출판사 편집자 여러분에게 신세를 많이 졌다.

2008년 2월
해운대 장산 기슭에서
최영호

| 차 례 |

III_일본의 정치사회 변화와 한일관계

IV_재일동포의 역사와 현실

Ⅰ. 한일관계 역사의 기억

_1_
한일 해저터널 구상

2007년 2월 하순 허남식 부산시장이 한일 해저터널에 대해 조만간 정책적으로 검토하겠다는 의견을 밝힌 것이 언론에 보도된 바 있다.[1] 그는 부산시의 정책과제를 발표하는 기자회견 자리에서 일본과의 경제적 교류·협력이 매우 중요한 부산시로서는 한일 해저터널의 필요성과 타당성 등을 검토하고 논의할 필요가 있다는 입장을 표명했다. 허 시장은 "부산은 일본과의 교류, 경제적 협력이 매우 중요한 만큼 부산시의 입장에서 필요성과 타당성, 문제점, 이해득실 등을 검토·논의할 필요가 있다"고 말하고, "찬반양론 등 논란이 있다고 해서 논의 자체도 해 보지 않는 것은 문제가 있다"고 했다. 같은 해 5월 중순에는 관련 전문가들을 초치하여 국제심포지엄을 개최하고 인사말을 통해 같은 의견을 피력했다. 허 시장은 그 이후로도 수 차례에 걸쳐 기회가 있을 때마다 해저터널에 대한 적극적인 관심을 표명했으며, 2008년 1월초에 가진 연두 기자회견에서도 부산 경제중흥을 위한 '10대 비전'을 제시하는 가운데 "부산의 입장에서는 한일 해저터널이 도움이 되는 것으로 본다"고 말했다.[2]

한일 해저터널 구상은 한국의 정치권에서 심심찮게 나오고 있다. 지난 1980년대 초 일본 민간연구단체의 움직임에 영향을 받아 한국의 정치권에서 해저터널에 관심을 보이기 시작했으며 그 후 대통령선거 때가 되면 선거공약으로 각 진영에서 검토의 대상이 되어 왔다. 1990년에 일본을 방문한 노태우 대통령이 국회연설 중에 한일 해저터널을 언

---

1) 「조선일보」 2007년 2월 26일; 「건교신문」 2007년 2월 27일.
2) 「연합뉴스」 2008년 1월 7일.

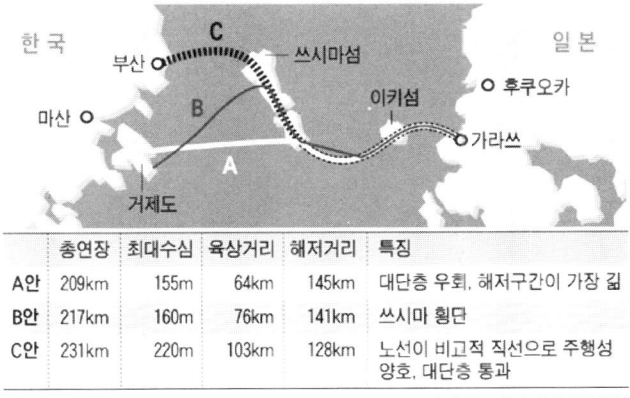

	총연장	최대수심	육상거리	해저거리	특징
A안	209km	155m	64km	145km	대단층 우회, 해저구간이 가장 깊음
B안	217km	160m	76km	141km	쓰시마 횡단
C안	231km	220m	103km	128km	노선이 비교적 직선으로 주행성 양호, 대단층 통과

| 한일 해저터널 구상안 |

급했고, 당시 가이후(海部俊樹) 일본 수상에게 해저터널 건설을 제의한 바 있다. 1999년에는 김대중 대통령이 일본을 방문해 해저터널의 긍정적인 면을 밝혔으며, 2003년 2월 노무현 대통령도 취임 직후 고이즈미 수상과의 정상회담에서 해저터널 구상을 언급한 바 있다. 2007년에 들어서도 고건 전 총리가 대선공약 가운데 하나로 해저터널 건설 구상을 제시한 일이 있으며,3) 국회에서 무소속 양형일 의원을 중심으로 이 문제에 관한 세미나가 열리기도 했다.4)

해저터널은 한일 양국에 정치·경제·사회에 걸쳐 큰 파급효과를 미칠 수 있는 이슈 중 하나다. 앞으로 부산시가 이 문제를 정책적으로 검토하게 되면 이를 둘러싸고 찬반양론이 제기될 것이다. 필자는 2006년에 이 문제가 부산의 NGO 단체 '비전과 연대'에서 논의되었을 때 의견을 제시한 바 있다. 요컨대 장기적인 측면에서 해저터널이 한일 양국에 긍정적인 파급효과를 가져올 것으로 보이지만, 100조 원이 넘을 것으

3) 「연합뉴스」 2007년 1월 7일.

4) 「중앙일보」 2007년 2월 23일.

로 예상되는 막대한 공사비용에 대한 재원을 어떻게 확보하고, 양국이 어떻게 부담할 것인가를 감안하면 막상 현실정책으로 추진하는 데에는 회의적인 의견이 많다. 현 단계에서는 이 문제가 구상의 수준에 머무를 수밖에 없으며, 앞으로 원만한 한일관계가 보장될 때 비로소 양국의 정치지도자들이 정책적인 협의의 대상으로 삼을 수 있을 것으로 본다. 여기서는 일본에서 해저터널 구상이 어떻게 제기되어 왔는지 그 과정을 간단히 정리해 보겠다

1937년 중일전쟁 발발 이후 일본의 대륙침략이 노골화되던 시기에 일본의 규슈(九州)와 한반도를 잇는 해저터널이 아이디어로 등장하기 시작했다. 또한 이 시기 일본의 터널 굴착기술이 세계적으로 평가를 받기 시작한 것도 해저터널 구상이 나오게 된 배경이 되었다. 이미 일본은 1936년에 혼슈(本州)와 규슈를 연결하는 간몬(關門)터널 건설에 착수하게 된다. 당시에 부산과 시모노세키를 연결하는 연락선이 일본과 대륙을 잇는 가장 중요한 교통수단이었으나 이것으로는 대륙 진출을 위한 인적·물적 수송의 수요를 모두 충족할 수 없었다. 또한 철도와 항만을 통해 드는 운송비용을 절감해야 한다는 목소리도 생겨났다. 이에 따라 일본과 한반도를 철도로 직접 연결하고, 나아가 도쿄와 베를린 간의 철도 연결 등을 꿈꾸는 구상이 나오게 된 것이다.

민간에서 산발적으로 해저터널 구상이 제기되는 가운데 1939년에 당시 철도성 간부이던 구와바라(桑原彌壽雄)도 한일 해저터널을 주장한 것으로 알려지고 있다. 그는 규슈의 가라쓰(唐津)에서 이키(壹岐)섬, 쓰시마(對馬)섬을 거쳐 한반도에 이르는 해저터널, 도쿄-베이징 쾌속[彈丸]열차, 그리고 실크로드를 지나 유럽에 이르는 철도를 구상했다고 한다. 이 아이디어는 당시에 이미 널리 나돌고 있던 부산을 기점으로 한 '대동아관통 철도구상'을 일본 본토까지 확장한 것이다. 일본 철도성은 이미

| 1980년대 시범 굴착한 터널 갱도 |

1941년에 해저터널에 대한 예비조사에 착수했으며 규슈 해안과 쓰시마 등에 대한 지질조사와 시추작업을 하기도 했다.[5]

　1940년 7월에 「기본국책요강」이 각료회의에서 결정되고 각 방면에 걸쳐 대동아공영권을 구축하기 위한 제도가 마련되는 가운데, 그 이듬해 5월 대동아공영권에서의 교통시스템을 연구하는 국책기관으로 '동아교통학회'가 설립되었다. 이어 태평양전쟁 발발 이후 1942년 8월에는 각료회의에서 동아시아와 동남아시아의 교통정책, 종단철도 건설계획을 검토하는 '대동아건설심의회' 설치가 결정되었다. 여기에서 해저터널 구상과 함께 도쿄와 싱가포르를 쾌속열차로 잇는 대동아철도 구상이 검토되었다. 이때 일본 본토의 기점으로 시모노세키, 하카타(博多), 가라쓰 등이 검토되었으나 정책화 단계에 이르지는 못했다. 이러한 구상마저도 일본의 패전으로 인하여 무산되었다.

　전후에 들어 한일 해저터널 구상이 논의되기 시작한 것은 1981년 11

---

5) 「쿠키뉴스」 2007년 4월 15일.

월, 서울에서 통일교회(세계기독교통일신령협회)의 문선명 교주가 과학자회의에서 '국제하이웨이프로젝트'를 제창하면서부터다. 그의 제안에 기초하여 1982년 4월에 '국제하이웨이건설사업단'이, 같은 해 5월에는 '일한터널연구회'가 각각 설립되었다. 통일교회는 이 프로젝트 기금을 마련하기 위해 신자들에게 헌금을 장려했으며 1986년 10월에는 시범적으로 가라쓰의 나고야(名古屋)에 터널 갱도를 굴착하기도 했다. 그러나 그 후 지금껏 이렇다 할 진전을 보이고 있지 않다. '일한터널연구회'는 2004년 2월에 NPO 법인이 되었으며 오늘날에도 여전히 명맥을 유지하고 있다. 오늘날 한일 양국 정부는 터널 건설에 회의적인 태도를 보이고 있는 데 반하여, 이 연구회는 해저터널에 관한 홍보자료를 통해 경제성이 충분히 있다는 점을 기회 있을 때마다 강조하고 있다.[6]

_2_
식민지시기 화폐 속의 인물

2007년 1월 말, 통영에서 열린 영남지방의 일본지역연구자모임에서 해양대학교 대학원 학생이 "화폐의 도안: 숨겨진 권력"이라는 주제로 발표하는 가운데 근대국가에 있어서 화폐 도안의 정치적 기능에 관하여 발표한 일이 있다. 주로 대한민국 정부수립 이후의 이승만 정부와 박정희 정권을 주된 대상으로 하여 지폐에 도안된 인물들이 권위적 정권을 정당화하는 인물들로 선정되었으며 화폐 도안을 채택하는 과정에서 민주적인 의견수렴 과정이 결여되었다는 취지의 발표였다. 근대 국

6) http://www.jk-tunnel.or.jp

민국가 형성과 함께 일반적으로 국가의 영역 안에서 통일된 화폐가 만들어지고 화폐는 그 국가영역 안에서 동일한 유통가치를 갖게 되었다. 이와 함께 화폐의 도안이 국가체제의 성격과 국민통합의 방향을 상징하는 기능을 갖게 되었음은 두말할 나위 없다.

그날 발표에 대한 토론과정에서 지적된 내용이지만, 식민지 조선에서 발행된 화폐를 대상으로 하게 되면 화폐 도안의 기능에 대해서는 또 다른 설명을 필요로 하게 된다. 식민 본국은 식민지에서의 국가독립 움직임을 최대한 억제하려고 하는 가운데 식민 본국 국민이 향유하는 정치적 권리와는 다른 제한된 권리를 식민지인에게 적용시키려고 하기 때문이다. 따라서 화폐 도안에 있어서도 일반적인 국민통합 기능과는 달리 왜곡된 형태의 식민체제 유지를 위한 기능을 유도하는 것이다. 필자는 이러한 문제의식을 가지고 일제 식민지 시기 조선은행권 지폐에 도안된 바 있는 인물이 누구인가에 관한 견해들을 간략하게 정리하면서 식민지 조선에서의 화폐 도안 기능의 문제점을 생각해 보고자 한다.

일제는 대한제국을 병합하고 나서 1911년 2월에 조선은행법을 제정 공포하고 (구)한국은행을 조선은행으로 변경시켰다. 이와 함께 한국은행권을 당분간 조선은행권으로 간주하여 통용시켰으며, 1914년 9월에 처음으로 조선은행권(100원권)을 발행하기 시작했다. ㅇ 미 1890년대부터 일본 상인이 조선에 대거 진출하면서 일본 다이이치(第一)은행권이 조선에서 공공연하게 유통되기도 했다. 대체로 1921년 즈음에야 한국은행권과 다이이치은행권이 시중에서 모두 정리되고 조선은행권이 유일하게 유통되기에 이른다.

1914년에 조선총독부 인쇄국이 제조한 100원권 지폐에는 대흑천상(大黑天像) 그림이 새겨졌다. 대흑천은 불교에서 불·법·승 삼보(三寶)를 수

| 조선은행 100원권 속의 대흑천상 |

| 조선은행 10원권 속의 노인상 |

호하는 신으로 부(富)를 가져다주는 신이라고 하여 일본은행권 지폐와 동전에도 그 그림이 널리 사용되었다. 아무튼 조선은행권 최초의 화폐에는 실존인물이 등장하지 않고 당시 조선과 일본의 민중불교계가 공통적으로 전통 신(神)으로 받아들이던 상상체가 도안으로 채택된 것이다.

1915년에 조선은행이 발행한 1원권, 5원권, 10원권 지폐에는 모두 긴 수염의 동일한 노인 그림이 등장한다. 이 그림은 그 후 식민지 시기 내내 유일하게 지폐 도안으로 사용되었다. 해방과 함께 조선총독부 인쇄국을 이어받은 조선서적인쇄주식회사는 미군정 시기에는 물론 대한민국 정부수립 이후에도 이 인물 도안을 그대로 사용하여 조선은행권을 제조했다. 조선은행권은 6·25전쟁 직후 북한군의 화폐 위조로 신용을 잃고 난 후 이승만 대통령의 초상화를 새긴 새로운 한국은행권과 교체되면서 시중에서 모습을 감추게 되었다.

그런데 식민지 시기와 해방 직후에 이르기까지 조선인들에게 익숙했던 인물 도안을 두고, 그 노인 그림이 누구를 모델로 하여 그려졌는가에 대해 명확한 근거가 없는 가운데, 그 해석을 둘러싸고 견해가 분분하다. 대체로 다음 세 가지 설로 정리할 수 있지 않을까 한다.

첫째는, '전설 속의 인물' 설이다. 중국의 도교에 기원을 둔 수노인(壽老人) 그림이라는 견해가 그것이다.[7] 수노인은 동아시아에서 선종(禪宗)이 확대되면서 전통적으로 술을 좋아하고 붉은 얼굴을 한 장수(長壽)의 신으로 칠복신(七福神) 가운데 하나로 인식되어 왔다. 수묵화의 그림 소재가 한반도와 일본에 전해지면서 민중들에게 널리 알려지기는 했으나 그렇다고 해서 특정 종교에서 신앙의 대상으로 신봉되는 일은 그다지 없었던 것 같다. 수노인을 화폐 도안 모델로 채용했다고 보는 견해는 대흑천상 도안의 연속선상에서 가능한 정치적 성향을 배제하면서 민중의 기복(祈福)심리에 맞춘 화폐 도안 정책이라는 점에 초점을 맞추고 있다.

둘째는, '조선 사람' 설이다. 조선 말기 문인관료였던 김윤식(1835~1922)을 모델로 했다고 보는 견해가 그것이다.[8] 김윤식은 1864년에 진사과에 합격하여 관료의 길을 걷기 시작했고 1874년 대과에 합격하여 민씨정권의 총애를 받으며 황해도 암행어사, 순천부사 등을 역임했다. 갑신정변과 갑오개혁 때에 친일개화파에 연루되었다고 하여 유배된 일도 있다. 1908년에는 일흔이 넘은 나이에 중추원 의장으로 임명되었고 갑신정변과 을미사변 관련자들의 모임인 강구회(講舊會) 회장, 기호학회와 흥사단 회장 등을 역임했다. 일제의 한국합병을 인정한 후 작위를 받은 일도 있으며, 한편으로 3·1운동 때에는 독립청원서 제출사건에 연루되어 징역 2년을 선고받은 일도 있다. 지폐 도안의 모델이 김윤식

---

7) 「사이언스타임즈」 2007년 5월 3일. 수노인의 모델이 김윤식이라는 설도 있다.

8) 김인식, 『한국화폐가격도록』, 금화출판사, 1982, 294-303쪽.

이라는 견해는 그가 장수한 조선인 관료인데다가 기본적으로 친일 성향의 인물이었기 때문에 모델로 채택되었을 것으로 본다. 한편으로 김윤식을 모델로 하여 스노인을 묘사했다는 주장도 있다. 아무튼 식민지 시기는 물론 그 이후에도 한반도에서 이 도안이 계속 사용되었던 것은, 지폐에 그려진 얼굴 표정이나 생김새로 볼 때 전형적인 조선인 노인으로 묘사되었기 때문이다. 그러나 도안 모델이 조선 사람이나 김윤식이라는 공식적 근거는 존재하지 않는다. 또한 김윤식이 아무리 친일 성향을 가졌었다고 해도 일본제국이 식민지 화폐에 굳이 대한제국의 고위관리를 그려 넣었겠는가 하는 의문이 남는다.

셋째는, '일본 사람' 설이다. 1세기부터 4세기에 걸쳐 야마토(大和) 조정 초기에 대신(大臣)으로 활약했다고 하는 전설의 인물인 다케우치노 스쿠네를 모델로 했을 가능성이 높다고 보는 견해가 그것이다.[9] 다케우치노 스쿠네의 한자 표기는 『고사기(古事記)』에는 '建內宿禰'로, 『일본서기(日本書紀)』에는 '武內宿禰'로 되어 있다. 그는 고위급 신하로서 5대의 천황을 섬겼을 뿐 아니라 300살 정도까지 살았던 최장수 일본인으로 기록되고 있다. 이러한 이유로 그는 1889년부터 일본은행권 지폐에 모델로 자주 등장했다. 희고 긴 수염을 한 그의 초상을 약간 변형시켜 조선은행권에서도 사용했을 것으로 보는 사람들은, 그의 업적 가운데 신라정벌정책의 결정이 있었음을 지적하면서 일본제국의 한반도 침략의도가 화폐 도안에도 나타난 것이라고 비판한다. 그러나 이러한 견해 역시 이를 입증할 구체적인 자료는 아직 발견되고 있지 않다.

일본은행권과는 달리 조선은행권에는 초상 모델에 관한 아무런 명시가 없다. 일본제국 정부는 일본 본토에서 유통되던 일본은행권의 인물 도안에는 일반적으로 알려지지 않은 인물에 대해서 모델명을 기입함으

---

9) 재일동포 사학자 강덕상(姜德相) 등의 견해.

로써 그 도안에 관한 해석을 분명히 했다. 즉 화폐 도안의 순기능을 이용하여 국민통합을 유도한 것이다. 그러나 일본제국은 식민지에서 유통되던 조선은행권의 인물 도안에는 그 모델명을 명시하지 않았을 뿐 아니라 어떤 공식적인 자료를 통해서도 이를 밝히고 있지 않아 정체불명인 채로 남겨두었다. 자칫 긍정적이든 부정적이든 민족통합의 상징이 될 수도 있는 인물 도안에 대해 명확한 인물을 모델로 제시하지 않음으로써 분분한 해석이 가능하게 한 것이다. 궁극적으로 일본제국의 식민지 화폐 도안은 조선민족의 '통합된 상상'을 차단할 의도와 목적으로 채용된 것으로 볼 수 있다.

_3_
제주도에 남은 일본군 시설

2006년 11월 11일, 필자는 국민대학교 일본학연구소 연구진과 함께 제주도에 있는 일제 군사시설 흔적의 일부를 답사했다. 이때 서울시립대학교 정재정 교수의 안내로 모슬포 알뜨르비행장 터와 송악산 해안 참호 등을 돌아보았다. 제주 서귀포시 대정읍에 위치한 모슬포항에서 송악산으로 가는 들판에는 작은 오름처럼 둥글게 솟은 콘크리트 구조물이 보인다. 총 20기에 이르는 이 구조물들은 일본군이 태평양전쟁 시기에 전투기를 숨겨놓기 위해 지은 격납고 시설이다. 격납고 입구는 모두 해안을 향하고 있다. 당시 사용했던 잔디 활주로도 그대로 남아 지금은 한국의 공군 당국에 의해 관리되고 있다.[10] 알뜨르비행장에서 송악산 왼편으로 돌아 산수이동으로 가는 길에는 셋알오름이 있다. 이

| 제주도 송악산의 해안참호 |

오름의 정상에는 미군 비행기를 겨냥해 포대를 구축했던 고사포 진지가 있다.

한편 한반도 최남단 마라도를 향하는 유람선이 출발하는 송악산 밑에는 일제시기에 만들어진 해안참호 15개가 나란히 입을 벌리고 서 있다. 이러한 해안참호는 송악산을 비롯하여 서귀포 삼매봉 해안, 성산일출봉 해안 등에서도 관찰할 수 있다. 일본군은 군사 요충지인 이곳에 해안침식에 의해 형성된 자연지형을 이용하여 퇴적암층에 굴을 파고 참호를 건설한 것이다. 이들 참호는 어뢰정을 은폐하고 있다가 전함이 나타났을 경우 어뢰정을 타고 육탄돌진을 하기 위해 만들어진 방어진지형 동굴이다. 현재 유람선 선착장으로 사용되고 있는 접안시설은 자살특공정의 진수대로 만들어진 것이기도 하다. 이처럼 제주도 남부지역은 지정학적으로 전략적 요충지가 될 수 있는 조건을 갖추고 있어 일제시기뿐 아니라 오늘날에도 심심찮게 해군과 공군의 전략기지 후보지로 거론되고 있으며 이에 대한 제주시민들의 반대운동도 거세다.11)

---

10)「한국일보」 2007년 12월 28일.

11) 1993년 12월 해군본부에서 제주 해군기지 신규소요를 제기한 이후 2002년 7월부터

| 제주도 평화박물관 |

　제주대학교 조성윤 교수에 의하면, 제주도의 일제 군사시설 흔적에 대해서는 1992년 4월에 SBS TV 「그것이 알고 싶다」에서 기획특집 프로그램으로 "1945년 제주 결7호 작전의 비밀"이 방영되면서부터 일반인들의 관심을 끌기 시작했다고 한다. 여기에 제주동굴연구소가 1990년대 말부터 제주도 전역의 지하갱도를 조사하기 시작했으며 여러 차례에 걸쳐 조사결과를 보고서로 펴냈다. 그런 가운데 지하갱도시설이 그런 대로 잘 보존되고 있는 가마오름에 2004년에 들어 평화박물관이 세워졌다.[12] 제주도 지역신문인 「한라일보」는 도내의 일제 군사시설에

제주도 내에서는 해군기지 건설계획 철회 요구서명이 이어졌고, 반대운동이 본격화되기 시작했다. 2003년 6월 공군의 제주도 항공전략기지 건설추진계획이 드러난 가운데 2005년 4월, 제주해군기지추진기획단이 구성되면서 제주 해군기지 재추진계획이 발표되면서 '제주도해군기지반대 도민대책위원회'와 '안덕면대책위원회'가 재가동되었다(「오마이뉴스」 2007년 7월 11일).

12) 조성윤, 「일제하 제주도 일본군 전쟁유적지 조사연구의 방향과 과제」 2006년 2월 28일 발표.

대해 2005년 10월부터 특집으로 연재하기 시작했으며 2008년 1월 현재 89호째에 이르고 있다. 근래에 들어 제주도 지역연구자들도 이 문제에 대한 연구에 깊은 관심을 보이고 있으며 2006년 2월과 8월에 두 차례에 걸쳐 제주대학교 탐라문화연구소 등이 주최하여 이와 관련한 연구발표회를 개최한 일이 있다.

일제 말기 미군의 일본 본토상륙을 앞두고 일본군 내부에서는 미군이 제주도를 접수하고 공군기지로 활용할지 모른다는 가정 아래, 제주도 남서부지역을 중심으로 제주도 전역에 서둘러 군사시설을 확충하는 움직임을 보이게 된다. 1945년 2월 제주도에 제58군 사령부가 창설되며 당시 만주에 주둔하고 있던 관동군 제111사단이 정예부대로 지정되어 5월 제주도에 상륙하게 된다. 제111사단은 미군부대가 상륙할 가능성이 가장 높다고 판단되는 모슬포·고산·안덕 지역 등에 배치되었으며 1만 2천 명 가량의 병력을 주둔시켰다. 일본 패전 당시 제주도에는 7만 명 내외의 대규모 일본군 병력이 주둔해 있었던 것으로 알려지고 있다.[13)]

이러한 일본군 진지의 구축을 위해서 일제는 조선인들의 노동력을 대거 동원하였고, 제주도 각 지역에 진지를 배치했다. 일찍이 1930년대 중반부터 제주도 주민들에 대한 노동력 동원이 시작되었으며 1944년경부터는 각 면에서 다수의 주민들을 집단으로 이동시키고 집단숙식하며 노동하게 했다. 강제동원되었던 제주도 주민의 구술증언에 따르면 1930년대 후반과 1940년대 초반까지는 자택에서 출근하는 형태로 각 마을에 부과된 할당인원에 맞추어 교대로 동원되었으나, 1944년경부터는 면사무소의 차출통지를 받고 적게는 5~6명, 많게는 30~100명 단위로 동원되었다고 한다. 이들은 면사무소 직원 등의 지시에 따라

---

13) 황석규, 「제주도 일본군 제111사단 주둔 실상」, 2006년 8월 5일 발표.

도보 또는 트럭으로 작업장으로 이동했고 집단생활을 강요받았다. 보통 10일에서 1개월 기간으로 교대가 이루어졌으나 교대자가 오지 않을 경우 추가 노동을 하는 경우도 있었고, 품삯을 받고 다른 사람의 노동력을 대신하는 '대리동원'도 있었다.[14]

2007년 12월 말, 언론보도에 의하면 한국관광공사가 알뜨르 일대의 일제 군사시설을 활용한 스토리텔링 기법의 관광지 개발을 추진하고 있다고 한다. 그리고 제주특별자치도에서도 2015년까지 1,000억 원을 투자하여 알뜨르 일대를 역사문화관광지로 개발하기로 하고 2008년 4월에 마스터플랜을 완성하겠다는 계획을 내놓았다고 한다.[15] 제주도 남부에는 일제 군사시설을 비롯하여 평화박물관, 국제평화센터 등이 있어 평화를 테마로 한 여행코스를 편성하기에 알맞은 지역이다. 경치가 수려한 제주도에서 일반 관광을 즐기는 것과 함께, 일제 군사시설 흔적들을 돌아보며 한 번쯤 역사와 평화를 생각하는 테마여행을 즐기는 것도 의미 있는 일일 것이다.

_4_
A급 전범 합사 관련 자료

2007년 3월 28일 일본 국회도서관은 야스쿠니(靖國)신사가 전범의 위패를 합사하는 과정에 관한 비공개 자료들을 모은 『신편 야스쿠니신사

---

14) 조성윤·지영임·허호준, 『빼앗긴 시대 빼앗긴 시절: 제주도 민중들의 이야기』, 2007, 24-25쪽.
15) 「세계일보」 2007년 12월 28일.

| 야스쿠니신사 |

문제 자료집』[16]을 국회에 제출했다. 국회도서관은 2006년 1월부터 국회의원들로부터 관련 자료에 관한 요구가 계속되자, 야스쿠니신사 등으로부터 관련 자료의 수집과 발굴에 착수하여 그 결과물을 제출하게 된 것이라고 밝혔다. 이때 발표된 자료집에는 야스쿠니신사가 소장하고 있는 비공개 자료와 함께, 후생성과 신사 간의 회합내용 등 모두 808건, 총 1,200쪽 정도의 내용이 담겨 있다. 이 자료집 내용을 통하여 일본 정부가 일찍부터 A급 전범의 합사과정에 적극적으로 관여한 사실이 더욱 밝혀졌다.[17]

지난 2005년 7월에도 시사잡지『AERA』기사를 통해 일본 후생성이 1965년 5월에 각 지방 민생과장 앞으로 육군 관계 전사자들의 야스쿠니 합사에 협력하도록 지시한 사실과, 1966년 2월에는 A급 전범 12명의 이름을 제신명표(祭神名票)에 기입하여 야스쿠니신사에 송부함으로써 합사에 대한 정부 측의 긍정적인 의사를 전달한 사실이 밝혀진 바 있다.[18] 그런데 이번 자료집은 그보다도 훨씬 앞선 시기인 1950년대부

16) 國立國會図書館調査及び立法考査局,『新編靖國神社問題資料集』, 2007年.
17) 「중앙일보」 2007년 3월 30일.

터 일본 정부가 전범들의 합사에 관여했음을 밝히고 있어 주목을 받았다.

2007년 3월 30일자 「아사히신문(朝日新聞)」 조간 사설에 의하면, 이 자료집을 통해 전후에 들어 과거 육·해군 관련 업무를 인수받은 후생성이 합사 문제에 다음과 같이 관여했다고 한다. 샌프란시스코강화조약이 발효되어 일본이 피점령체제에서 독립을 회복한 지 6년 후인 1958년 4월, 후생성의 인양(引揚)원호국 담당자가 야스쿠니신사 사무소에서 열린 회합에서 신사 측에게 B·C급 전범에 대해 "개별심의혜도 지장이 없을 정도로, 게다가 눈에 띄지 않도록 합사하는 것은 어떤지 연구할 것"을 요청한 일이 있다. 같은 해 9월의 회합에서는 도조 히데키(東條英機) 등 A급 전범에 대해서도 이야기가 오갔는데, 이때 이들의 합사를 구체적으로 논의했다는 기록은 없고 해외에서 처형당한 B·C급 전범의 합사를 결정한 것으로 알려지고 있다. 이후에도 수 차례에 걸쳐 후생성과 야스쿠니신사 사이에 회합이 있었으며, 1959년에는 우선 B·C급 전범의 합사만을 단행했다.

A급 전범의 합사 문제는 1969년에 가서 결정되었다. 1969년 1월 회합에서 A급 전범 가운데 '수난자' 12명에 대한 합사가 가능하다는 결정이 내려졌으며, 다만 외부 발표는 피하기로 했다. 전쟁책임자들을 현양(顯揚)하는 일이 지난 전쟁을 긍정하고 전쟁책임을 애매하게 한다는 비판을 불러올 것으로 판단했기 때문이다. A급 전범의 합사는 1978년 10월에 가서 이뤄졌다.

이번에 제출된 자료를 통하여 전쟁 전에 국가가 신사를 운영해 오던 관계를 완전히 단절하지 않고 후생성이 신사운영에 적극 관여해 왔음이 드러났다. 이는 일본헌법 제20조 제3항에서 규정한 정교(政教)분리의 원칙을 일본 정부가 암암리에 위반해 왔다는 것을 증명한다. 또한

---

18) 최영호, 『한일관계의 흐름 2004-2005』, 논형, 2006, 86-87쪽.

이번 자료를 통하여 일본 정부가 전범합사 문제를 은밀하게 추진해 왔음을 알 수 있다. 이에 따라 이번 자료집에서도 A급 전범의 합사와 관련하여 1969년 '합사 가능' 결정에서부터 1978년 '합사 단행'에 이르는 시기의 일본 정부의 움직임을 알게 하는 자료가 빠져 있는 것이다.

일본 정부는 이제까지 야스쿠니신사가 A급 전범을 합사한 이유나 경위에 대해서 전혀 모른다고 주장해 왔다. 2007년 3월, 자료집 제출에 관한 보도가 나간 직후에도 아베 수상은 기자회견에서 "합사를 행한 것은 신사 측이며, 후생성은 요청받은 정보를 제공한 것뿐이다"라며 정교분리원칙에 비추어 아무런 문제가 없다는 태도를 보였다. 또한 시오자키(鹽崎恭久) 관방장관도 "후생성은 지난 군부 인사자료를 가지고 있었기 때문에 일상적인 업무의 일환으로 회답해 온 것"이라고 설명하면서, 합사에 관한 최종적인 판단은 신사 측에 있었고 정부 측이 강제로 추진할 일은 아니었다고 말했다.19)

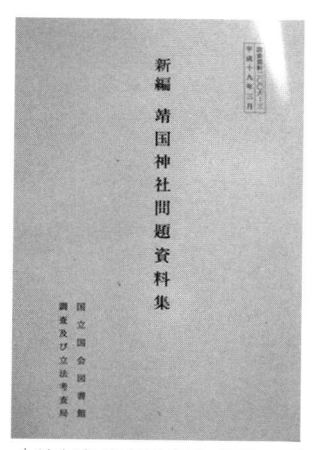

| 신편 야스쿠니신사 문제 자료집 표지 |

이러한 정부 측의 회피적인 주장에 대해, 자민당 부총재를 지낸 야마자키(山崎拓) 의원은 선거운동모임에서 합사 문제에 대한 정부의 책임은 분명하다고 하면서, 외교 문제를 야기시키지 않고 참배를 할 수 있도록 야스쿠니신사에서 A급 전범의 위패를 분사할 것을 재차 요구했다. 또한 자민당 간사장을 지낸 바 있고 현재 일본유족회 회장을 맡고 있는 고가(古賀誠) 의원은 기자회견에서 정부의 책임에 관한 언급은 하지 않았지만 분사에

19)「每日新聞」2007年 3月 29日.

대한 논의가 필요하다는 것을 절실히 느낀다고 했다.[20]

_5_
조선인 B·C급 전범 문제

2006년 11월 12일 '일제강점하강제동원피해진상규명위원회'는 일본 패전 직후 B·C급 전범으로 몰린 한국인도 일제에 의한 강제동원 피해자로 인정하겠다는 방침을 밝혔다. 태평양전쟁 시기에 일본군 포로감시원과 통역 등으로 동원되어 일하다가 일본 패전과 함께 B·C급 전범으로 몰려 사형 혹은 징역형을 당한 사람들에게 뒤늦거나마 한국 정부 관련 기관이 명예를 회복시킨 것으로 그 의의는 매우 크다고 할 수 있다.

B·C급 전범이란 극동군사재판소 조례 제5조 B항과 C항에 규정된 전쟁범죄를 말한다. B항은 통례의 전쟁범죄, 즉 전쟁법규 혹은 전쟁관례의 위반이라고 하여 포괄적이고 함축적으로 규정했으며, 반면에 C항은 다음과 같이 보다 상세하게 규정하고 있다. "인도에 대한 죄, 즉 전쟁 전 또는 전쟁 중에 행하여진 살육·섬멸·노예적 학대·추방 등의 비인도적 행위, 또는 정치적 혹은 인종적 이유에 의한 박해행위로, 범행지 국내법의 위반 여부를 떠나 본 재판소의 관할에 속하는 범죄를 수행한 자 또는 이와 관련된 자".[21]

일본 패전 직후 연합국은 동남아시아지역을 중심으로 하여 일본군에 대한 전범자 체포를 단행했다. 이때 5,600명 이상의 일본군이 B·C급

20) 「朝日新聞」 2007年 3月 29日.
21) 『한일관계의 흐름 2004-2005』, 90-91쪽.

| 일본 패전 후 B·C급 전범을 다수
수용했던 싱가포르 창기 형무소 |

전범으로 지목되어 투옥되었다. 이 가운데 주로 포로감시원으로 일본군의 하수인 역할을 담당했던 한국인(당시 조선인) 군인·군속 148명(129명이 포로감시원, 나머지는 통역)이 유죄판결을 받고 투옥되었으며, 그 중 23명은 사형판결을 받고 처형을 당하기까지 했다.

 2005년 2월부터 위원회가 일제의 강제동원에 의한 피해 신고를 접수하고 있는 가운데 2006년 11월까지 B·C급 전범자 또는 그 유가족에 의한 피해신고가 총 86건 접수되었다. 이 안에는 처형당한 피해자의 유가족이 신고한 12건이 포함되어 있었다. 위원회는 피해신고에 대한 진상조사작업을 거친 후에 결과적으로 83건에 대해 피해를 인정하기로 결정하게 되었다. 위원회 측은 한국인 B·C급 전범자들의 일본군 복무가 강제징용을 피하기 위한 어쩔 수 없는 선택이었으며, 패전 후 일본군부를 대신하여 이들이 전쟁포로 학대의 책임을 뒤집어씀으로써 전시 강제동원과 전후전범 처벌이라고 하는 이중의 고통을 겪었다고 보고, 이들을 피해자로 인정하게 되었다는 취지를 밝혔다.[22]

 한국인 B·C급 전범 문제에 관한 대표적인 연구자로서는 우쓰미 아이코(內海愛子) 교수를 들 수 있다. 그녀는 1975년에 인도네시아 반둥에

---

22) 「매일경제」 2006년 11월 12일

| 한국 출신 B·C급 전범 동진희 한국유족회 창립총회 |

거주하면서 일본군 군속으로 인도네시아의 독립영웅이 된 3명의 한국
인을 추적하는 과정에서 이 문제에 관한 연구를 시작하게 되었다.
1977년에 작성한 글에서 그녀는 "포로를 때렸다는 이유로 사형판결을
받은 어느 조선인 군속은 사형을 당하면서 눈 가리는 것을 거부하고
이제까지 한 번도 말한 적이 없는 '조선독립만세'를 외치며 죽어갔다"
라고 하며 한국인 B·C급 전범의 비애(悲哀)를 소개한 바 있다.[23]

오늘날에 이르기까지 연구와 시민활동을 통하여 정력적으로 한국인
B·C급 전범 문제의 부당성을 일본 사회에 고발해 오고 있는 우쓰미
교수가 연구발표를 위해 2006년 12월에 한국을 방문했다. "한일 간 전
후처리 문제의 현황과 전망"을 주제로 한일민족문제학회가 주최한 심
포지엄에서 그녀는 "강제연행에 관한 역사인식과 일본의 Nationalism"
을 주제로 발표했다. 이 발표를 통하여 전후 일본 국민 스스로가 전후
처리를 소홀히 했다는 점을 논했다. 일본 패전 직후 일본 국내와 아시
아 각지에서 전쟁재판이 전개되고 전범에 대한 사형이 집행되는 가운
데, 하루하루 먹고살기에 급급했던 일본 국민들은 국내 법정에 유명한

---

23) 『季刊三千里』 12호, 1977년 11월.

인물이 나오는 것에는 관심을 기울였으나 재판 심리 과정에 대해서는 지켜보지 않았다고 한다. 더욱이 해외에서 벌어지는 재판에 대해서는 관련 정보도 부족하여 국민들이 거의 관심을 두지 않았으며, B·C급 전범에 대한 관심이 대두된 것은 1952년 4월 샌프란시스코강화조약이 발효된 이후의 일이었다.[24]

_6_
조선인 군인·군속 공탁금 명부

2007년 12월 21일 일본 NHK TV가 보도한 뉴스에 따르면, 한국에서 시행될 위로금 지급업무를 지원하기 위하여 일본 정부가 한반도 출신의 일본제국 군인·군속 명부 11만 건을 12월 20일 한국 측에 제공했다고 한다. 이것은 한국 정부가 그간 일제강점기 강제동원피해자 위로금 지급법안을 추진해 오면서 이에 맞추어 일본 측에 대해 군인·군속·노무자의 명부 확인을 위한 협조를 요청한 것에 따른 것이다. 한국 측의 요청에 대해 2007년 10월 10일 일본 정부가 우선 군인·군속의 공탁금 명부 사본을 제공하겠다는 의사를 밝혔고,[25] 두 달 후에 이를 실행에 옮긴 것이다.

일본 정부는 강제동원 피해자 관련 자료로, 1971년에 「피징용 사망자 연명부」를 한국 측이 제공한 것을 비롯하여, 1991년 노태우 대통령

---

24) 內海愛子, 「強制連行に闇する歷史認識と日本のナショナリズム」, 『한일민족문제연구』 제12호, 2007년 6월, 169-172쪽.

25) 「연합뉴스」 2007년 10월 10일.

| 군인·군속 명부를 소장하고 있는 국가기록원 |

방일을 전후하여 「조선인노동자에 관한 조사결과」, 「피징용자 명부」 등 노무자와 군인·군속에 관한 명부 등을 제공한 일이 있다. 이 자료의 복사본이 현재 국가기록원과 독립기념관, 국회도서관, 국립중앙도서관 등에 보존되어 있어 강제동원 피해의 증빙자료 혹은 연구자료로서 활용되고 있다. 여기에다가 이번에 군인·군속 총 11만 명, 9,100만 엔 상당의 공탁금 명부가 제공됨으로써, 적어도 군인·군속에 관한 공탁금 보상이 보다 원활하게 이루어질 수 있게 되었고, 피해자 실태에 관한 연구가 더욱 충실해질 수 있게 되었다.

그런데 한국 측은 일본으로부터 자료와 함께 숙제도 떠넘겨 받았다. 한국 국회를 통과하여 2007년 12월 10일에 공포된 「강제동원희생자등 지원법」에는 공탁금(미수금) 보상으로서 당시 일본국 통화 1엔을 2,000원으로 환산하여 지급할 것이 규정되어 있다.26) 이 법은 2008년 6월 10일에 시행될 것이고 이어 7월 10일부터는 피해자 신고접수를 시작하게 된다. 따라서 공탁금 보상이 원활하게 이루어지기 위해서는 일본 측으로부터 건네 받은 명부에 대해 신속한 데이터베이스화 작업이 이루어져야 한다. 또한 기존에 입수하여 정리한 강제동원 피해자 관련

---

26) 「태평양전쟁전후국외강제동원희생자등지원에관한법률안」 제5조.

| 후쿠오카 일대 탄광에서 사망한
조선인 징용자 명부 |

자료에서 많은 오류들이 지적되고 있는 것이 사실이다. 따라서 예산이 수반되는 보상과 관련되는 일인 만큼 기존 자료에 대한 보완 작업과 함께 이번에 들어온 명부에 대해서도 보다 정밀한 전산화 작업을 반드시 수행해야 하는 과제를 떠안게 된 것이다.

일본 측으로서는 관련 자료를 한국 측에 건넨 이상, 공탁금 피해 확인작업에 관한 창구를 한국 측으로 단일화하여 자국의 행정적 부담을 줄이려고 할 것이다. 그런데 이제까지 일본 측이 담당해 온 개별 청구에 대한 3개월 가량에 걸친 번거로운 확인업무를 한국 측에 떠넘길 경우, 데이터베이스 구축이 되지 않은 상태에서는 확인작업에 공백이 발생하기 쉽다. 11만 명에 대한 데이터베이스화 작업에는 아무리 서두른다고 하더라도 몇 개월이 소요될 것이기 때문이다. 이 문제는 국내 관계기관의 협조와 일본과의 외교적 협조를 통해 보완하는 조치가 이루어져야 한다.

주지하다시피 이번에 한국에 들어온 자료에는 노무자 명부가 없다. 노무자들의 미수금 문제는 군인·군속에 비해 인원 수나 금액 면에서 훨씬 더 클 것으로 예상되지만, 관련 명부 자료가 일본 전국의 사업장에 흩어져 있는 까닭에, 전체 규모를 파악하기 어렵고 일본의 중앙정부나 지방정부에 의한 적극적인 의지가 없는 한 통흘적인 확인작업이 불가능한 실정이다. 2007년 10월 공탁금 명부와 관련하여 한일 양국의 실무자가 도쿄에서 교섭을 가졌을 때, 일본 측은 노무자의 공탁금과 관련하여, 종래에 실시해 오던 공탁확인 요건을 약간 간소화하여 공탁번호, 만약 공탁번호가 없을 경우에는 성명·근무연도·근무처·공탁소 등의 정보를 구체적으로 적시하여 확인을 요청해 올 경우 가능한 범위 내에서 협조하겠다는 원론적인 입장을 밝힌 바 있다. 명부를 제공한 사실을 전달한 NHK 뉴스도 노무자 문제에 대해 계속 노력하겠다는 일본 정부의 원론적인 입장만을 그대로 전했다.

　노무자들의 피해실태를 규명하고 보상하는 일에 있어서 한일 양국 정부가 인도적인 입장에 서서 진지하면서도 적극적인 자세를 보여야 한다. 아울러 한국으로서는 증빙자료가 없어 실태파악이 되지 않는 수많은 강제동원 피해자들을 밝혀내기 위해서, 또는 전후처리 문제에 대한 일본 측의 적극적인 자세를 이끌어 내기 위해서도, 대일외교에 있어서 우호와 협력의 분위기를 더욱 심화시켜가야 할 필요가 있다.

_7_
미국 하원의 '위안부' 결의안

　2007년 6월 26일 일본군 '위안부' 결의안이 미국 하원 외교위원회를 통과했다. 외교위원회는 이날 전체회의에서 마이크 혼다(Michael Mike Honda) 의원이 1월 31일 제출하고 151명의 의원이 공동발의자로 서명한 결의안 제121호를 표결에 부쳐 찬성 39표, 반대 2표의 압도적 표차로 통과시켰다.[27] 아베 수상이 2007년 3월에 국회 답변에서 일본군과 관헌의 '위안부' 동원의 강제성을 부인하는 발언을 한 것이나 일본의 우파 정치가와 평론가들이 이달 중순에 미국 신문에 강제성을 부인하는 광고를 전면적으로 게재한 것이 결과적으로 오히려 위원회에서 결의안 통과를 부추기는 요인으로 작용했다.

이 결의안의 논조는 애초 혼다 의원의 결의안에 비해 어구가 상당히 완화된 것으로 나타났다. 애초 일본 수상이 공식성명을 통해 사과할 것을 요구했던 것을, 사과하도록 '권고'하는 쪽으로 표현이 완화되었으며, "일본 수상이 공식성명을 통해 사과를 한다면 종전에 발표한 성명의 진실성과 수준에 대해 되풀이되는 의혹을 해소하는 데 도움이 될 것"이라고 강도를 낮췄다. 미일동맹 기조를 재확인하고 유엔 인권활동에 대한 일본의 지지와 아시아여성기금 활동에 대해 긍정적으로 평가한 것도 원안에서 대폭 부드럽게 수정된 부분이다. 하지만 일본 정부가 과거에 '위안부'의 강제동원 사실을 시인하고 사과해야 하며 역사적 책임을 져야 한다는 표현은 원안 그대로 유지되었다. 미 행정부가 동맹국 일본을 두둔하고 있는 가운데 의회에서 미일관계의 호의적 분위기에 구애되지 않는 비교적 강력한 대일 비판의 결의안을 내놓은 것이다.

미 하원 외교위원회의 결의안 통과에 대해 일본 정부는 발언을 아꼈다. 시오자키(鹽崎恭久) 관방장관은 6월 27일 오전 기자회견에서 "위안부 문제에 대한 일본 정부의 입장은 지난 4월 수상의 미국 방문을 포함하여 분명히 밝힌 바 있으며 그 이상 부언할 것이 없다. 다른 나라 의회가 결정하는 일이므로 굳이 논평할 필요가 없다"고 말했다. 반면

---

27) 「조선일보」 2007년 6월 27일.

| 일본대사관 앞 정신대문제대책협의회 수요집회 |

일본 언론들은 일제히 이 문제를 크게 다루었다. 「아사히신문」은 결의안에 제시된 바와 같이 '고노 담화'를 비판하거나 교과서 기술을 고치거나 하는 움직임이 일본에 있는 것이 사실이라고 받아들였다. 또한 이 신문은 문제의 본질이 스스로의 역사적 과오에 대해 제대로 맞서지 못하는 일본의 정치 자체에 있다고 하고, 수상은 결의안의 심각성을 인식하고 일본에 대한 경고로 받아들일 것을 주장했다.[28] 마이니치신문도 사설에서 "일본의 입장이 이해되지 않고 결의안이 통과된 것은 매우 유감스런 일"이라고 전제하고 "미일관계에 영향을 주기 쉬운 사태로서 종군위안부 문제가 장래에 양국관계를 해치지 않도록 대응해 나가야 한다"고 했다.[29]

한편 우파 성향의 「산케이신문」은 사설을 통해 거듭 일본 정부의

---

28) 「朝日新聞」 2007年 6月 27日.

29) 「每日新聞」 2007年 6月 27日.

| 미하원 '위안부' 결의안 통과 후
기자회견을 하는 혼다 의원 |

'위안부' 강제동원 사실을 입증할 증거가 전혀 없다고 강변하고, 미국 의회의 움직임에 대해서는 과거에도 난징(南京) 사건 등을 둘러싸고 미국 주의회에서 발생했던 '오해'와 같은 것이라고 평가하면서 일본의 외교당국이 과거자료 등을 잘 활용하여 '국제사회의 오해'를 시정해야 한다고 주장했다.[30] 「요미우리신문」도 이러한 논조에 적극 동조하고 나섰을 뿐 아니라 오히려 산케이신문보다도 더욱 강렬한 어조로 '위안부' 동원의 강제성을 브인하는 논조를 펼쳤다. 「요미우리신문」 사설은 이번 결의안 채택을 "완전히 사실 오인에 기초한 결의"라고 평가하고, 일본 정부가 장래에 일어날 화근을 남기지 않도록 미국 측의 오해를 풀고 우선 하원 본회의의 채택을 저지하는 데 주력해야 한다고 주장했다. 「요미우리신문」은 여기에 머물지 않고 이러한 '오해'의 근원이 '고노 담화'에 있다고 하면서, 아베 수상에 대해 '고노 담화'를 계승한다고 하는 정부방침에 대한 수정을 요구하기까지 했다.[31]

---

30) 「産経新聞」 2007年 6月 27日.

외교위원회를 통과한 결의안은 한 달 뒤인 7월 30일에 하원 본회의
에 상정되어 만장일치로 통과되었다. 이 결의안은 비록 법적인 구속력
은 없지만 미 의회가 일본군 '위안부' 강제동원이라는 역사적 사실을
공식적으로 인정했다는 점과 일본 정부에 대해 역사인식에서 자성과
책임을 촉구했다는 점에서 국제사회에 미치는 파급효과가 크다. 미국
하원에 이어 11월 8일 네덜란드 하원, 11월 28일 캐나다 연방하원, 12
월 13일 유럽의회에서 '위안부' 문제 관련 결의안이 가결된 것은 이를
여실히 증명하고 있다.32)

'위안부' 결의안 통과의 국제정치적 의미에 대해 외교안보연구원 조
양현 교수는, 미국을 위시한 국제사회가 '위안부' 동원에 있어서 관헌
의 개입이 없었다고 주장하는 일본 정부의 입장을 정면으로 반박하고
일본 정부의 책임회피를 더 이상 어렵게 했을 뿐 아니라, 일본 정부가
취해야 할 행동으로 과거사 문제에 대한 공식인정·사죄·책임인정 등을
해결책으로 요구했다는 점을 들었다. 그리고 미국이 일본에게 지역적
역할을 기대하면서도 일본의 전후세대 정치가들의 퇴행적인 역사인식
이나 복고주의적 가치관 추구경향에 대해서는 분명한 비판적 입장을
표명한 점에서 의의가 있다고 했다. 다만 이 결의안이 법적 구속력을
갖고 있지 않으며 미일동맹에도 전혀 영향을 끼치지 않는 점에 비추어,
이 결의안으로 인해 과거사 문제에 대한 일본 정부의 태도가 획기적으
로 바뀔 것을 보는 기대는 금물이라고 지적했다.33)

31) 「讀賣新聞」 2007年 6月 27日.

32) 「뷰스앤뉴스」 2007년 12월 14일.

33) 조양현, 「미하원 위안부 결의안 통과의 역사적 의미와 금후의 과제」, 『한일협력』
2007년 冬, 20-30쪽.

미 하원 121호 결의안 전문

일본 정부는 1930년대부터 2차대전 기간 '위안부'로 알려진 젊은 여성들을 제국 군대에 대한 성적 서비스 목적으로 동원하는 것을 공식 위임했으며, 일본 정부에 의한 강제 군대매춘제도인 '위안부'는 집단강간과 강제유산, 수치, 그리고 신체절단과 사망 및 궁극적인 자살을 초래한 성적 폭행 등 잔학성과 규모 면에서 전례 없는 20세기 최대 규모의 인신매매 가운데 하나다.

일본 학교들에서 사용되고 있는 새로운 교과서들은 '위안부' 비극과 다른 2차대전 중 일본의 전쟁범죄를 축소하려 하고 있다. 일본의 공공 및 민간 관계자들이 최근 '위안부'의 고통에 대한 정부의 진지한 사과를 담은 지난 1993년 고노 요헤이 관방장관의 '위안부' 관련 담화를 희석하거나 철회하려는 의도를 나타내고 있다.

일본 정부는 1921년 여성과 아동의 인신매매금지협약에 서명하고 2000년 무력분쟁이 여성에 미치는 영향에 관한 여성·평화·안보에 관한 유엔안전보장이사회결의 1325호도 지지한 바 있다. 하원은 인간의 안전과 인권, 민주적 가치, 법의 통치 및 안보리 결의 1325호에 대한 지지 등 일본의 노력을 치하한다.

미일동맹은 아시아와 태평양 지역에서 미국의 안보이익에 초석이며 지역안정과 번영의 근본이다. 냉전 이후 전략적 환경의 변화에도 불구하고 미일동맹은 아시아·태평양 지역에서 정치 및 경제적 자유와 인권과 민주적 제도에 대한 지지, 양국 국민과 국제사회의 번영 확보 등을 포함한 공동의 핵심 이익과 가치에 기반하고 있다.

미 하원은 일본 관리들과 민간인들의 노력으로 1995년 민간 차원의 아시아여성기금이 설립된 것을 치하하며 아시아여성기금은 570만 달러를 모아 일본인들의 속죄를 '위안부'들에 전달한 후 2007년 3월 31일 활동을 종료했다.

다음은 미 하원의 공통된 의견이다.

1. 일본 정부는 1930년대부터 2차대전 종전에 이르기까지 아시아국가들과 태평양제도를 식민지화하거나 전시에 점령하는 과정에서 일본제국주의 군대가 강제로 젊은 여성들을 '위안부'로 알려진 성의 노예로 만든 사실을 확실하고 분명한 태도로 공식 인정하면서 사과하고 역사적인 책임을 져야 한다.
2. 일본 총리가 공식성명을 통해 사과를 한다면 종전에 발표한 성명의 진실성과 수준에 대해 되풀이되는 의혹을 해소하는 데 도움을 줄 수 있을 것이다.
3. 일본 정부는 일본군들이 '위안부'를 성의 노예로 삼고 인신매매를 한 사실이 결코 없다는 어떠한 주장에 대해서도 분명하고 공개적으로 반박해야 한다.
4. 일본 정부는 국제사회가 제시한 '위안부' 권고를 다라 현 세대와 미래세대를 대상으로 끔찍한 범죄에 대한 교육을 해야 한다.

_8_
일본 패전 후 첫 귀환선

2007년 7월 23일 오후 필자는 후쿠오카에서 열리는 하카타(博多)항 귀환 실태에 관한 연구회에 참석했다. 호세이(法政)대학 이마이즈미(今泉裕美子) 교수가 이끄는 '이민사 비교연구' 프로젝트 팀의 모임이었다. 이 자리에서 귀환자 모리시타(森下昭子) 등 3명이 한반도와 중국 동북부에서 일본으로 귀환하는 과정에서 직접 체험한 것을 회상하며 증언했고, 후쿠오카시(市) 총무과 직원이 귀환 관련 자료의 수집과 관리 상황에 대해 보고했다. 이어 하카타항을 중심으로 하여 조선인 귀환자들의 실태와 관련 연구동향에 대해 스즈키(鈴木久美) 연구자가 발표했다. 그

| 고안마루 모형선과 시계종 |

녀는 현재 히토쓰바시대학 박사과정에 재학하고 있으며 2006년에 패전 직후의 귀환 관련 자료를 발굴·조사하여 조선인 귀환자 원호 실태에 관한 괄목할 만한 연구논문을 발표한 바 있다.[34]

연구자의 발표 후에 이루어진 토론 가운데서, 일본 정부에 의한 귀환정책과 관련하여 공식적인 귀환선박 운항의 시점을 언제로 잡을 것인가 하는 문제가 대두되었다. 일본의 후생성 자료를 비롯하여 기존의 관련 연구자들이 한결같이 연합국 군의 허가하에 고안마루(興安丸) 선박이 센자키(仙崎)에서 부산을 향해 출항한 1945년 8월 31일, 혹은 그 배가 부산을 출발하여 센자키에 입항한 9월 2일을 시점으로 간주하고 있다. 따라서 일본의 관련 지방자치단체는 9월 2일을 일본인 귀환의 시점으로 잡고 이에 맞추어 기념행사를 추진해 오고 있다.

그런데 9월 2일을 귀환선 운항의 시점으로 보는 견해에는 점령당국의 허가가 이루어지기 이전에 일본 당국이 스스로 귀환정책을 추진했던 점을 간과하고 있다는 문제점이 있다. 체계적인 귀환원호기구로서 1945년 11월 '인양원호국'이 점령당국의 지시에 의해 만들어지지만, 그 이전은 물론 점령군이 일본에 진주하기 이전에도, 일본 정부는 해

---

34) 鈴木久米,「在日朝鮮人の歸還援護事業の推移: 下關·仙崎の事例から」,『在日朝鮮人史硏究』36号, 2006年 10月, 163-194쪽.

외에 나가 있던 일본인 군인과 민간인의 귀환에 대해. 그리고 일본에서 한반도로 귀환을 서두르는 조선인의 움직임에 대해, 이들의 수송대책을 강구해야만 했다. 이때 일본의 중앙 혹은 지방 정부가 구체적으로 어떠한 행정조치를 취했는지와 관련한 자료를 발굴·분석하는 일은 오늘날 귀환 문제를 연구하고자 하는 사람들의 공통된 관심사가 되고 있다.

필자는 식민지 시기 부관연락선이 패전 후 귀환선으로 전환되어가는 과정을 연구하면서, 최초의 공식 귀환선으로 고안마루가 일찍이 1945년 8월 20일에 부산항에 입항했다가 다음날인 21일에 일본인 귀환자들을 싣고 일본으로 돌아간 사실에 주목했다. 조선총독부 부산지방 교통국장을 역임한 다나베(田邊多聞)는 일본 패전 당시 부산항의 교통상황에 관한 일지를 남겼는데, 그 기록에 따르면 8월 20일에 고안마루 선박이 부산항에 입항하여 다음날 일본인 귀환자들을 가득 싣고 출항했다고 하며, 8월 22일에는 도쿠주마루(德壽丸) 선박이 부산항에 입항하여 24일에 출항했다고 기록되어 있기 때문이다.[35]

비록 한 차례 운행하고 중단되기는 했지만, 이처럼 고안마루와 도쿠주마루가 연합국 군의 승인 이전에 일본 당국에 의한 수송대책 지시에 따라 귀환자들을 실어 날랐다. 당시 부관연락선을 곤할해 오고 있던 히로시마(廣島) 철도국이 부산교통국의 요청을 받아들여 연합국 군의 통제 이전에 임의로 귀환선을 운항시킨 것이다. 다만 이때 이 선박이 어느 항구를 출항하여 부산항에 입항했는지, 부산항 입항 때에 조선인 귀환자들을 싣고 들어왔는지, 또는 일본인 귀환자들을 태우고 어디로 향했는지에 대해서는 확실히 알려지지 않고 있다. 아마도 이 선박들이 패전 때까지 대피해 있던 스사(須佐)항에서 출항하여 그곳으로 귀항하

---

35) 鮮交會, 『朝鮮交通回顧錄』, 1976, 252쪽.

지 않았을까 하는 추측이 가능하다.

또한 이처럼 패전 직후에 귀환선을 통해 돌아간 일본인 가운데에는 침략전쟁에 깊이 관여한 사람들이 많았을 것으로 보인다. 패전 직후 일본군과 총독부가 비인도적 침략전쟁의 흔적을 없애는 과정에서 한반도와 일본에 새로운 점령체제가 들어서기 전에 관련자들을 하루빨리 일본으로 귀환시켜야 할 필요가 있었기 때문이다. 예를 들어 소위 731부대로 알려진 관동군 방역급수부의 이시이(石井四郎) 부대장이 남긴 '1945년 8월 16일 메모'에 의하면, 부대원들을 부산에 집결시켜 가능한 일본에 빨리 그리고 많이 수송할 방침이라고 기록되어 있다. 이 가운데 도쿠주마루가 8월 22일 저녁에 부산항에 입항하여 다음날 출항할 예정이라고 간단히 기록되어 있어, 악명 높은 731부대원들이 이 선박을 이용하여 재빨리 귀환했을 것이라고 추측하게 한다.[36]

8월 21일에 일본 대본영(大本營) 해군은 연합국 군사령부의 지시에 따라 8월 24일 18시 이후로 일반 선박의 운행을 중단하라는 명령을 내렸다. 그러나 한반도를 비롯하여 해외에 식민지 개척 혹은 침략전쟁을 목적으로 나갔다가 발이 묶인 일본인들을 귀환시키기 위하여, 일본 정부는 지속적으로 마닐라의 연합국 군사령부에 대해 귀환선의 운항재개를 요청했다. 그 결과 8월 31일 고안마루가 센자키에서 조선인 귀환자들을 싣고 부산항에 들어왔다가 일본인 귀환자들을 싣고 9월 2일에 센자키로 출항했다. 이어서 도쿠주마루는 9월 2일 시모노세키(下關)에서 조선인 귀환자들을 싣고 부산항에 들어왔다가 일본인 귀환자들을 싣고 9월 3일에 하카타로 출항했다. 이렇게 하여 일본 패전 이후 일반 귀환자에 대한 체계적인 수송이 시작된 것이다.

---

36) 「山陽新聞」 2006年 7月 21日.

_9_
『요코이야기』의 문제점

가와시마 요코(Kawashima Yoko Watkins)가 1986년에 발표한 소설 『요코이야기』가 미국 중학교의 교과과정 필독도서로 선정된 것과 관련하여, 2007년에 들어 미국의 교포사회뿐 아니라 한국과 일본에서도 화제가 되었다. 보스턴의 한 중학교가 이 책을 지난 13년간 사용해 왔고 지금까지 여러 학교에서 영어수업의 문장(literature) 과목 필독서로 사용해 왔는데, 이에 대해서 일부 재미한국동포들이 책의 내용에 문제가 있다고 하여 이의를 제기했고, 한국의 언론이 이 문제를 뒤늦게 부각시켰기 때문이다. 한국에서는 이 책이 2005년에 번역·출판되었다.[37)]

이 책은 일제강점기 함경북도에서 살던 만주국 고위관료의 딸 가와시마 요코가 전쟁 말기 북한을 빠져나와 서울과 부산을 거쳐 일본으로 가는 과정을 그려낸 소설이다. 저자는 자신의 체험에 관한 실화라고 전제하고 나이 어린 소녀가 전쟁으로 인한 역사의 소용돌이에 휘말려 모친과 언니와 함께 일본으로 귀환하면서 겪게 되는 역경과 가족애를 감동적으로 그리고 있다. 전반적으로 전쟁의 비참함과 인간 승리 혹은 휴머니즘의 고귀함을 담고 있다. 매사추세츠 주에 거주하는 저자는 이 책이 필독서로 채택되면서 각 학교를 다니면서 특강과 토론회를 열어 '평화'의 메신저로 활동하고 있다.

| 『요코이야기』 영문판 표지 |

---

37) 요코 가와시마 왓킨스(윤현주 역), 『요코이야기』, 문학동네, 2003.

그러나 이 책은 널리 알려진 대로 지나칠 정도로 전쟁 말기 혹은 해방 직후 '조선인'의 일본인 강간에 관한 기록이 많기 때문에 중학생의 필독서로 채택되기에는 부적절하다고 할 수 있다. 이 책을 읽어야 하는 학생들의 연령에 비추어 볼 때 성폭력 문제로 민감하게 받아들일 소지가 많은 가운데, 치안이 확보되지 않을 때 발생할 수 있는 폭력적 사태에 관한 구조적 이해가 없이 이 책을 읽는다면, 자칫 'Korean(조선인)'은 성적(性的) 가해자, 일본인은 피해자라는 이분법적 논리에 빠지기 쉽기 때문이다. 저자의 의도와는 상관없이 이 책은 Korean에 대한 부정적인 인식을 조장하고 인종차별적 사고를 유발하기 쉬운 것이다. 실제로 이러한 부정적인 영향은 혐한(嫌韓)을 부추기는 일부 일본인들이 이 책의 내용을 들어 오늘날 한국 사회의 외국인에 대한 반인권적 실상에 대한 보도와 연관시키고 있는 것에서도 이미 잘 나타나고 있다.

『요코이야기』는 실화에 근거를 두고 있다고 하지만 그렇다고 해서 역사서는 아니다. 또한 작가의 기억이라고 하는 것도 주관적 체험을 재현하는 데 그치지 않고 시간이 갈수록 가족과 주변 사람, 나아가 읽을거리 등으로부터 다양한 정보를 얻어 재구성하는 것으로 결국 '만들어지는' 것이다. 일본 패전 직후부터 오늘날에 이르기까지 일본인 귀환자들의 기억을 기록하고 정리한 글들이 계속 발표되고 있다. 패전 이후 소련이 점령하는 북한 지역으로부터 일본으로 귀환한 사람은 30만 명 정도에 이른다. 이들 가운데 후지와라 데이(藤原てぃ)는 일찍이 1949년에 자신의 생생한 체험을 책으로 펴냈으며, 그 책은 일본인 귀환자 수기의 대표적인 작품이 되었고 한국어로도 번역되어 출판된 바 있다.38) 또한 1953년에 후지서원(富士書苑)에서 발행한 『비록 대동아전쟁사: 조선편(秘錄大東亞戰史: 朝鮮篇)』에는 북한지역에서의 전쟁종결과정에 대한 설명과 함께 귀환자들의 생생한 체험이 수록되어 있다. 이러한

책에 비하면 20년 전의 체험을 기록한 『요코
이야기』는 '만들어진' 이야기로서의 속성을 보
다 더 많이 가지고 있다고 할 수 있다.

　시기적으로 볼 때 『요코이야기』의 저자가
귀환하는 시기는 한반도에 있어서 일본의 통
치권이 사실상 종결되는 시점으로 사회적으로
질서가 극도로 흐트러진 상태에서 많은 일본
인들이 피해를 당했던 시기였다. 그러나 38도
선 이북 지역에 비하면 이남 지역의 일본인들
이 보다 안전하게 귀환할 수 있었다. 1945년 7월부터 북한 지역에 대
한 미군의 공습이 시작되면서 일본인과 한국인의 피난이동이 빈번해졌
으며, 8월 9일에 소련이 일본에 대해 선전포고를 한 이후로는 북한지
역에 거류하던 일본인 대부분이 악몽과 같은 나날을 보내야 했다. 점
령체제가 정비되기 이전에 자행된 소련군과 조선인 보안대의 성적 만
행은 일본인 귀환자들의 체험수기에서 공통적으로 지적되고 있다. 그
러나 일본인 귀환자들의 수기에서 대체로 남한지역에서는 북한지역과
는 비교가 되지 않을 정도로 일본인에 대한 폭력이 적었던 것으로 나
타나고 있다. 어린 요코가 목격했다고 하는 서울과 부산에서의 성폭행
장면은 어쩌면 다른 지역에서의 체험에 의한 트라우마(trauma)에 따른
것이 아닐까 생각된다. 다만 요코가 기억하는 1945년 8월 말~9월 초
의 서울과 부산에는 일본군의 치안통제력이 미약했그, 일본인의 자생
단체 '세화회(世話會)'도 조직활동이 활발하지 못했기 때문에, 몰지각한
일부 Korean이 해방감에 사로잡혀 나약한 일본인 여성에 대해 무자비
하게 폭력을 행사했을 가능성이 전혀 없는 것은 아니라고 본다.

---

38) 후지와라 데이(위귀정 역), 『흐르는 별은 살아 있다』, 문학동네, 2003.

아울러 『요코이야기』의 문제점으로서 일부 내용에서 미국에 거주하는 저자가 스스로를 변호하고자 하는 의도를 강하게 나타내고 있는 점을 발견할 수 있다. 요코의 부모가 일본의 진주만 공격 결정을 비판했다는 것이나, 아들의 학도병 지원에 분노하면서 "아들을 잃는 것보다 우리나라가 지는 걸 보는 편이 낫다"고 외쳤다[39]는 내용은 독자들에게 고개를 갸우뚱하게 한다. 또한 저자가 한국어 번역자에게 보낸 편지에서 저자의 부친이 총독 초청의 만찬에서 창씨개명에 반대하는 주장을 했다가 6개월 동안 도쿄(東京) 감옥에서 징역을 살았다고 했다[40]는 내용도 납득하기 어렵다. 또한 식민지 고관가족이 귀환열차로 귀향하다가 자녀의 교육만을 위해 전혀 인연도 없는 교토(京都)에 도중하차하여 거지와 같은 생활을 했다는 설정은 실화로서의 신빙성을 현저하게 떨어뜨리고 있다. 그리고 지엽적인 것이지만, 부산에서 하카타(博多)까지 귀환선으로 이동하는 데 별다른 이유도 없이 3일이 걸렸다고 하는 것[41]은 귀환과정에서의 어려움을 강조하기 위해 과장하여 상상해낸 표현으로 보인다.

---

39) 『요코이야기』, 40쪽.

40) 『요코이야기』, 293쪽.

41) 『요코이야기』, 175쪽.

_10_
전후처리 학술대회

2006년 11월 27일부터 대한민국 국회는 전후 보상에 관한 법률을 심의하기 시작했다. 행정자치위원회 전체회의에서 한나라당 정갑윤 의원이 제출한 '태평양전쟁전후강제동원희생자지원에관한법률안'과, 정부가 제출한 '일제강점하국외강제동원희생자등지원에관한법률안'을 함께 병합 심의하기 시작한 것이다. 한편 일본에서는 전후처리 문제에 관한 연구자와 시민단체가 일본 외무성에 대해 한일회담문서 공개를 요구하고 있는 중이었다. 이들의 요구에 대해 외무성이 같은 해 8월 17일 회담문서 중 극히 일부분인 제4차 한일회담 본회의 의사록만을 내놓고 펼쳐 보이기만 해서 물의를 빚은 일이 있다. 이들은 전면적인 자료공개를 주장하고 있으나 2007년이 다 가도록 일본 정부는 이에 응하지 않고 있다. 1965년의 한일기본조약으로 전후처리가 끝났다고 하며 한국인 전쟁 피해자에 대한 보상을 거부하고 있는 일본 정부와, 회담자료의 전면적인 공개를 요구하며 전후보상조치를 요구하고 있는 시민단체 사이에 소모적인 힘겨루기가 오늘날에도 계속되고 있다.

이처럼 한일 양국에서 전후처리 문제가 사회적인 관심사가 되고 있는 가운데, 한일민족문제학회가 2006년 12월 9일 숙명여자대학교에서 "한일 간 전후처리의 현황과 전망"이라는 주제로 학술대회를 개최했다. 이 학술대회에는 전후처리 문제에 관한 국내외 전문가 10명이 모여 발표와 토론을 진행했다. 이 자리에서는 전후처리와 관련하여 최근 한국·북한·일본 정부의 움직임과 함께 앞으로의 전망에 대해서 심도 있는 논의가 이루어졌으며, 전후처리 문제를 둘러싼 한일 양국의 시민운동에 대해서도 보고가 이루어졌다. 특히 이 학술대회에 일본 측 발

| 2006년 12월 학술대회 |

표자로 나선 우쓰미 아이코(內海愛子) 교수와 다나카 히로시(田中宏) 교수는 전후처리 문제와 관련하여 한국과 일본에 널리 알려진 연구자들이다. 이들은 1970년대부터 일본 정부에 대해 '한국인 B·C급 전범'이나 재일한국인 강제연행 피해자들에게 보상하도록 요구하는 시민운동을 적극 주도해 왔다. 또한 이들은 오늘날에도 재일한국인들의 인권신장과 민족교육의 수호를 위해 헌신적인 노력을 기울이고 있다.

연구발표를 중심으로 간단히 대회내용을 정리해 본다. 한국인 연구자의 경우, 먼저 신주백(서울대)은 한일수교 이후 오늘날에 이르기까지의 시기를 '기피와 수동적 대응의 시기', '전환의 시기'로 구분하고 최근 전개되고 있는 일제강점하강제동원피해진상규명위원회 및 동북아역사재단의 활동을 상세하게 소개하고 그 한계를 지적했다. 또한 김광열(광운대)은 전쟁 시기 강제동원된 조선인 미귀환자 가운데 생사불명자에 대한 전후처리 문제를 집중적으로 다루었다. 마지막으로 조양현(외교안

| 학술대회 토론시간의
우쓰미 교수와 김광열 교수 |

보연구원)은 아베 정권의 이념 성향 및 대외정책 목표를 제시하고 북일 수교에 관한 전망과 북일 간 전후처리에 관한 전망을 밝혔다.

일본인 연구자의 경우, 오전 발표를 담당한 우쓰미 교수는 무엇보다 이 학술대회가 전후처리의 진실을 밝히는 문제를 둘러싸고 일본과 한국의 시민단체가 연대하는 중요한 계기가 되었다고 의미를 부여했으며, 자신의 시민운동 경험을 토대로 하여 조선인 B·C급 전범에 대한 전후처리 문제를 중심으로 일본 정부와 시민사회 사이에서 전개되고 있는 문제의 현황을 상세하게 소개했다. 또한 같은 해 여름 홋카이도에서 한일공동협력에 의한 유골현황 조사와 발굴이 이루어진 것을 소개하고 앞으로 한국의 관련 단체와 전후처리 문제를 둘러싼 협력을 강화해 가겠다는 의지를 표명했다.

또 한 사람 일본인 연구자로 오후 발표를 담당한 다나카 교수는 재일 한국인·조선인에 대한 일본 정부의 국적에 의한 차별 문제를 중점적으로 소개했다. 최근의 지방참정권 문제와 민족교육 문제와 함께 전후처리 문제에 있어서도 재일한국인들이 소외되어 온 것을 지적하고 이 문제에 대한 자신의 사회운동상황을 보고하고 한국의 시민단체와의 연대운동을 강조했다. 그는 2005년에 한국에서 외국인 참정권에 관한 법률이 통과되었던 것을 높이 평가하는 한편, 일본 정부가 시대의 흐름에 역행하여 국적에 구속되는 정책으로 일관하고 있는 현실에 대해 비판적인 견해를 제시했다.

이 학술대회를 계기로 그들의 연구성과와 운동현황에 대한 보고가 이루어진 것은 물론, 전후처리 문제와 관련하여 한국의 연구자들과 연대의 기회를 마련하게 된 것은 대회의 중요한 성과라고 할 수 있다. 대회 말미에서 전후처리 문제에 관한 토론 자리에서 일본인 연구자들은 조선인 B·C급 전범을 중심으로 하는 전쟁 피해자에 대한 문제의 심각성과 역사성을 제기함으로써 참가자 모두를 숙연하게 했다. 이 대회에서는 연구자에 의한 발표와 지정토론 이외에도, 대회참가자들에 의한 진지한 질의·토론이 있었다. 특히 참가자 가운데 후쿠오카에 거주하는 재일한국인 김광렬(金光烈) 사학자는 토론시간을 통하여 자신이 후쿠오카 탄광지역을 조사하며 강제노동피해자들의 유골을 조사해 온 경위와 일본 정부 및 기업의 소극적인 자세를 실례를 들어가며 설명했다.[42] 또한 대회의 축사를 담당한 유열렬 국사편찬위원회 위원장은 일제강점하강제동원피해진상규명위원회의 발표통계와 함께 그 해 9월에 미 하원이 '위안부' 문제와 관련하여 일본 정부의 책임 인정과 반성을 촉구하는 결의안을 상정한 일을 소개하기도 했다.

한일민족문제학회는 2000년 결성된 이후로 지난 20세기의 한일 간 역사를 밝히고 전후처리와 관련된 연구과제를 모색하고자 하는 학술대회를 지속하여 개최해 오고 있다. 2002년 3월에는 국내 학회로서는 처음으로 "전후책임과 한일관계"라는 주제로 한일 간 과거청산에 대한

---

42) 김광렬 연구자는 직접 탐방하고 발굴한 자료를 토대로 하여 다음 두 권의 저서를 펴냈다. 金光烈, 『足で見た筑豊朝鮮人炭鑛勞働の記錄』, 明石書店, 2004年; 金光烈, 『風よ、伝えよ 筑豊朝鮮人鑛夫の記錄』, 三一書房, 2007年.

법적·정치적 해결방안을 제시한 바 있다. 아울러 2003년에는 재일동포 문제의 전후처리와 과제에 관한 심포지엄을 개최했으며, 2005년 8월에는 "한일관계 역사의 재검토"라고 하는 주제로 국제학술대회를 개최한 바 있다. 학회의 정체성과 방향성을 계승하여 2006년 국제학술대회가 개최된 것이다. 이 대회의 발표문은 학회 홈페이지[43] 자료실에 탑재되었으며 2007년 6월에 발행된 학회 기관지 『한일민족문제연구』 제12호를 통해 보다 정리된 형태로 공개되었다.

_11_
익산과 도쿄의 학술모임

일제강점기 강제동원 피해에 관한 진상규명과 학술적 검토를 지속해오고 있는 한일민족문제학회는 2007년 6월과 8월에 전북 익산과 일본 도쿄에서 국제적인 학술대회를 개최했다. 6월 16일에 전북사학회와 공동으로 개최한 대회에서는 강제동원 피해가 가장 극심했던 지역의 하나인 호남지역을 대상으로 하여, "일제 강제동원과 호남 지역의 피해상"이라는 주제 아래 한국·일본·중국의 학자들을 초치하여 발표회를 가졌다. 이 학술모임은 그간 정부산하 관련 위원회의 3년간에 걸친 진상규명작업을 점검하는 최초의 학술모임이었다. 이 모임에는 국내외의 관련 연구자 60명 이상이 참가했다.

익산모임의 발표자로서는 한국에서 김민영(군산대), 박맹수(원광대) 등 2명의 연구자가 참여하고, 일본에서는 히구치 유이치(樋口雄一) 재일조선

---

43) www.kjnation.org.

인운동사연구회 대표와 차타니 주로쿠(茶谷十六) 아카타현 조선인강제
연행진상조사단 연구원 등 2명이 참여했다. 이들은 전라도 지역에서
동원된 노무자들을 사례로 하여 동원과정과 일본에서의 노무상황에 관
하여 발표했다. 또한 중국인으로서 홋카이도대학에 재학하고 있는 박
인철(朴仁哲) 연구자가 일제시기 전라도 지역 주민의 만주 이주상황에
관하여 발표했다. 이어 학술대회 이튿날에는 일제강점기 일본인들에
의한 수탈이 가장 극심했던 전북 군산시 일대를 현지답사하며 일제의
경제적 수탈 현장 및 강제동원 피해 현장을 견학했다.

　또한 8월 4일과 5일에는 도쿄에서 재일조선인운동사연구회와 합동으
로 학술모임을 개최했다. 이 합동모임은 재일조선인운동사연구회를 창
립한 고 박경식(朴慶植) 씨를 기리기 위한 모임에서 출발하여 2003년부
터 2년 간격으로 한국과 일본 관동·관서 지역에서 번갈아 개최하고 있
으며 2007년에는 순번에 따라 도쿄에서 열게 된 것이다. 2009년에는

일본 관서지방에서, 2011년에는 서울에서 개최할 예정이다.

　지난 2005년 8월 부산에서 열렸던 시기에 비하면 한국과 일본에서 연구자들의 교류가 한층 활발해졌으며, 일본의 전후처리 문제나 재일 한국인·조선인 문제에서도 커다란 변화가 일어나 매우 복잡하고 다양한 모습이 나타나게 되었다. 특히 북한에 대한 일본 정부의 적대정책이 격화되고 있는 가운데 재일조선인 민족 학교들이 위기를 맞고 있는 시기였다. 이러한 상황에서 재일동포 사회가 형성된 지 100년이 지난 시점에서 이러한 학술모임을 통해 새로운 역사적 평가작업이 필요하게 된 것이다.

　8월 4일 첫날 세미나는 한국에서 참가한 10명 가량의 연구자들을 포함하여 총 80명 가량이 회의장을 가득 메운 가운데 진행되었다. 일본과 한국에서 각각 2명씩 발표가 있었고 열띤 토론이 있었다. 이어 첫날 저녁에는 장소를 근처 식당으로 옮겨 간담회를 열었다. 여기에도 한국인·일본인 연구자와 함께 총련 소속의 재일동포연구자 등 총 40명 가량이 모여 저녁식사와 함께 즐거운 환담시간을 가졌다. 둘째 날 견학프로그램은 재일민단본부 건물에 위치한 재일한인역사자료관에서 라기태 사무국장의 안내와 설명으로 진행되었다. 여기에는 총 20명 가량이 참가하여 새로 전시된 B·C급 전범 관련 자료를 비롯한 소장자료들을 견학했다.

_12_
신간도서 『한일교류의 역사』

한국과 일본의 공동 역사교재 집필 움직임 가운데 괄목할 만한 일로 2007년 3월에 『한일교류의 역사: 선사부터 현대까지』가 양국에서 동시에 출간되었다. 이 책은 서울시립대학교와 도쿄가쿠게이(東京學藝)대

|『한일교류의 역사』 표지 |

학의 소속 교수들을 중심으로 하는 연구자들이 10년간에 걸친 공동작업 끝에 완성시킨 작품이다. 이제까지 양국의 연구자들에 의해 수많은 역사서가 만들어졌지만, 한일 간 교류의 역사를 중심으로 선사시대부터 현대에 이르기까지 통사적으로 다룬 역사책은 이 책이 처음이라고 생각된다.

이 책은 비교적 평이하게 내용을 기술하고 있는데다가 사진이나 지도와 같은

이미지를 상당히 게재하고 있어서, 일반 독자들은 물론 중·고등학생들이 읽기에도 크게 부담이 되지 않을 것 같다. 여기에다 각 장마다 해설을 첨부하고 있고 참고문헌과 함께 학습과제를 부여하고 있어서, 역사교육이나 연구를 위한 참고서로서 그 완성도가 매우 높다고 평가할 수 있다. 양국의 집필자들이 15차례에 걸친 공동심포지엄 등을 걸쳐 다듬어 낸 '정성'이 돋보이는 작품이다.

이 책 내용의 특징으로서는, 크게 한일 간 쟁점에 각하여 양국 연구자들의 합의 노력이 나타나고 있는 점과, 사람과 문화의 상호교류에 중점을 두어 역사를 서술한 점을 들 수 있다. 의도적으로 '임나일본부'에 관한 언급을 하지 않고 있으며 임진왜란과 정유왜란이 조선에 대한 침략이었다는 점, 을미사변이 명성황후를 살해한 사건이었다는 점, 한국병합이 불법적인 강제점령이었다는 점, 식민지 지배가 조선의 내재적 발전 가능성을 무시한 수탈적 성격이었다는 점 등을 분명히 언급하고 있어, 대체로 일본의 역사서로서는 전향적인 성격을 띠고 있다고 할 수 있다.

이 책은 근현대사 서술에 절반 이상의 지면을 할어하고 있다. 특히 근대에 있어서 한일 양국과 서구열강의 외교관계에 대해 많은 언급을 하고 있으며, 근대와 현대 각 시기에 걸쳐 다른 역사서와는 다르게 재일 한국인·조선인에 대해서 비교적 상세하게 언급하고 있다. 한일 양국에서 근대 국민국가가 형성되는 대외적 요인과 함께, 국민국가의 경계 사이를 왕래하거나 경계인으로서 차별과 소외 속에 살아가는 소수자들에 대한 관심을 중시한 까닭이다. 여기에 역사상 모든 전쟁에 있어서 한국인과 일본인의 피해를 강조한 것은 휴머니즘의 시각이 반영된 결과라고 생각된다.

이러한 장점과 특징에도 불구하고, 이 책을 읽고 난 소감으로서 필자는 근대와 현대 부분에 국한시켜 다음과 같은 한계가 있음을 지적하고 싶다. 무엇보다 이 책이 양국의 공통 역사 교재를 지향하고 있다는 데 문제점이 있다. 집필자들의 공동심포지엄에서 많은 지적이 제기되었을 것으로 예상되는데, 역사의 부교재나 참고서라면 모를까, 대외교류사 그것도 한일 간의 관계사가 한일 양국의 개별적인 국가 역사를 교육하는 데 있어서 중심적인 내용이 되기는 어렵다. 근현대사에 있어서 일본과의 관계가 중시될 수밖에 없는 한국에 비하면, 일본으로서는 한국과의 관계를 중심으로 자국의 역사를 설명하기에는 적절하지 않을 것이다. 현실적으로 역사 교재로는 일본의 일반 교육기관에서 채택되기 어렵고, 다만 교재로서 사용될 수 있다면 한국이나 재일한국인 사회에서나 가능하지 않겠나 생각된다.

어차피 근본적으로 공통 역사 교재로서 한계를 가진 것이라면, 한일 간 교류의 역사를 조강하는 공통 참고도서로서의 역할에 충실했으면 하는 아쉬움이 남는다. 한 권의 책에 한국과 일본의 개별적 통사 내용과 양국간 교류사 내용을 모두 담으려고 하다보니, 경우에 따라 서술 비중이 어느 한 쪽으로 쏠리기도 하고, 서술내용에서 역사적으로 중요한 사항이 빠지는 일이 생기게 되었다. 무엇보다도 근현대사 부분에서 일본에 비해 한국의 국내정치에 대한 언급이 많다. 이는 한국의 일반 독자에게는 친근할지 모르겠으나 일본의 독자에게 널리 읽히기에는 문제가 있다. 필자의 주관적인 희망일지 모르겠으나, 양국의 개별적인 통사는 기존 교재의 서술에 맡기고, 이 책은 한일 간 상호교류 역사의 측면을 부각시키는 작업에 주력했더라면 좋았을 것이다.

근대시기 이후 한일 간 사람들의 교류·왕래와 관련하여, 강화도조약 전후의 교류·왕래에 관한 언급이 없는 것도 문제다. 일본 낭인(浪人)이나 조선의 실학파 지식인 사이에 일찍부터 양국 사이를 교류·왕래한 일이나, 일찍이 규슈(九州)에 조선인 노동자가 거류했던 일은, 근대시기 한일 간 인적 교류의 발단으로서 의미를 가지기 때문이다. 또한 일본의 패전 직후 한반도에 거주하던 일본인이 모두 귀환하여 한국인과 일본인의 "잡거(雜居) 현상이 소멸"되었다고 하는 서술[44]은, 양국 간 상호 교류의 역사를 다루고 있는 책의 내용으로서는 어울리지 않는 표현이다. 비록 해방 직후에 일본에 '잔류'한 한국인에 비하면 극히 미미한 수에 지나지는 않았지만, 식민지 시기 조선인과 결혼하여 해방 직후에도 가족을 위해 한반도 사회로부터 멸시를 받으며 살아 온 일본인 여성이 있으며, 종교적인 이유 등으로 해방 이후에도 한반도에서 활동한 일부 일본인이 있었던 것을 간과해서는 안 된다.

이밖에 역사 사실을 둘러싸고 연월까지 통일하여 기입해도 될 것을 부분적으로 연월일까지 기입한 것, 일부 인용문헌의 페이지까지 기입한 것 등 편집상 통일성을 확보해야 했다. '일본의 패전과 일본인의 귀환'과 '한반도를 떠나는 일본인'이 내용상 중복되는 것도 일원화하는 것이 좋을 것으로 생각된다.

이러한 한계에도 불구하고, 이 책은 국제관계의 시각에서 양국의 통사를 정리하고자 하는 시도를 보인 것으로, 기존의 역사교육에서 중심이 되어 오고 있는 개별국가중심의 역사관을 보완한다는 점에서 볼 때, 관련 학계의 발전에 커다란 기여를 한 연구결과라고 평가할 수 있다.

---

44) 역사교과서연구회(한국), 역사교육연구회(일본), 『한일 교류의 역사: 선사부터 현대까지』, 2007, 330쪽.

_13_
신간도서 『부관연락선과 부산』

2007년 11월 논형출판사에서 단행본 『부관연락선과 부산』이 출간되었다. 일제강점기를 전후한 시기의 한일 간 민족 이동과 부산 지역의 정치·경제·사회·문화를 이해하기 위해서는 부관연락선의 역사를 반드시 이해해야 한다는 문제의식 아래, 연락선 출항 100주년을 앞두고 2004년에 부산의 연구자 4명이 연구진을 구성하여, 1년간 한국학술진흥재단의 지원을 받아 부관연락선에 의한 민족 이동과 민간 교류에 관한 연구를 추진하게 되었다. 그 연구 결과에 관련 사진과 자료 등을 첨부하여 단행본으로 엮어 내게 된 것이다.

부산과 시모노세키(下關) 사이의 연락선을 흔히 일본 중심의 명칭으로 '관부(關釜)연락선'이라는 명칭이 널리 사용되고 있지만, 이 책에서는 부산과 시모노세키 사이의 지역 간 연락선이라는 의미로 '부관연락선'이라고 부르고 있다. 부관연락선은 1905년 9월 1,680톤급 이키마루

| 『부관연락선과 부산』 표지 |

(壹岐丸)의 출항과 함께 시작되었다. 이 시기는 러일전쟁을 종결짓는 포츠머스조약이 체결된 직후로서 일본의 대륙진출을 위해 경부선 철도와 일본 본토의 철도를 연결시키기 위하여 연락선 운행이 추진된 것이다. 이후 일본 패전 직전에 이르기까지 연락선 운행이 계속되어 50년간에 걸쳐 3천만 명 이상의 승객을 수송했다. 일본 패전 직후에는 귀환자 수송선박으로 운행되기도 했다.

이 연구 프로젝트를 계획하는 가운데 연

구진은 부관연락선에 관한 기존의 연구 축적에 바탕을 두면서 유동적인 개념으로서 '민족'을 인식하고 한반도와 일본열도라고 하는 공간에서 끊임없이 이동하는 민간의 실체와 그들의 식민지 인식을 파악하고자 했다. 아울러 부관연락선의 개통으로 일본제국의 대륙침략의 전진기지가 된 부산의 지역적 특성에 맞추어 일제강점기 역사를 지역의 차원에서 재조명하고자 했다. 이 연구는 다음 세 가지 방향에 주안점을 두고 추진되었다.[45]

첫째는 연구 대상으로서 민족의 유동적인 측면을 중시했다. 기존의 연구가 대부분 일본과 한반도를 왕래하는 사람들보다는 일본이나 한반도 사회에 정착해 가는 사람들에 연구초점이 맞추어져 있는 것에 비추어, 이러한 접근방법으로는 이동하는 민족의 인식의 유동성과 변동성을 이해하기에 충분하지 못하며 특히 부산의 유동적인 식민지 전개양상을 설명하기에는 한계가 있다고 보았다. 따라서 이 연구는 관계사적 접근방법을 통해 이동하는 민족의 계층과 인식의 변화를 포착함으로써 사회사적 접근방법의 한계를 극복 내지 보완할 수 있을 것으로 보았다.

둘째는 민간인의 움직임과 인식을 중시했다. 기존 연구들은 대부분 자료상에 나타나는 정치가·재력가·운동가들의 활동상에 연구초점이 맞추어져 있는 까닭에 자연스럽게 엘리트들을 연구 대상으로 삼고 있다. 일제강점기에 있어서 한반도와 일본 본토에서는 계층의 변화가 끊임없이 일어나고 있었으며 계층별로 식민지 정치문화에 대한 인식을 달리하고 있었다는 점에서 볼 때 이러한 엘리트 중심의 연구는 이러한 인식의 다양성을 설명하는 데 한계가 있다고 할 수 있다. 따라서 이 연구에서는 연구 대상을 연락선 승선자에 국한시키면서도 일반 민간인의

---

45) 최영호·박진우·류교열·홍연진, 『부관연락선과 부산: 식민도시 부산과 민족이동』, 「서론」, 2007.

움직임과 인식 상황에 관한 분석에 주력하며 그와 함께 부산지역의 일본인과 한국인 인구변화 양상을 밝히고자 했다.

셋째는 부산의 지역적 특수성 혹은 관계성을 중시했다. 기존의 식민정책연구는 대체로 한반도를 하나의 통일된 공간으로 상정하고 있어 식민통치의 지역적인 특성을 파악하는 데는 한계가 있다고 보고, 일본제국의 대륙진출거점인 부산의 지역적 특수성을 집중 조명하고자 했다. 다만 민간인들의 이동 상황에 관한 연구는 민간 이동의 다양한 양상으로 인하여 이를 총체적으로 파악하기는 어려울 뿐 아니라 자료수집에 있어서도 광범위한 분야에 걸친 작업을 요한다. 따라서 본 연구는 부관연락선 승선자로 연구 대상을 한정하고 이에 관한 자료 수집과 분석에 집중하고자 했다.

각 장별로 내용을 요약해 보자. 먼저 홍연진 연구자(부산광역시시사편찬실)는 제1장 「부관연락선과 부산부 일본인」을 통하여 연락선의 역사와 부산거주 일본인 인구변동의 관계를 정리하고, 연락선 수송실적과 인구변동에 주목하며 그 상관관계를 유추하여 이를 일제강점기 전반의 성격과 연관시켜 서술했다. 일제강점기에 한반도와 일본 사이의 인구이동에 있어서 부산항이 가장 중요한 역할을 담당했으며 부관연락선이 가장 중요한 이동수단이었음을 통계자료를 통해 구체적으로 실증한 것이다.

제2장 「개항기 부산에서 본 일본의 조선 인식」에서 박진우 교수(숙명여자대학교)는 부산이 이미 개항과 함께 일본제국의 영향하에 들어갔음을 강조하면서 을사늑약 이전 시기 부산에 형성되는 일본인 거류지와 일본인의 경제활동을 분석했다. '문명'으로서의 일본이 '야만'으로서의 조선에 들어오는 입구인 부산에는 조선이 식민지로 전락한 지 불과 2년여 만에 2만 5천여 명의 일본인들이 거주했다. 연락선을 이용해서 조선으로 건너오는 일본인의 대부분은 조선에 대한 일본의 무력지배와 불평등조약을 배경으로 한반도에서 한몫을 잡으려는 사람들이 많았으며 부산은 이들에게 대륙진출의 교두보가 되었다. 메이지유신을 거치면서 근대 국민국가 형성기에 광범위하게 확산되었던 '야만'·'미개'한 조선의 이미지를 배경으로 하여 민족적 우월감과 멸시관이 이 시기 부산거류 일본인에게 팽배해 있었다.

제3장 「부관연락선과 도항증명서제도」에서 류교열 교수(한국해양대학교)는 식민지의 노동력 재편성과 재분배를 조절하는 중요한 장치로 부관연락선과 도항증명서제도가 기능했다고 설명한다. 1919년 3·1운동은 조선총독부로 하여금 도항 조선인에 대한 감시 강화와 함께 일본행을 직접적으로 규제하는 도항증명서제도를 처음으로 도입하게 하는 계기가 되었다. 하지만 도일(渡日)규제에 대한 조선 내의 불만과 저렴한 노동력을 필요로 하는 일본 기업의 요구가 강화되자 1922년 이 제도를 철폐하고 자유도항제로 정책을 전환했다. 이후 일본은 도항을 규제하거나 촉진하는 정책을 번갈아 사용했다. 패전 직전에 자유도항을 억제하는 가운데 강제동원중심의 도항정책을 실시한 것은 부관연락선을 '전시노예선' 같은 성격의 이동수단으로 만들었다.

제4장 「일본의 패전과 부관연락선」에서 최영호 교수(영산대학교)는 패전 직후 부관연락선이 귀환선으로 바뀌어 가는 과정을 밝혔다. 귀환 관련 자료의 발굴과 조사를 통하여 부관항로의 귀환자 실태를 규명했으며 귀환자들의 회상기록과 구술자료 조사를 통하여 그들의 식민지 인식을 도출해냈다. 부산항에서 시모노세키항의 대체 항구인 센자키(仙崎)항으로 귀환한 일본인이 25만 명에 달했으며, 센자키에서 부산으로 귀환하는 조선인이 33만 명에 달했다. 일본인 귀환자들의 회상기록에서는 주로 안전하게 귀환한 것을 감사하게 여기는 안도감이 많이 나타나고 있으며, 일부 귀환자 가운데 "식민지 상실이 분하다", "식민지 지배가 잘못되었다"라고 기술한 사람도 있다. 반면 조선인 귀환자들의 구술자료에 따르면 한결같이 '해방의 기쁨'을 피력한 것으로 나타났다.

II. 한국의 정치사회 변화와 한일관계

_1_
노무현 대통령의 2006년 연두 기자회견

2006년 1월 25일 노무현 대통령이 연두 기자회견을 했다. 연설에서는 국내정책을 중심으로 개괄적인 시정방침을 언급하다보니 외교정책에 대해서는 그다지 발언을 하지 않았다. 외교 관련 발언으로는 전시작전권 회수 문제와 관련하여 대미관계에 대해 언급한 것 정도다. 한해 전인 2005년 연두 기자회견에서 '동북아균형자론'을 내세울 때 보였던 대외정책에 관한 적극성이 2006년 회견에는 전반적으로 나타나지 않았다.

다만 회견을 마치고 개별적으로 기자들의 질문에 응답하는 과정에서 대일외교에 관한 언급이 나왔다. 아사히 TV의 한국특파원이 "일본 정부에 대해 한국 정부가 대국적인 견지에서 손을 내밀 생각이 없는가" 하고 묻는 질문에 대한 대답에서였다. 대통령은 다음과 같이 언급하면서 일본과의 역사인식 및 외교에 대한 기본입장을 천명하고 구체적으로 야스쿠니 참배에 더한 외교적 대응방침을 밝혔다.

> 국가 간 의견이 다를 때는 보편적인 원칙에 따라 조정해야 한다. 과거 역사 문제는 어느 한 국가만의 주장대로 해결할 수 없다. 세계의 좋은 선례를 참고로 하여 보편적인 원칙을 찾아가며 그에 따라 역사 문제를 풀어가야 한다. 야스쿠니 참배 문제에 관한 고이즈미 수상의 해석은 객관적 의미를 갖지 못한다. 따라서 원칙이 없는 가운데 양보나 타협이 있을 수 없다. 이에 대해서는 적절하게 외교적으로 항의하거나 대응해 나가도록 하겠다. 결코 포기하지 않겠다.

이렇듯 야스쿠니 문제에 대해서는 외교적인 타협이 있을 수 없다는 종래의 강경한 입장을 재확인했다. 다만 정치·외교적인 대응과는 분리

| 2006년 대통령 연두 기자회견 |

| 기자회견을 하는 노무현 대통령 |

하여 경제·문화적인 측면에서의 상호교류는 변함 없이 이어나갈 것을 표명했다.

한국 정부의 이러한 확고한 입장표명은 야스쿠니 참배로 주변국과 외교적 갈등을 빚고 있는 고이즈미와 그와 성향을 같이하는 '포스트 고이즈미' 정치가에 대해 역사인식 문제에 관하여서는 한극의 외교노선에 변화가 없음을 강조한 것이었다. 2006년에 들어 자민당 내부에서 고이즈미의 외교적 자충수를 비판하며 이에 반대하는 세력이 결집하고 있는 상황에서 대통령의 입장 표명은 고이즈미 반대세력에 대해 힘을 실어주는 계기가 되었다. 더불어 고이즈미가 외교적으로 유일하게 매달리고 있는 미국조차 일본 수상의 야스쿠니 참배에 대해 비판적인 논조가 강해지고 있어 고이즈미는 더욱 외교적으로 궁지에 몰리게 되었다.

고이즈미는 2006년이 시작되는 1월 4일에 가진 연두 기자회견에서 "외국 정부가 정치가 마음의 문제에까지 개입하여 외교 문제화하는 것을 이해할 수 없다"고 하며 야스쿠니 문제를 외교적 쟁점으로 삼는 자세에 대해 신경질적인 반응을 보였다. 그는 그후 20일의 국회 시정방침연설에서도 마찬가지로 외교관계가 경색국면에 들어가게 된 책임이 중국과 한국에 있다는 것을 분명히 한 바 있다.

얼마나 더 궁지에 몰려야 고이즈미가 외교적 경색의 원인을 스스로에게서 찾으려고 할 것인지 불투명한 상황에서 2006년 한일관계는 시작된 것이다. 공격적인 정치적·외교적 행태에 능한 고이즈미가 유연하게 한 발짝 물러서게 될지는 쉽사리 전망하기 어려운 상황이었다. 그는 일본 국내여론에서 높은 지지를 얻고 있는 마당에, 외교적으로 물러섰다가는 자신이 '패배'했다는 평가를 받을 것이고 결과적으로 정치적 이득이 없을 것으로 판단했던 것 같다. 기존의 행태에서 볼 때 그가 퇴진하게 될 2006년 가을까지 외교적 소모전을 지속할 가능성이 높아 보였다.

한일 외교관계는 일본 정치권에서 주변국 외교의 중대성이 어느 정도 비중을 차지해 가느냐에 따라 달라진다. 한국으로서는 역사인식 외교가 일본의 주변국뿐 아니라 미국이나 여타 선진국에게 있어서 '보편성'과 '객관성'을 갖도록 노력하는 것이 중요하다. 유감스럽게도 일본은 한국이나 중국에서 들리는 성토의 목소리보다는 미국에서 들리는 조언의 목소리에 의해 보다 쉽게 그리고 빨리 방향을 바꿀 수가 있기 때문이다.

_2_
노무현 대통령의 2006년 3·1절 기념사

2006년 3월 1일 노두현 대통령은 세종문화회관에서 열린 87주년 3·

| 2006년 3·1절 기념식 |

1절 기념식에서 기념사를 통해 일본의 역사인식 문제를 언급했다. 2005년 한 해 내내 역사인식 문제로 일본과 불편한 외교관계를 지속해 온 상황에서 대통령의 기념사는 이후 한일관계 방향을 전망할 수 있는 중요한 풍향계가 되었다. 기본적인 방향에서 보면 2006년 기념사에서는 지난해에 비해 부드러운 어조로 일관했으며 내용에 있어서는 지난해와 다름없는 단호한 메시지를 담았던 것으로 나타났다. 기념사 분위기에서 볼 때, 당분간 역사인식 문제에 관한 한 일본 정부에 대해 일관된 자세를 유지할 것이라는 전망이 가능했으며, 만약 야스쿠니 참배 문제 정도에 있어서라도 일본 정부가 전향적인 태도로 나오게 되면 한일 외교관계는 급속하게 회복될 것으로 보였다.

대통령은 기념사 앞부분에서 3·1운동의 역사와 의의를 언급한 것을 제외하고는 대부분을 한일관계에 관한 한국 정부의 입장을 밝히는 데 할애했다. 그는 일본이 보통국가 혹은 세계의 지도적 국가가 되려면 법을 바꾸거나 군비를 강화할 것이 아니라, 인류의 양심과 도리에 맞게 행동하여 국제사회의 신뢰를 확보해야 한다고 했다. 그런데 지난 1년 동안 역사인식에 관한 일본 정부의 태도에서 크게 달라진 것이 없으며 지도층의 신사 참배가 계속되고 있고 독도를 강점한 날을 기념까지 하고 있다고 비판했다. 때문에 한국 국민들은 여전히 일본이 또 다시 패권의 길로 나아갈지 모른다는 의구심을 당연히 갖게 된다고 했다.

| 대통령의 기념사 낭독 |

또한 대통령은 야스쿠니 참배가 개인적 행위에 불과하다고 주장하는 고이즈미 수상에 대해, "국가적 지도자가 하는 말과 행동의 의미는 당사자 스스로의 해명이 아니라 그 행위가 갖는 객관적 성격에 의해 평가되는 것"이라고 비판했다. 그리고 이제는 일본에게 거듭되는 사과보다는 사과에 합당한 실천을 요구하며 자신이 말한 사과를 뒤집는 행동에 대해 반대한다는 입장을 거듭 분명히 했다. 이처럼 대통령은 기념사를 통해 고이즈미 정부에 대해 엄중한 표현으로 강력하게 비판적인 견해를 제시했다.

그러면서도 다른 한편으로는 일본 국민에 대해 유화적인 표현을 사용하여 신뢰를 보내고 포용하는 부드러운 견해를 제시하기도 했다. 그는 일본 국민의 대다수가 일본이 국제사회의 신뢰를 얻기 위해서 역사인식을 바르게 가져야 한다고 생각하고 있다고 평가했으며, "우리는 일본 국민의 양식과 역사의 대의를 믿고 끈기 있게 설득하고 요구해나갈 것"이라고 말했다. 2005년 3·1절 기념사에서 일본의 지성에 호소한다고 하는 강경한 발언이 두드러지게 나타났던 것에 비하면 대조적인 분위기를 느끼지 않을 수 없는 대목이다.

마지막으로 대통령은 2005년의 기념사에서 했던 발언을 반복하여 "주체적인 역사와의 화해"를 제창했다. 과거사 규명과 정리 작업을 언

급하는 가운데, 대통령은 "이웃 나라에 대해 잘못 쓰인 역사를 바로잡
자고 당당하게 말하기 위해서는 우리 역사도 잘못 쓰인 곳이 있으면
바로잡아야 할 것이며, 지금 진행 중인 과거사 정리과정은 이러한 역
사적 관점에서 이해되어야 하고, 또 이러한 관점을 고려하여 진행되어
야 할 것"이라고 강조했다.

2006년의 기념사를 2005년과 비교하여 볼 때, 식민지 시기 피해자보
상에 관한 언급이 없었던 것이 특징이라면 특징이라 할 수 있다. 2005
년 기념사에서는 일본 정부에 대해 배상할 일이 있으면 배상하고, 그
리고 화해해야 한다고 주장했으며 한국 정부도 이 문제를 해결하는 데
적극 노력하겠다는 입장을 밝힌 바 있다. 그런데 2006년에는 한일청구
권협정에 의한 피해보상 문제에 관하여 그 구체적인 대책은 물론 원론
적인 방향조차도 거론하지 않았다. 이 문제의 해결을 위해서 총리실
산하의 대책기획단이 구체적인 방안을 모색하고 있는 상황에서 대통령
이 관련 발언을 유보한 것으로 보인다.

_3_
한일관계에 관한 2006년 4월 대통령 담화

노무현 대통령은 2006년 4월 25일 오전 9시 반부터 7분간에 걸쳐
TV 생중계를 통해 한일관계에 대한 특별담화문을 발표했다. 그 내용은
대체로 다음 다섯 가지로 요약할 수 있다. 첫째, 일본의 독도침탈 역사
에 비추어 독도에 대한 영유권 주장은 식민지 영토에 대한 권리를 주
장하는 것과 같다. 둘째, 배타적 경제수역 경계획정 문제와 관련하여

| 한일관계에 관한 대통령 담화 |

독도영유권 문제를 분명히 해야 한다. 셋째, 독도 문제에 대하여 '조용한 외교'보다는 주권수호 차원에서 정면 대응할 것이다. 넷째, 일본의 올바른 역사인식을 촉구하며 반복되는 사과보다는 사과에 합당한 행동을 요구한다. 다섯째, 한일 양국은 공동 평화와 번영을 위해 노력해야 한다.

2005년 3월 23일에도 대통령은 한일관계에 관하여 담화 "한일관계 관련 국민에게 드리는 글"을 발표한 바 있다. 2005년에 비하면 2006년 4월의 담화는 그 형식에 있어서 구어체의 감정적인 용어를 거의 사용하지 않고 비교적 간결하고 절제된 문장을 담고 있었다. 그러나 내용에 있어서는 독도 침탈의 역사를 비교적 상세하게 언급하는가 하면 일본에 대한 보다 단호한 메시지를 내포하고 있었다. 2005년에 우리의 대응자세에서 인내와 끈기가 필요하다는 것과 한일 양국의 우호기조를 강조했던 것에 비하면, 2006년에는 우리의 대응과제에 관한 언급이 생략되었으며 전반적으로 일본의 태도를 비판하고 일본에게 변화를 촉구하고 있다는 특징이 분명히 드러났다.

2006년 대통령 담화는 한국 정부와 국민의 독도에 관한 사고방식을 논리적으로 정연하게 정리하고 있다는 데 큰 의의가 있다고는 생각되지만, '다케시마' 영유권 주장을 포기하지 않는 일본이 있는 한 이 논리는 타협점을 찾는 데 있어서 외교적으로 유연성을 잃게 되는 한계를 가질 수밖에 없는 것이었다. 게다가 국가 지도자의 강경한 주장은 우리의 논리를 받아들이지 않는 일본 정부와 교섭을 통하여 타협의 실마리를 찾아야 하는 외교 실무자들에게, 자칫 '무기력한 추종' 아니면 '소신 있는 배반' 가운데 양자택일을 강요하는 결과를 가져오기 쉬운 것이었다.

일본의 입장에 추호도 타협하지 않겠다는 의지와 EEZ 획정을 조속히 분명히 해야 한다는 우리의 '당위성' 주장이 과연 국제사회에서 '실효성'을 갖고 있는가에 대해서 의문을 품지 않을 수 없다. 과거 역대 정권이 획득하지 못한 '실효성'을 참여정부가 과연 확보할 수 있었겠는가. 역대 우리 정부나 국민들이 '당위성' 논리가 약해서 '실효성'을 획득하지 못한 것이 아니기 때문이다. 문제는 역대 일본 정부가 식민지 지배의 역사인식에서 크게 변하지 않았으며 앞으로도 변하지 않을 것이 분명하다는 데 있다. 도리어 근래 들어서 일본 정부의 역사인식에서 퇴보하는 양상이 나타나기도 한다. 우리 국민 가운데도 불쾌하게 여기면서도 일본 정부가 우리의 '당위성' 주장을 선뜻 수용할 것으로 보는 사람은 거의 없다. 이제는 '실효성' 확보를 위한 논리를 개발하는 데 주력해야 하며 지도자의 발언은 신중에 신중을 거듭해야 한다. 노무현 대통령 자신이 2005년 담화에서 다음과 같이 바람직한 우리의 대응 자세를 밝힌 바 있다.[1]

끈기와 인내심을 가지고 대응해 나가야 합니다. 싸움이라고 한다면 이

---

1) 『한일관계의 흐름 2004-2005』, 331-334쪽.

싸움은 하루이틀에 끝날 싸움이 아닙니다. 지구전입니다. 어떤 어려움이라도 감수하겠다는 비장한 각오로 임하되 체력소모를 최대한 줄일 줄 아는 지혜와 여유를 가지고 끈기 있게 해 나가야 합니다. 넷째는, 멀리 내다보고 전략적으로 대응해 나가야 합니다. 신중하게 판단하고 느리다 싶게 말하고 행동해야 합니다. 일희일비해서도 안 되고 중구난방해서도 안 됩니다. 그동안 너무 많은 말과 행동이 쏟아져나온 것은 아닌가 하는 불안이 없지 않습니다.

_4_
동북아역사재단 발족

중국의 '동북공정'과 일본과의 독도 영토분쟁 등 동북아 역사 문제에 조직적으로 대처하기 위한 목적으로 동북아역사재단이 2006년 9월에 출범했다. 한국 정부는 2004년에 '동북공정'에 대응하기 위해 설립했던 '고구려연구재단'과 2005년에 일본의 독도영유권 주장과 역사교과서 왜곡 문제 등에 대응하기 위해 설립했던 '바른역사기획단'을 통합하고 조직과 기능을 확대하여 새로운 재단을 출범시킨 것이다.

동북아역사재단 홈페이지에는 조직의 설립 목적으로, "동북아와 세계 전체를 불행하게 만들었던 잘못된 역사관과 그로 인해 야기된 문제점을 직시, 장기적·종합적 연구분석과 체계적·전략적 정책개발을 수행함으로써 바른 역사를 정립하고 동북아의 평화와 번영의 기반 마련을 목표로 한다"라고 되어 있다. 또한 재단 설립 경과를 간략하게 나타내고 있는데, 2005년 4월에 「동북아의 평화를 위한 바른역사정립기획단 설치 및 운영에 관한 규정」이 대통령 훈령 제147호로 제정되었으며,

| 동북아역사재단 출범식 |

같은 해 12월 당시 열린우리당 소속의 유기홍 의원 등 23명기 '동북아
역사재단설립운영에관한법률안'을 제안했고, 2006년 5월에 관련 법안
이 국회를 통과하여 재단설립의 법률적 근거가 마련되었다. 이어 2006
년 9월 1일 서울대 김용덕 교수가 초대 이사장으로 취임했으며 9월 28
일에 재단출범식을 가졌다.[2]

　재단의 주요 임무로는 동북아의 바른 역사 정립을 위한 조사연구, 독
도 관련 사항에 대한 조사연구, 정책개발 및 대정부 건의, 시민사회단
체와의 교류협력, 홍보교육 및 보급, 동해와 독도의 표기와 관련한 체
계적 오류시정활동 등을 들고 있다. 2007년 9월에 재단이 출범 이후 1
년간의 활동을 정리한 보고서에 따르면, 재단 조직으로 이사장과 사무
총장이 속한 이사회·국제표기명칭대사·법률자문관 이 외에 운영기획실
·전략기획실·교류홍보실·제1연구실(한일역사연구)·제2연구실(한중역사연구)
·제3연구실(영토영해연구) 등의 조직을 두고 있는 것으로 나타났다. 그리
고 재단소속 인원으로는 파견공무원·연구직·행정직·기능직을 포함하여
총 정원 85명 가운데 79명의 직원을 확보하고 있는 것으로 나타났다.[3]

---

2) www.historyfoundation.or.kr.

3) 동북아역사재단, 『동북아역사재단 1년 활동보고서 2006.9~2007.8』, 2007, 10-11쪽.

필자는 동북아역사재단이 합리적인 역사외교를 위한 인프라를 제공하는 기관 가운데 중추적인 기관으로서의 역할을 수행해야 한다고 생각한다. 역사 외교의 복합적인 성격에서 볼 때, 정부부처가 자기완결적으로 업무를 수행하기 어렵다. 정부부처는 기본적인 외교전략을 세워나가되 각각의 사안에 대한 외교적 대응을 위해서는 외부기관으로부터 자문과 지원을 받아야 한다. 역사외교를 위한 인프라 제공기관에는 역사재단을 비롯한 공공성을 띠는 기관과 비영리 민간기관 및 다양한 비정부기구를 상정할 수 있다. 역사재단이 담당해야 하는 중추적 임무에 대해서는 이미 재단 전략기획실이 다양한 아이디어를 제시하고 있으나, 필자 나름대로 긴요한 과제라고 생각하는 것을 열거하면 다음과 같다.

첫째, 역사자료에 관한 정보유통에 있어서의 중추기능을 확보해야 한다. 한국의 역사연구자들이 자료에 대해 궁핍해 하는 것은 기본적으로 국내에 연구 대상 역사자료가 부족하기 때문이다. 이러한 문제에 대해서 국내에 소장되고 있지 않은 자료들을 입수하고 관리·제공하는 일이 중요하다는 것은 두말할 나위 없다. 이와 함께 국내에 소장되어 있는 역사자료의 소재도 알려져 있지 않아 연구자들이 자료에 허덕이는 예가 수없이 많다. 즉, 자료를 가지고 있지 않은 것도 문제지만 무엇을 가지고 있는지 모른다는 것이 더욱 큰 문제라는 것이다. 이것은 관련 역사연구기관들이 소장하고 있는 자료를 통합적으로 관리하고 제공할 수 있는 허브(hub) 기관이 존재하지 않기 때문이다. 역사연구자들이 관련 자료의 소재를 쉽게 파악할 수 있는 시스템 구축과 관리가 시급하다. 이는 국가재정의 효율적 사용이라는 측면에서도 절대로 중요한 과제가 아닐 수 없다.

둘째, 국내외 역사연구자와 연구결과에 대한 정보의 집결기능을 확보해야 한다. 비교적 학술진흥재단이 국내 연구자에 대한 관리를 잘하고 있다고 본다. 그러나 국외 연구자와 국내외 역사 문제의 연구결과에 대해서는 친절한 정보를 제공하고 있지 않다. 한국의 역사학계의 문제점 가운데 역사자료에 관한 정보와 만찬가지로 연구자와 연구실적에 대한 정보가 통합적으로 관리되고 있지 않다는 점을 지적할 수 있다. 역사 외교와 관련하여 외교 당국과 관련 연구자들을 효과적으로 연결시키는 연결고리가 없기 때문에 그 결과 외교적 자문을 구하는 인적 범위가 한정될 수밖에 없다. "기존 연구결과가 없다"는 것에 대한 비판보다는 "기존 연구결과에 대한 통합된 정보가 없다"는 것에 대한 반성이 필요한 것이다.

셋째, 역사인식 문제에 대한 대국민 대화를 위한 창구 기능을 확보해야 한다. 역사 문제와 관련하여 이것이 외교적으로 쟁점화했을 때, 국민들은 이에 대해 대체로 지대한 관심을 보이게 되며 자연스럽게 감정적인 대응으로 치닫는 경우가 허다하다. 이럴 때 정부가 나서서 국민과의 직접적인 대화를 모색하고자 하면 그 의도의 순수성과는 무관하게 부정적인 결과를 낳기 쉽다. 국민의 정서에 부합하다 보면 원만한 외교를 그르치기 쉽고 그렇다고 해서 국민의 정서에 반하는 주장을 하기도 어렵다. 이러한 현상은 2004년과 2005년에 참여정부가 보인 대일외교의 실례에서 그 교훈을 충분히 얻을 수 있다. 정부의 외교담당 부처는 대외적으로 절제된 대응을 보이는 가운데, 역사지단과 같은 기관이 나서서 국민과의 대화를 주도하며 합리적인 사고력과 판단력을 국내 사회에 확산하는 역할을 수행해야 한다.

넷째, 역사연구에 대한 국민적 관심을 유도하고 고취하는 기능을 확보해야 한다. 사실 역사 문제로 인하여 외교적 갈등이 야기될 경우에는 국민적 관심이 고조되지만 일상적으로 역사연구에 대해서는 국민적 관심이 미흡한 현실이다. 이 문제에 대한 근본적인 해결은 교육정책에 달려 있다고 하겠으나, 역사재단으로서도 쟁점이 되고 있는 동아시아 역사에 대해 그 연구 관심이 한국 사회 저변으로 확산될 수 있도록 해야 한다. 관련 연구자에 대한 지원은 물론 다양한 방법을 통하여 청소년과 일반 국민들이 평상시 합리적인 역사적 대응의 필요성을 갖도록 유도하는 것이 중요하다.

_5_
강제동원 피해자 지원법안 입법예고에 즈음하여

가해 당사자인 일본 정부는 한일수교회담 과정에서 식민지 강제동원 피해실태에 관한 자료를 내놓지 않았으며, 오늘날까지 이어지고 있는 관련 소송에 대해서도 소극적이고 회피적인 자세를 견지하고 있다. 반면 지난날 한국 정부는 청구권협정 교섭에서 청구권 문제가 "완전히 그리고 최종적으로 해결되었다"고 하는 포괄적 문구를 허용함으로써 일본 정부가 법적 책임을 회피할 수 있는 빌미를 제공하는 과오를 범했다. 뿐만 아니라 자금의 성격이 애매한 청구권 자금을 받아 경제발전에 원동력으로 사용했으면서도 정작 피해자 개개인에 대한 보상에는 지극히 인색한 정책을 실시했다. 이에 따라 피해자 보상과 관련한 법적 책임을 한일 양국 정부 모두가 회피하는 가운데, 오늘날에 이르기까지 보상을 전혀 혹은 충분하게 받지 못한 피해자 개인과 관련 단체들이 일본 정부와 기업 등을 상대로 하여 힘겨운 싸움을 계속해야만 했다.

이와 함께 피해자들이 한국 정부에 대해서도 적극적인 보상대책을 요구하는 과정에서, 참여정부는 2005년에 들어 한일수교회담 자료를 공개하고 피해자 보상 문제 관련 대책기획단을 구성하여 대책을 강구해 왔다. 그 결과 「일제강점하국외강제동원희생자등지원에관한법률안」(이하 '지원법안')을 마련하고 2006년 3월 16일에 입법예고했으며, 그 달 22일에는 피해자 관련 단체들이 참가한 가운데 공청회를 개최한 바 있다. 이 법안은 인도적인 차원에서 강제동원기간에 사망한 희생자 유가족에게 2천만 원을 '지원'하고 부상당한 피해자 본인이나 유가족에게는 1~2천만 원에 이르는 금액을 '지원'하는 등의 내용을 담고 있었다. 이에 대해 피해자 단체는 이 법안을 반대하며 법적 책임을 분명히 하고 정당하게 보상할 것을 요구했다.

이 '지원법안'은 과거 정권이 피해자 보상관련 대책을 소홀히 한 점에 대한 도의적 책임을 인정하고, 1970년대에 실시한 보상정책을 보완하여 이제까지 보상의 사각지대에 있던 피해자들과 그 가족에게도 보상 성격의 지원금이 돌아가도록 조치하고자 하는 한국 정부의 의지가 반영된 것이다. 한편 이것은 대일외교에 있어서 마찰을 피하면서도 일본 정부에 대해 과거사 문제에 관한 법적 책임을 간접적으로 물어야 하는 한국 정부의 곤란한 입장을 그대로 반영한 법안이다. 이미 일본 정부가 과거사에 대한 법적 책임을 인정하지 않으면서도 일부 한국인 피해

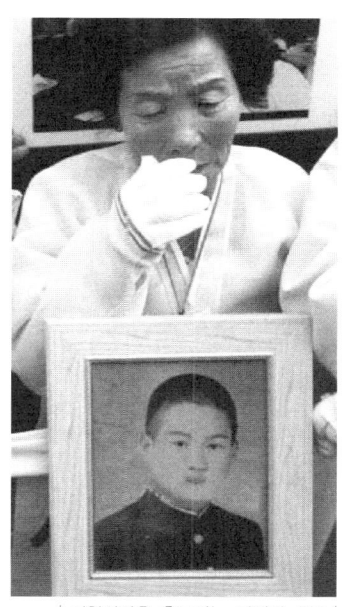

| 지원법안을 촉구하는 피해자 유족 |

일제강제동원 희생자 지원법안
지지를 위한 리본달기운동

| 지원법안 지지 운동 |

자에게 위로금 등의 명목으로 보상에 준하는 정책을 실시한 것에 비추어 볼 때, 뒤늦게나마 한국 정부가 어떠한 형태로든 인도적 차원의 피해보상을 위한 정책을 실시하기로 결정한 것은 역사적으로 그 의의가 매우 크다고 할 수 있다.

다만 청구권협정 체결과정에서의 역사적 과오와 함께 국제적 협정을 준수해야 하는 외교적 부담을 인식해야 하는 한국 정부의 입장에서 나온 이 법안은, 근본적으로 법적 책임을 묻는 피해 관련자들에게 있어서 책임 있는 보상이 될 수 없다고 하는 한계를 지닐 수밖에 없었다. 피해자와 그 가족들은 지원금액이 얼마가 되느냐에 대해서도 문제시했지만 그보다도 지원금의 법적 성격을 더욱 중요시했다. 그리고 그들은 청구권 자금을 유용한 정부에 대해 그 자금이 곧 피해자들을 담보로 하여 받은 것이라는 사실을 확인하고자 했던 것이다.

이러한 피해자들의 근본적인 문제제기에 대해 '지원법안'은 시원한 해결책을 내놓지 못했다. 이것은 한일청구권협정 내용이 보상 대상에 관한 포괄적인 성격을 지니고 있는 데서 출발하고 있다. 결국 이 문제는 청구권협정의 협상과정을 밝혀내어 보상 대상과 그에 대한 법적 책임을 구체화하는 작업을 통해서만 해결될 수 있는 것이었다. 이를 위해서는 무엇보다 먼저 일본 정부도 한국 정부와 행한 바와 같이 한일수교회담 자료를 공개해야 하는데, 이에 대해 일본 정부는 지극히 소극적인 입장을 견지하고 있다.

이 '지원법안'이 국회를 통과한다고 해서 그것으로 피해자들에 대한 보상이 끝나는 것은 결코 아니다. 일본 정부가 법적 책임을 인정하고 그에 상응하는 조치를 취할 때 비로소 식민지 피해자에 대한 전후처리가 종결된다고 할 수 있다. 그렇다고 해서 일본 정부에게만 모든 책임을 떠맡기고 한국 정부가 언제까지나 피해자와 그 가족들을 외면할 수는 없는 일이다. 비록 한계를 지닌 '지원'이라고 하더라도 과거사 문제에 대한 일부 해소의 노력은 절실하게 요구되는 것이다.

또한 한시적 조치와 함께, 지속적이고 장기적인 문제해결을 위하여 조속히 기금을 마련하고 전후보상과 관련하여 상설기구를 마련해야 한다. 기금창설을 위해서는 정부가 예산을 마련해야 하겠지만, 여기에 기업과 민간이 동참하는 형태를 갖추어 이를 상설 운영하도록 해야 한다. 반관반민의 기금 창설과 상설기구 운영을 통해서만이 피해자 진상규명, 피해 입증자료 발굴 및 자료화, 대국민 홍보 및 교육, 대일보상 관련 소송의 지원 등 피해자와 그 가족들이 염원하고 있는 책임 있는 보상을 향한 작업들이 지속적이고 원활하게 이루어질 수 있을 것이라고 본다.

_6_
강제동원 피해 생존자 지원 문제

2007년 7월 3일 임시국회 마지막 날 오후에 일제 말기 강제동원 피해자에 대한 '지원법안'이 국회 본회의를 통과했다. 이 법안에 따르면 일제의 '국가총동원법' 제정 이후 군인·군무원·노무자 등으로 국외로 강제동원되어 사망하거나 행방불명된 사람, 부상으로 장해를 입은 사람은 물론, 국외로 강제동원이 되었다가 국내로 돌아온 생환자 중에서 현재 생존해 있는 사람에게도 한국 정부가 위로금을 지급하기로 되어 있다.

국회 홈페이지에서 제공하고 있는 「일제강점하국외강제동원희생자등 지원에관한법률안」(의안번호 176979) 원안에 의하면, 법률안의 제안 이유 로 "일제의 강제동원과 관련한 반인도적 불법행위에 대한 일본의 법적 책임을 충분히 규명하지 아니한 상태에서 한일청구권협정이 체결된 이 후 1975년에 실시된 정부 보상에서 일제강점하 국외 강제동원 희생자 와 그 유족 등에 대한 국가의 지원이 충분하지 못하였음을 감안하여 국가가 인도적 차원에서 이들의 오랜 고통을 위로하고 국민화합을 도 모하는 차원에서 위로금 등을 지급하려는 것"이라고 되어 있다.[4]

그런데 이 법안을 심의하는 과정에서 원안에 없던 강제동원 피해 생 존자에 대해 1인당 500만 원을 지급하는 내용이 추가됨으로써 그 후 물의를 빚게 되었다. 결국 관련 법안이 국회를 통과하자 피해자 단체 측이 이를 환영하는 성명을 내놓은 것과 달리, 행정부는 예산상의 문 제와 형평성 문제를 들어 난색을 표명하고 대통령의 거부권 행사를 요 청했다. 이에 따라 '지원법안' 성립 과정에서 불미스러운 일이 벌어지 게 된 것이다.

국회 행자위는 애초 정부가 제출한 법률안을 심의하는 과정에서 위 원회 대안(代案)을 마련하고 법사위를 거쳐 본회의에 회부했는데, 이 원 안에는 생존자에 대해 50만 원 가량의 '의료지원금'을 지급하는 내용 이 담겨 있었다. 그런데 본회의에서 장복심 열린우리당 의원 등 46명 이 현재 생존하는 피해자에게 500만 원을 지급하자는 수정안을 발의했 으며, 이 수정안이 국회를 통과함으로써 그때까지 행정부와 국회 행자 위가 준비해 온 '지원법안' 원안이 폐기되는 어처구니없는 일이 발생

---

4) http://likms.assembly.go.kr/kms_data/record/data2/268.

한 것이다. 7월 3일의 국회 본회의 회의록을 보면, 수정안 발의자를 대
표하여 나온 장복심 의원은 수정안과 대안 가운데 하나라도 통과되기
를 희망한다는 것을 전제로 하여, 다음과 같이 수정안에 대한 제안설
명을 했다.

  대안은 위로금 등 지원 대상과 수준이 기대에 미치지 못하여 국외
  강제동원 희생자와 그 유족들의 고통을 위로하고 마음의 상처를 치유
  하기에 역부족이며 태평양전쟁희생자유족회와 일제강제연행한국생존
  자협회 등 희생자 관련 단체가 반대입장을 표명하고 있어서 시행과정
  에서의 저항에 부딪히게 될 것으로 전망되므로 수정안을 발의하게 되
  었다.

이어 이낙연 통합민주당 의원이 등장하여, 현재 생존자가 2만 6천
명 가량 될 것이고, 한국 정부가 1975년 보상 때와 마찬가지로 일본
정부가 자국 국민 가운데 동원 피해 생존자에게 보상하지 않았다는 이
유를 들어 생존자를 지원 대상에서 제외하는 것에는 문제가 있다고 지
적했다. 그와 함께 수정안에 대한 찬성 발언자로 나선 문병호 열린우

| 2007년 7월 임시국회 본회의 |

리당 의원은 "일제에 유린당하다 구사일생으로 귀환한 연로한 생존자들도 상처를 치유하고 명예가 회복되도록 지원 대상에 반드시 포함되어야 한다"고 말하고, 법률안 명칭에 대해서도 '일제강점하 국외 강제동원 희생자'라는 명칭보다 태평양전쟁기 일제의 반인륜적·반인권적 행태를 집약한 '태평양전쟁 희생자'라는 명칭으로 수정할 필요가 있다고 했다.

이상득 부의장이 진행한 본회의 토론과정에서 수정안에 대해 반대나 이의를 제기하는 의원은 한 사람도 없었으며, 찬성발언 이후에 곧바로 법률안의 표결에 들어갔다. 전자투표에 의한 표결 결과, 재석 187명 중 찬성 114명, 반대 20명, 기권 53명으로 수정안이 가결되었다. 수정안이 가결되었기 때문에 원안은 표결하지 않게 되었고, 따라서 「일제강점하 국외강제동원희생자등지원에관한법률안」의 수정된 부분은 수정안대로, 그외 부분은 행자위에서 제안한 대로 가결된 것으로 선포되었다.

정부와 상임위가 합의한 원안이 폐기되고 개별 의원들이 발의한 수정안이 국회를 통과한 절차에는 분명히 문제가 있다. 다른 쟁점법안에 관심이 쏠리다보니 생존자 지원을 위한 2천억 원 가량의 추가 재원이나 지원의 형평성에 대한 충분한 검토가 없이 수정안이 발의되고 통과된 것은 비판을 받아 마땅한 일이었다. 결국 이 법튵안은 대통령의 거부권에 부딪혀 원안으로 돌아가 다시 국회가 심의를 거치는 절차를 밟게 되었다.

그렇다고 해서 강제동원 피해자 가운데 생존자에 대한 지원 문제를 간단히 무시해서는 안 된다. 관련 피해자 단체가 끊임없이 요구해 온 현실적인 문제이기도 하지만, 한일청구권회담에서 논의된 역사적인 문제이기도 하기 때문이다. 2005년에 외교통상부가 공개한 청구권회담 자료에 의하면, 한국 측이 1961년 12월 시점에서 일본에 대해 피징용 생존자를 930,081명으로 산정하고 1인당 200달러의 보상을 요구한 것으로 나타나 있다.5)

물론, 그 후 한일회담 과정에서 각 항목을 점검하는 방식이 아니라 양국이 청구권 금액 총액을 제시하고 절충하는 방식이 취해졌기 때문에, 청구권 자금에서 반드시 일정비율로 생존자에 배정해야 한다고 주장하는 것도 옳지 않다. 1962년 3월에 한국의 최덕신 외두장관은 일본 외상에 대해 총 7억 달러를 요구했으나 일본 측은 그 금액의 10분의 1에 해당하는 7천만 달러만을 지불할 수 있다고 했다. 결국 널리 알려진 대로 그 해 10월과 11월의 김종필-오히라 회담에서 아무런 세부 내용이나 명목에 관한 협의도 없이 포괄적인 금액인 무상 3억 달러 유상 2억 달러로 타결되었던 것이다.

이렇게 최종 합의된 총액은 외무장관이 제시한 총액보다 줄어든 것

5) 관련 회의록에 따르면, 1961년 12월 15일 일본외무성 회의실에서 열린 '일반청구권 소위원회' 제7차 회의에서 한국 측 대표(이상득 위원)는 다음과 같이 발언했다. "피징용 자에는 노무자 외 군인·군속을 포함한다. 보상금은 생존자에 대하여 1인당 200불, 사망 자에 대하여 1인당 1,650불, 부상자에 대하여 1인당 2,000불로 하여 그 금액은 각기 생존자가 1억8천6백만 불, 사망자가 1억2천8백만 불, 부상자가 5천만 불이다"(정무국아주 과, 「제6차 한일회담 일반청구권 소위원회 회의록」, 220-221쪽).

이기도 하다. 그렇다고 해도 회담 과정에서 일본 측에게 요구했던 것과는 달리 실제 국내의 보상 과정에서 피징용 피해 부상자와 생존자가 제외된 것은 문제가 아닐 수 없다. 한국 정부는 1975년 7월부터 2년간에 걸쳐 보상을 실시했으나, 이 과정에서 피징용 피해보상은 오로지 사망자만을 대상으로 하여 1인당 30만 원씩 8,552명에게 지급하는 데 그쳤다.6) 아무리 한국 정부가 청구권 자금을 국가경제발전에 유효하게 사용했다고 하더라도 강제동원 피해자들 대부분을 도외시한 태도는 결코 용납받기 어렵다. 바로 과거 정부에 의한 이러한 비인도적인 문제점을 보완하기 위해서 참여정부에 들어서 지원법안을 마련하게 된 것이다.

_7_
강제동원희생자지원법 통과

2007년 11월 23일 국회 본회의는 「태평양전쟁전후국외강제동원희생자등지원에관한법률안」을 통과시켰다. 이날 본회의를 통과한 삼성 비자금 의혹 관련 특별법이 언론에 집중적인 조명을 받은 반면에, 역사적으로 전후처리 문제에 한 획을 긋는 강제동원희생자지원법이 통과된 것은 일반 언론에서 그다지 주목을 받지 못했다.

이미 앞에서 지적한 바와 같이 2007년 7월 초 관련 법안이 통과되는 과정에서 장기간 행정자치위원회 심의를 거쳐 상정된 법안에 앞서 본

---

6) 최영호, 「한국 정부의 대일 민간청구권 보상 과정」, 『한일민족문제연구』 제8호, 2005년 6월, 234-248쪽.

회의에 긴급 제출된 법안이 통과되는 일이 발생했다. 본회의에 상정될 때까지 정부 입법과정이나 행정자치위원회 심의과정에서 강제동원으로 인한 피해 정도에 따라 차등 지원한다는 원칙이 세워졌고, 이에 따라 강제동원으로 직접적인 피해를 입어 사망·행방불명되거나 부상을 입은 경우는 위로금을 지급하고 직접적인 피해 없이 무사귀환하여 생존해 있는 경우에는 위로금이 아닌 별도의 의료지원금을 지급하기로 결정한 바 있다. 그런데 긴급 제출되어 통과된 법안에서는 생존자에게까지 위로금을 지급하기로 했던 것이다. 이러한 일로 국회를 통과한 법안에 대해 대통령은 8월 2일 거부권을 행사하게 되었다.

그런데 11월 국회에서도 심의일정에 따라 대통령이 재의결을 요구한 법안에 앞서 같은 명칭으로 올라온 새로운 법안을 의결하려다가 문제점을 발견하고 의사일정을 바꾸는 해프닝을 일으켰다. 결국 이날 지난 7월에 통과시켰던 법안을 폐지시키고 행정자치위원회가 새로 제출한 법안을 통과시키는 순서로 뒤늦게 가닥을 잡았다. 총 60건이 넘는 법안을 처리해야 하는 빠듯한 의사일정 가운데 재의결 첩안이나 새로운 법안은 심도 있는 토론의 대상이 되지 못하고 간략한 토론만을 거치고 나서 표결에 들어갔다.

대통령의 법안 재의결 요구가 있을 때, 헌법 제53조 제4항은 국회가 재적의원 과반수 이상의 출석과 출석의원 3분의 2 이상의 찬성으로 전과 같은 의결을 하면 그 법률안은 법률로서 확정된다고 규정하고 있다. 또한 국회법 제112조 제5항에는 대통령으로부터 회부된 법률안은 무기명 투표로 표결하도록 규정되어 있다. 법안 재의결 과정에서 우선 재의결 요구 설명에 나선 박명재 행정자치부 장관은 국회를 통과한 관련 법안이 강제동원 피해자 가운데 생환자로 현재 생존하고 있는 자에 대해서도 1인당 500만 원을 지급하기로 한 것은 유사 사례와의 형평성

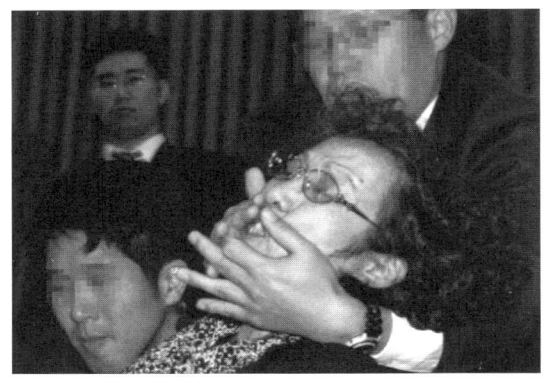

| 생존자 지원 없는 법안 통과에
항의하는 유족회 회원 |

을 해치고 국가재정에 부담을 끼칠 수 있다고 하며 그 문제점을 지적하고 대통령의 거부권 행사 이유를 해명했다.

국회 본회의 회의록을 통해 법안이 재의결되는 심의 과정을 살펴보자.[7] 박명재 행정자치부 장관의 재의결 청구이유 설명에 이어 토론자로 나온 사람은 지난 7월에 긴급 '지원법안'을 제출했던 장복심 대통합민주신당 의원이었다. 그는 한일회담에서 한국 측이 생존자에 대한 보상을 요구했던 것과 1971년 부총리가 국민소득 2천 달러가 되면 생존자들도 보상하겠다고 약속했다는 것을 들어, 생존자들에게도 위로금을 지급해야 한다고 거듭 역설했다. 이어 이계진 한나라당 의원이 등단하여 장복심 의원과 같은 취지의 발언을 하고, 국회에서 압도적 다수 찬성으로 통과된 법안을 대통령이 거부하는 것은 입법권에 대한 중대한 도전이라고 했다.

법안 재의결에 대해 오후 5시 18분부터 10분간에 걸쳐 신속하게 투표를 실시한 결과, 찬성 52, 반대 104, 기권 2, 무효 2로 부결되었다. 무기명 투표로 이루어졌기 때문에 의원들의 의사표시 결과는 회의록에

---

7) http://likms.assembly.go.kr/kms_data/record/data2/269.

나와 있지 않다. 이에 따라 7월의 임시국회 마지막 날에 엉겁결에 통과된 '지원법안'은 140일간 강제동원 희생자 지원 프로세스만을 늦추고 폐기되어 버렸다. 이날 생존자에 대한 지원이 무산된 것을 알게 된 태평양전쟁희생자유족회 회원들이 방청석에서 항의하며 소란을 일으켰고 국회 경위들이 이들을 밖으로 끌어내는 일이 발생했다.

　수정된 의사일정에 따라 본회의는 행정자치위원회에서 상정된 동일한 이름의 법안에 대해 의결하는 순서로 들어갔다. 먼저 행정자치위원장 대리 노현송 중도개혁통합신당 의원이 제안설명을 담당했다. 그는 위원회에서 수 차례에 걸쳐 교섭단체 간사회의를 거쳤고 피해자 단체 대표의 의견 등을 수렴했으며 강제동원 희생자 등에 대한 지원이 시급하다는 판단 아래, 이번에 위원회 이름으로 법안을 상정하게 되었다고 설명했다. 법안의 내용 가운데 가장 문제시된 생존자 위로금은 유사 사례와의 형평성 등을 감안하여 지급하지 않기로 하고 대신에 의료지원금을 상향 조정하기로 했으며 구체적 지급금액은 대통령령으로 정하기로 했다. 아울러 당초 본회의를 통과했던 법안과 동일하게 희생자에 대한 위로금으로 1인당 2,000만 원을 지급하기로 했으며, 미수금에 대해서는 당시 일본국 통화 1엔을 2,000원으로 환산하여 지급하기로 했다. 그리고 유족의 범위와 그 순서는 희생자 혹은 미수금 피해자의 배우자 및 자녀, 부모, 손자녀, 형제자매로 했다.

　토의절차를 생략하고 곧 바로 전자투표에 의한 표결에 들어갔다. 투표에 참여한 의원은 총 152명이며, 찬성 137, 반대 2, 기권 13으로 절대 다수로 법안이 통과되었다. 장복심 의원은 기권표를 던졌으며 이계진 의원은 반대표에 가담함으로써 생존자 지원이 없는 법안에 대해 '이의제기' 의사를 표시했다. 한편 민주당 의원으로서 7월의 본회의에서 생존자 지원을 주장했던 이낙연 대통합민주신당 의원은 이날 새로운 법안에 찬성표를 던지는 일관성 없는 태도를 보였고, 열린우리당 의원으로서 역시 생존자 지원을 주장했던 문병호 의원은 이날 출석했음에도 불구하고 투표에는 참여하지 않았다.

태평양전쟁전후국외강제동원희생자등지원에관한법률(일부 발췌)

제1조(목적) 이 법은 1965년에 체결된「대한민국과 일본국 간의 재산 및 청구권에 관한 문제 해결과 경제협력에 관한 협정」과 관련하여 국가가 태평양전쟁 전후 국외 강제동원 희생자와 그 유족 등에게 인도적 차원에서 위로금 등을 지원함으로써 이들의 고통을 치유하고 국민화합에 기여함을 목적으로 한다.

제3조(유족의 범위 등) ① 이 법에서 "유족"이란 강제동원 희생자 또는 미수금피해자와 친족인 사람 중 다음 각 호에 해당하는 사람으로서 제8조 제1호에 따라 유족으로 결정을 받은 사람을 말한다.

　1. 배우자 및 자녀 2. 부모 3. 손자녀 4. 형제자매.

② 제4조에 따른 위로금 및 제5조에 따른 미수금 지원금을 지급받을 유족의 순위는 제1항 각 호의 순위로 한다.

③ 제1항 각 호의 순의에 따른 유족은 제4조에 따른 위로금 및 제5조에 따른 미수금 지원금을 지급받을 권리를 갖는다. 다만, 같은 순위자가 2인 이상인 경우에는 같은 지분으로 위로금 및 미수금 지원금을 지급받을 권리를 공유한다.

제4조(위로금) 국가는 강제동원 희생자 또는 그 유족에게 다음 각 호의 구분에 따라 위로금을 지급한다.

　1. 국외로 강제동원되어 사망하거나 행방불명된 경우에는 강제동원 희생자 1인당 2천만 원[「대일민간청구권보상에관한법률」(법률 제2685호로 제정되어 제3615호로 폐지된 법률을 말한다) 제4조 제2항에 따라 금전을 지급받은 경우에는 강제동원 희생자 1인당 234만 원을 뺀 금액으로 한다]

2. 국외로 강제동원되어 부상으로 장해를 입은 경우에는 강제동원 희생자 1인당 2천만 원 이하의 범위 안에서 장해 정도를 고려하여 대통령령으로 정하는 금액

제5조(미수금 지원금) ① 국가는 미수금피해자 또는 그 유족에게 미수금피해자가 일본국 또는 일본 기업 등으로부터 지급받을 수 있었던 미수금을 당시의 일본국 통화 1엔에 대하여 대한민국 통화 2천 원으로 환산하여 지급한다.

② 제1항의 경우에 미수금의 액수가 일본국 통화 100엔 이하인 경우에는 미수금 액수를 일본국 통화 100엔으로 본다.

제6조(의료지원금) ① 국가는 강제동원 희생자 중 생존자 또는 강제동원 생환자 중 생존자가 노령·질병 또는 장애 등으로 치료가 필요하거나 보조장구(補助裝具) 사용이 필요한 경우에는 치료 또는 보조장구의 구입에 사용되는 비용의 일부를 지원한다.

② 제1항에 따른 지원금의 지급액, 지급방법, 그 밖에 지급에 필요한 사항은 대통령령으로 정한다.

제7조(위로금 등 지급의 제외) 다음 각 호의 어느 하나에 해당하는 경우에는 제4조에 따른 위로금, 제5조에 따른 미수금 지원금 및 제6조에 따른 의료지원금(이하 "위로금 등"이라 한다)을 지급하지 아니한다.

1. 강제동원 희생자, 강제동원 생환자 또는 미수금 피해자가 「일제강점하반민족행위진상규명에관한특별법」 제2조에 따른 친일반민족행위를 한 경우

2. 「일제하일본군위안부피해자에대한생활안정지원및기념사업등에관한법률」 등에 따라 강제동원 기간 동안 입은 피해에 대하여 이미 일정한 지원을 받았거나 현재 받고 있는 사람 또는 그 유족

3. 1947년 8월 15일부터 1965년 6월 22일까지 계속하여 일본에 거주한 사람

4. 대한민국의 국적을 갖고 있지 아니한 사람

제18조(신청인의 동의와 위로금 등의 지급) ① 결정서 정본을 송달받은 신청인이 위로금 등을 지급받으려는 경우에는 그 결정에 대한 동의서를 첨부하여 위원회에 위로금 등의 지급을 청구하여야 한다.

② 위로금 등의 지급에 관한 절차 등에 필요한 사항은 대통령령으로 정한다.

부 칙

이 법은 공포 후 6개월이 경과한 날부터 시행한다. 다만, 위원회의 위원 및 소속 직원의 임명, 이 법의 시행에 관한 위원회규칙의 제정, 위원회의 설립준비는 시행일 이전에 할 수 있다.

_8_
미쓰비시 소송에 대한 부산지법의 판결

2007년 2월 2일 부산지방법원은 이근목(81) 씨 등 6명이 일본 미쓰비시(三菱)중공업을 상대로 제기한 미불임금지급 및 손해배상 청구소송에서 원고 패소판결을 내렸다. 원고들은 태평양전쟁 말기에 히로시마(廣島)의 미쓰비시공장에 동원되어 노역에 시달리다 원폭피해를 입은 것에 대해서, 해당 기업에 손해배상을 요구하며 2000년 5월에 소송을 제기했다. 일본 정부와 일본 기업을 상대로 하는 징용보상청구소송은 일본에서만 50건 이상이 전개되고 있으며, 이번 부산지법의 재판은 한국에서 일본 기업을 상대로 하는 최초의 역사적인 재판이 되었다. 그간 재판과정에서 수 차례에 걸쳐 개인 청구권에 대한 소멸 여부에 대해 변론 공방이 이루어졌으며, 한일수교회담 자료의 공개를 요구하는 소송으로 확산되기도 했다.

이날 부산지법 민사6부(부장판사 이승호)는 판결문에서 원고들이 피해를

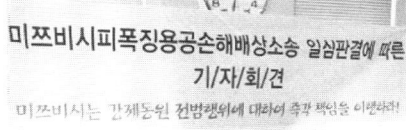

| 미쓰비시 소송을 지원하는 변호인단의 기자회견 |
| 소송 패소 직후의 미쓰비시 피해자 |

당한 시점이 민법상 소멸시효인 10년을 넘긴 사안이라고 판시하고, 미쓰비시중공업으로부터 받지 못한 임금 부분도 관련 증거가 부족하고 소멸시효를 넘겼기 때문에 원고의 청구를 기각한다고 했다. 오늘날까지 일본 기업을 상대로 한 전후보상 관련 재판에서 한국인 징용피해자가 승소한 예는 없다. 다만 1997년에 신일본제철이, 그리고 1999년에는 일본강관(鋼管)이 재판에서 패소한 한국인 피해자 측과 화해를 성립시킨 선례가 있다. 패소판결 직후 이 재판을 지원해 온 '일제강점하강제동원진상규명시민연대'는 한국 법원의 빈약한 역사 인식과 몰이해를 비판하는 성명을 발표했다. 재판부의 판결에 대한 '시민연대'의 평가와 비판 내용은 다음과 같다.[8]

　첫째, 우리는 이번 판결은 한국 법원의 관할권을 인정하였고, 일본에서 제기된 재판을 다시 한국 법정에 제소했다 하더라도 중복제소에

---

8) 「시민연대속보」 제34호, 2007년 2월 6일. www.truelaw.net.

해당하지 않는다는 법원의 판단을 평가한다.

둘째, 우리는 재판부가 피고가 주장한 과거의 미쓰비시중공업과 현재의 미쓰비시중공업이 별개의 회사이며 채권·채무를 승계하지 않았다는 주장을 배척하고 법인격의 동일성이 유지되어 왔다고 지적한 점에 대해서도 이를 평가한다.

셋째, 한국 법원은 강제노동에 관한 국제노동기구 제29호 조약과 뉘른베르크 원칙들의 각 규정에, 강제노동 및 인도에 반하는 범죄로 피해를 입은 사인에게 강제노동을 실시한 주체나 인도에 반하는 범죄를 저지른 범죄자에 대한 직접 손해배상을 구할 수 있도록 하는 규정이 존재하지 않고, 국제관습법을 인정할 아무런 증거가 없다고 판결했다. 우리는 그동안 국제노동기구(ILO)의 전문가위원회가 여러 차례의 보고서를 통하여 일본군 '위안부' 문제와 강제징용 문제가 강제노동조약(ILO 제29호 조약)에 위반되며, 피해자의 요구를 받아들이고 조속한 문제해결을 권고해 왔다는 점에서 볼 때, 전혀 국제사회의 흐름을 고려하지 않은 판결로 한국 법원의 역량의 한계를 지적하지 않을 수 없다.

넷째, 한국 법원은 불법행위가 자행된 1944년이나 1945년으로부터, 또는 1965년 한일청구권협정이 체결된 시점으로부터, 1974년 '한국원폭피해자미쓰비시징용자동지회'를 설립하여 피고 회사와 교섭을 재개한 시점으로부터, 10년의 시효가 경과했으므로 소멸시효가 완성되었다고 판단했다. 우리는 이번 재판과 유사한 중국인 재판에서 일본의 재판부가 소멸시효와 제척기간을 적용하지 않은 다수의 판결을 내린 것과 비교하여 볼 때, 현재의 판례를 역행하는 시대착오적인 판단을 내렸다고 본다. 또한 원고들이 적극적인 권리구제를 요구하지 않았다는 점과 관련하여, 해방과 동시에 한국전쟁의 혼란기, 한일국교정상화 교섭, 피해자의 요구에 대한 피고회사의 무책임한 대처, 원고들이 입은 원폭피해의 후유장애 등 국내외 주변환경과 원고들이 처한 불가피한 현실에서 비롯되었다는 점을 재판부가 전혀 고려하지 않고, 편의적이고 기계적인 판결을 내린 데 대해 강력한 유감을 표한다.

다섯째, 한국 법원은 피해자들의 증언 이외에 마땅히 피해를 입증할 수 있는 증거가 미약하다는 이유로 피해 사실을 인정조차 하지 않았다는 점에서, 한국 법원에 대한 몰역사성에 대해 실망을 금할 수 없다.

　여섯째, 이번 재판이 7년이라는 장기간의 기간을 요했던 가장 주요한 원인은 한일청구권협정으로 개인의 청구권이 소멸되었는지 여부를 확인받기 위해 한일협정문서 공개 소송과 한국 정부의 법적 판단을 구하기 위해서였다. 또한 최근의 대일 과거청산 소송에서 일본의 사법부가 한일청구권협정으로 개인의 청구권이 소멸되었다는 판단을 내림에 따라 이에 대한 한국 법원의 판단을 구하고자 한 것이었다. 그러나 이번 판결에서 한일청구권협정으로 인해 개인의 청구권이 소멸되었는지 여부에 대해 전혀 판단하지 않고 단지 소멸시효 완성으로 원고의 청구를 기각한 것은 법원의 책무를 회피한 것이라 하지 않을 수 없다.

　그런데 일본에서는 한국에 귀국한 미쓰비시중공업 피해자들이 일본 정부를 상대로 제기한 소송에서 승소하여 비록 일본 정부를 상대로 하는 재판이지만 부산지법의 판결과는 좋은 대조를 보였다. 일본의 사법부가 뒤늦게 일본 정부를 상대로 한국거주 피해자들에게도 손해배상을 하도록 최종판결을 내려 피해자들의 손을 들어준 것이다. 2007년 11월 1일 일본 최고재판소는 이 사건의 상고심을 열고 일본 정부에 대해 총 4,800만 엔의 국가배상을 처음으로 인정한 2005년 ⁻월 히로시마 고등재판소의 2심 판결을 확정한 것이다.[9]

　이때까지 일본 정부는 이들 피해자들이 한국으로 귀국한 점을 들어 "해외에 거주하면 피폭자 지원법상 건강관리수당을 지급받을 수 없다"는 관련 규정을 내세우며 배상을 거부해 왔다. 한국인 피해자 6명은 이러한 일본 정부의 처사가 부당하다고 하여 1995년 12월 일본 사법부에 소송을 제기했다. 이에 대해 제1심인 히로시마 지방재판소가 국가의 행위에 배상책임을 물을 수 없다고 소송을 기각했던 것을 제2심인 히로시마 고등재판소가 일본 패전 당시 피폭 후 한국으로의 귀국을

---

9) 「세계일보」 2007년 11월 2일.

이유로 수당을 지급하지 않은 재외 피폭자 대책을 위법으로 인정하며 1심 판결을 뒤집은 바 있다. 이를 최고재판소가 그대로 인정한 것이다. 이로써 일본 정부는 생존피해자 3명과 사망피해자(유가족) 21명에 대해 각각 1인당 120만 엔씩을 배상하게 되었다.[10]

_9_
해외동포 행사 풍성했던 2007년 10월

2007년 10월에 들어 한국에서 각종 문화행사가 열리는 가운데 해외동포와 관련된 행사들이 줄줄이 이어졌다. 한국 정부는 10월 5일을 '세계한인의 날'로 제정하고 2007년부터 기념행사를 갖기로 했다. 서울 코엑스에서 열리는 첫 번째 기념식에는 미국·일본·중국·러시아 등 세계 각지의 동포 500여 명이 참석했다. 재외동포재단은 이 행사가 국내 국민들에게 해외동포의 소중함을 일깨우는 한편, 해외동포들에게는 모국에 대한 관심을 갖게 하고 한민족으로서의 정체성과 자긍심을 고양하는 데 목적을 두고 있다고 했다. 또한 한국 정부는 '세계한인의 날'을 전후하여 10월 4일부터 7일까지를 '세계 한인 주간'으로 선정했다. '하나 된 내외동포'라는 주제로 열린 행사에서는 '세계한인의 날' 당일 기념식 외에도 여러 장르의 예술공연과 축하행사가 진행되었고, '세계한인의 날' 제정기념 통일마라톤대회, Korean Festival, UCC 공모전, 웅변대회, 해외동포이민 사진전 및 자료전시회 등 다양한 이벤트가 개최되었다.[11]

---

10) 「동아일보」 2007년 11월 2일.

| 서울의 '제1회 세계한인의 날' 기념식 |

또한 10월 31일부터 3일간 부산의 벡스코에서는 '제6차 세계한상대회'가 열렸다. 세계한상대회는 세계 각지의 동포 경제인들과 국내 기업인들이 자율적으로 참여하여 한민족의 국제경쟁력을 높여 나가기 위해 마련된 국제 비즈니스 컨벤션 행사다. 해를 거듭할수록 이 행사에는 참여자 규모와 비즈니스 교역 규모가 크게 늘어나고 있다. 2007년에는 40여 개 국가와 지역에서 총 3,000여 명의 동포 기업인들이 참가하는 역대 최대 규모의 행사가 되었다. 제6차 한상대회에서는 관련 학술대회와 더불어, 업종별 비즈니스 상담, 일대일 비즈니스 미팅, 기업 전시회를 비롯하여 모국의 향수를 느낄 수 있는 다양한 문화프로그램 등이 제공되기도 했다.[12)]

이러한 정부 혹은 경제단체 주관행사 이외에도, 민간단체가 주관하는 해외동포 관련 행사로 10월 중에 개최된 것이 많다. 그 가운데 대표적인 것으로 부산의 NGO '해외동포민족문화·교육네트워크'가 주관

11) 재외동포재단 홈페이지, www.okf.or.kr.
12) 세계한상대회 홈페이지, www.hansang.net.

| 부산의 '제6차 세계한상대회' |

한 해외동포 민족교육에 관한 행사를 들 수 있다. 10월 12일부터 이틀 동안 부산민주공원에서 열린 국제심포지엄에서는 재일동포·재중조선족 ·중앙아시아 고려인 등의 민족교육 담당자들이 발제자로 참여하여 이 문제의 현황과 전망을 보고했으며, 여기에 국내외 전문가와 시민단체 활동가들이 토론자로 참여하여 이 문제를 둘러싼 국내 사회와 동포 사회와의 연대 과제와 방안에 관하여 논의했다. 이 학술대회 행사를 전후하여 민주공원에서는 해외동포 문제 관련 사진전시회와 1948년의 재일민족교육투쟁 관련 마당극이 열렸으며, 10월 21일에는 부산문화회관에서 중국·일본·러시아의 동포예술단에 의한 합동공연이 펼쳐졌다.13)

해외동포 민족교육이란 재외한인 스스로가 한인을 대상으로 하여 한국(조선)어를 전체 혹은 부분적으로 사용하여 한반도의 언어·역사·문화·지리 등을 가르치는 것을 말한다. 동포 사회 형성과 함께 다양한 형태로 민족교육이 이루어지고 있으나 세월이 흐르고 세대가 바뀌면서 그 강도가 희박해지고 있는 현실이다. 그럼에도 불구하고 오늘날에 이르

---

13) 희망연대 홈페이지, www.pshope2002.or.kr.

기까지 그들이 민족적 정체성을 유지하고 있는 것은 무엇브다도 그들의 '조국'이 국제사회에서 영향력을 발휘하는 국가로 성장하고 있기 때문이기도 하지만, 이와 더불어 동포 사회에서 끊임없이 민족교육을 지속해 오고 있기 때문이기도 하다.

오늘날 해외에 거주하는 한인은 700만 명에 달하며 중국인, 유태인, 이탈리아인 다음으로 그 규모가 크다. 그런데 해외동포 민족교육에 대해 종래 한국 국내 사회는 민족교육 문제의 구조와 본질을 파헤치고 근본적인 해법을 모색하기보다는, 부분적이고 지엽적인 문제가 사회적 사건으로 부각될 때 그때그때 간헐적으로 민족감정에 호소하여 이슈화하는 측면이 강했다. 그러다보니 이 문제에 대한 현실성 없는 대안을 제시하거나 일과성 운동으로 그치는 움직임을 보여 온 것이 사실이다. 이제까지 민족교육 문제를 둘러싸고 이루어지고 있는 해외동포 사회와 국내 사회의 연대양상은 아직 '공동체적' 연대라기보다는 '전략적' 연대의 속성이 강하다고 할 수 있다.[14] 그러나 이러한 한계를 갖는 연대의 유지와 발전도 결과적으로는 한국 사회와 해외동포 사회, 나아가 해외동포를 지원하는 현지 시민사회와 연대감을 강화시켜 가는 학습과정으로서 긍정적 의미를 갖고 있다고 할 수 있다.

---

14) 최영호, 「재일한인 민족교육운동에 나타난 대외연대·네트워크」, 『한일민족문제연구』 제13호, 2007년 12월, 179-181쪽.

_10_
2006년 한일 양국 국민의 상호 인식

「한국일보」와 일본의 「요미우리(讀賣)신문」이 2006년 7월에 실시한 '2006 한일 국민의식 공동여론조사' 결과를 통해 상호 인식 정도를 살펴보고자 한다.[15] 2006년 한일관계에 대한 양국 국민의 의식조사결과를 보면 역사인식 문제로 인한 외교적 마찰의 여파가 양국 국민의 상호 인식에 어떠한 영향을 미치고 있는지 잘 알 수 있다. 의식조사결과에 따르면 2006년에 들어 2005년에 비해 한국민의 일본에 대한 인식은 약간 호전된 것으로 나타나지만, 반대로 일본 국민의 한국에 대한 인식은 크게 악화된 것으로 나타났다. 한국일보는 여론조사와 관련한 사설에서 한일 양국이 서로 상대국을 미국과 중국에 이은 세 번째 경제적 파트너로 여기면서도 감정의 가상공간에서는 반감을 키우고 있는 것은 문제라고 지적하고 양국 지도자의 각성과 결단이 절실하다고 했다.

이 조사에서 한국 국민들의 일본에 대한 호감도는 17.1%로 북한과 미국·중국·러시아 등 주변 5개 국 중에서 가장 낮게 나타났다. 중국에 가장 높은 호감을 나타냈고 다음이 미국, 러시아, 북한, 일본 등의 순이었다. 다만 독도와 역사교과서 문제 등으로 반일감정이 팽배했던 2005년의 11.2%에 비하면,[16] 2006년에는 5.9% 상승한 결과로 나타났다. 한일관계를 좋다고 평가한 것이 2005년의 11.0%에 비해 0.9% 증가한 12.1%에 불과했다.[17] 반면에 한일관계가 나쁘다는 평가는 87.2%에 달했다.[18] 일본에 대한 신뢰도 조사에서는 "일본은 신뢰할 만한 나

---

15) 「한국일보」 2006년 8월 6일.

16) 『한일관계의 흐름 2004-2005』, 337쪽.

라인가"라는 질문에 88.6%가 '그렇지 않다'고 답했다.[19] '신뢰할 수 있다'는 응답은 10.9%에 그쳤으며[20] 2005년의 9.2%에 비해 약간 호전되기는 했으나 지극히 저조한 수준에 머물렀다.

한국민의 일본에 대한 신뢰도 (%)			
2006년	10.9	88.6	0.5
2005년	9.2	90.2	0.6

□ 신뢰한다 □ 신뢰할 수 없다 □ 무응답

일본 국민의 한국에 대한 신뢰도 (%)			
2006년	43.4	51.2	5.4
2005년	59.4	34.6	6.0

| 2006년 7월 「한국일보」·「요미우리신문」 상호 조사 |

한일관계에서의 가장 큰 관심사를 묻는 질문에 대해서는 한국인들의 압도적 다수가 독도영유권 문제를 꼽았다. 한국인들 88.0%가 독도 문제라고 대답하여 일본인들 59.0%에 비해 월등하게 높은 관심을 갖고 있는 것으로 나타났다. 주목할 것은 일본인들의 경우에는 2005년 여론조사에서는 과반수가 독도의 위치도 모르는 등 관심이 없었다가 1년 사이에 한국과 분쟁을 빚으면서 60% 가까이가 독도를 한일관계의 최대 관심사로 지목한 점이다. 독도 문제를 대화로 해결할 수 있다고 보는 견해에 대해서도 한국인들 78.8%가 해결 가능성이 없다고 하여 일본인 65.3%에 비해서 더욱 비관적인 것으로 나타났다. 독도에 이은 한일관계의 관심사로는 야스쿠니신사 참배 문제와 한일역사 공동연구, 무역 및 경제 교류 등으로 나타났다. 그런데 한국인들은 일본에 대한 반감과는 별개로 다양한 분야에서 일본에 대해 흥미를 갖고 있는 것으로 나타났다. 한국인들은 일본과 관련해 가장 큰 관심을 보인 분야는 43.5%로 가전제품이었고 이어 애니메이션과 만화, 자동차,

---

17) 매우 좋다 0.1%, 대체로 좋다 12.0%.

18) 매우 나쁘다 13.6%, 대체로 나쁘다 73.6%.

19) 전혀 그렇지 않다 29.4%, 별로 그렇지 않다 59.2%.

20) 매우 그렇다 0.4%, 대체로 그렇다 10.5%.

오토바이, 일본인의 사고방식, 일본 음식, 패션, 일본어, 일본식 경영, 영화 등의 순으로 관심이 높은 것으로 나타났다.

한편 일본 국민들이 느끼는 한국과 한국인에 대한 인식은 2005년보다도 오히려 크게 악화된 것으로 나타났다. 한국에 대한 호감도는 2005년 54.0%보다 10.5%나 떨어진 43.5%에 머물렀다. 당시 한일관계에 대한 긍정적인 평가에 있어서는 2005년의 59.8%에 비해 무려 24%가 떨어진 35.8%에 불과했다.[21] 반면에 한일관계를 부정적으로 평가하는 경우는 59.4%로, 2005년의 35.6%에 비해 23.8%나 상승한 결과로 나타났다.[22] 또한 "한국은 신뢰할 만한 나라인가"라는 질문에 대해 43.4%가 긍정적으로 답했다.[23] 한편 '신뢰할 수 없다'는 부정적인 답변은 51.2%로 절반을 약간 웃돌았다.[24] 2005년엔 '신뢰할 만한 나라'라는 긍정적 답변(59.4%)이 '신뢰할 수 없다'는 견해(34.6%)보다 훨씬 많았던 것이 비하면, 2006년에 들어 한국에 대한 신뢰도가 급격하게 하락한 것을 잘 말해 주고 있다.

이러한 일본 국민들의 인식은 일본 내각부가 2006년 10월에 조사한 '외교에 관한 여론조사' 결과에도 그대로 나타났다.[25] 한국에 대해 '친근감을 느낀다'고 대답한 사람은 48.5%로 2005년 조사결과보다 2.6% 하락했다. 한국에 대한 호감도는 1996년 이후 계속 증가하다가 2001년에 일시 소폭으로 감소한 것 외에는 매년 증가하는 추세였다. 특히 월드컵 공동개최의 영향과 한류붐 등으로 2004년에 최고 정점에 달했다.

---

21) 매우 좋다 3.2%, 대체로 좋다 32.6%.

22) 매우 나쁘다 11.1%, 대체로 나쁘다 48.3%.

23) 매우 그렇다 4.7%, 대체로 그렇다 38.7%.

24) 전혀 그렇지 않다 13.4%. 별로 그렇지 않다 37.8%.

25) 內閣府大臣官房政府廣報室, 「世論調査報告書」(2006年10月調查) http://www8.cao.go.jp/survey/h18/h18-gaiko/2-1 html.

그러나 2005년에 하락하기 시작하여 2006년에도 하락세가 이어진 것이다. 이 조사는 북한 핵 실험을 전후한 시기에 실시된 것으로서 한일 양국에 있어서 북한에 대한 대응태도의 차이가 이러한 하락세를 다소 부추긴 점도 있을 것으로 보인다.

한편 한일 양국은 1965년의 국교수립 이후 양적인 면에서나 질적인 면에서 꾸준히 교류와 협력을 확대해 오고 있는데, 양국간의 상호교류 확대는 전반적으로 일본인의 한국인 인식에 긍정적으로 기능하거나 적어도 부정적인 인식을 억제한다는 점을 부연하고 싶다. 일본 사회가 보수화되어가는 1980년대 이후 한국과 한국인에 대한 인식은 점진적으로 호전되는 양상을 보이고 있으며, 근래에 들어 한일관계가 원만하지 않은 가운데에도 그런 대로 일본인들이 한국인에 대해 호감을 갖고 있고 상대방 국민에 대한 신뢰도에 있어서 일본 국민이 한국 국민보다 높은 신뢰도를 보인 것은 이 때문이 아닌가 생각한다.[26]

---

26) 최영호, 「현대 일본 사회의 보수화 경향과 일본인의 한국 인식」, 『동아시아의 타자 인식: 기억의 역사/ 역사의 기억』, 2006년 12월, 284-285쪽.

Ⅲ. 일본의 정치사회 변화와 한일관계

_1_
아소 외상의 천황(天皇) 참배 발언

2006년 1월 28일 아소(麻生太郞) 외상이 나고야(名古屋)시에서 행한 발언이 중국과 한국을 자극했다. 아소 외상은 공명당 의원모임에 참석하여 "야스쿠니신사의 영령은 천황 폐하를 위해 만세라고 했지, 총리만세라고 한 사람은 아무도 없었다"고 말하고 "천황 폐하가 참배하는 것이 최고"라고 했다.[1] 이튿날 중국의 신허서(新華社)통신은 아소 외상의 발언은 일본 극우세력을 대표하는 것으로 일본의 지도자들이 전쟁의 역사를 직시하지 않고 있음을 나타내는 것이라고 비판했다. 이어 한국의 외교통상부도 휴일인 30일에 다음과 같이 대변인 논평을 발표하고, 문제의 발언을 철회하도록 촉구했다.

> 1. 우리 정부는 아소 일본외상이 "야스쿠니신사에 천황이 참배하는 것이 좋다고 생각한다"고 발언한 것과 관련하여, 이는 과거 일본의 침략전쟁의 역사를 정당화하고 미화하려는 것으로서, 매우 유감스럽게 생각한다.
> 2. 우리 정부는 일본의 외교책임자가 인근국가와의 관계를 도외시하는 그릇된 발언을 즉각 철회하고, 올바른 역사인식 하에 국제적 평화와 협력을 위해 노력해 줄 것을 촉구한다.

아소 외상은 자신의 발언이 외교 문제로 비화하자 31일 기자회견을 통해서 해명에 나섰다. 지금 상황에서 천황의 참배를 희망하는 발언은 아니었다는 것이다. "이웃 나라로부터 이상한 거추장스러운 이야기가 없고, 정부대표나 천황도 돌아가신 분들을 자연스럽게 추도하고, 나라

---

1) 「한국일보」 2006년 1월 29일.

| 아소타로 외상 |

를 위해 고귀한 목숨을 바친 분들에게 자연스럽게 감사하고 경의를 표할 수 있으려면 어떻게 하는 것이 좋을까 하는 문제제기를 한 것이다"라고 했다.

아소의 발언은 야스쿠니 참배의 이상적인 형태에 관한 개인적인 생각에 불과하다고 지나치기에는 전쟁범죄의 역사를 인정하지 않는 점에서 매우 중대하고 위험한 발언이라고 하지 않을 수 없다. 애초의 발언은 물론 해명에서도 그의 역사인식과 주변국에 대한 배려가 전혀 보이지 않았다. 외상에 취임한 지 석 달도 되지 않은 상황에서 외교적 물의를 빚을 발언들을 거침없이 쏟아낸 것은 일본의 주변국 외교를 황폐하게 했을 뿐 아니라 마치 골목길을 질주하는 자동차처럼 위험스러운 외교 행태로 보였다. 또한 당시 한국과 중국이 외교관계를 파행으로 이끌면서까지 비판하고 있는 것을 '거추장스러운 이야기'라고 여기는 그의 현실인식은 고이즈미 정권 시기에 있어서 주변국과의 외교에서 쉽사리 타협의 접점을 찾기 어렵게 했다.

이하, 아소의 발언과 관련한 「아사히신문(朝日新聞)」 사설의 일부를 번역하여 소개한다.

「아사히신문」 1월 31일자 사설

외상은 외교의 책임자다. 그러나 야스쿠니신사를 둘러싼 아소 외상의 최근 발언은 그 책임과 무게를 의식하고 있는지 의문을 갖게 한다. 지난 주말 공명당 참의원의원 후원자들의 모임에서 고이즈미 수상의 야스쿠니 참배에 대해 질문을 받고 그는 이렇게 대답했다.

"영령으로부터 본다면 천황 폐하를 위해 만세를 외친 것이며 총리대신 만세를 외친 사람은 아무도 없다. 그렇다면 천황이 참배해야 한다고 생각한다. 그것이 최선이다", "(천황의 참배가) 왜 불가능해졌는지 말한다면, 공인(公人)과 개인 문제 때문이다. 어떻게 하면 해결할 수 있을까에 대해서는 몇 가지 해답이 나온다."

무슨 말을 하고 싶은 것인지 잘 모르겠지만, 천황의 야스쿠니 참배야말로 중요하다는 메시지로 들린다. 이 발언은 즉각 세계에 보도되었다.

"아소 외상은 전쟁 신사에 대한 천황의 참배를 요구했다."
(영국 BBC방송)
"일본 외상은 천황이 야스쿠니를 참배해야 한다고 주장했다."
(중국 新華社통신)

아소 외상으로서는 그렇게까지 말하지 않았을지 모른다. 그러나 외상이 천황의 참배 문제까지 언급한 사실은 막중하다. 지금 천황에 의한 참배의 가능성이 국내에서나 국제적으로나 주목을 받고 있는 것도 아니다. 심각한 외교 문제가 되고 있는 것은 수상의 참배이며, 외상에게는 그 수습책이 요구되고 있는 상황이다.

수상의 참배 중지를 요구하고 있는 중국에 대해 "담배를 피우지 말라고 하면 더 피우고 싶은 것과 같다"고 비판한 것도 그렇다. 연기로 주위 사람에게 폐를 끼치게 되면 담배를 피우지 않는 것이 예의일 것이다. 문제를 더욱 크게 만드는 듯한 발언으로는 경박하다는 비난을 면할 수 없다. 무언가 말로 장난치고 있는 듯한 모습을 느끼게까지 한다.

사실관계에 있어서도 아소 외상의 발언에는 이해할 수 없는 부분이 있다. 쇼와(昭和) 천황은 전후에 8차례 야스쿠니를 참배했지만 1975

년 11월을 마지막으로 참배를 중지했다. 전쟁지도자였던 A급 전범들이 1978년에 합사(合祀)된 후에는 한 번도 참배하지 않았다.

2006년 가을의 자민당 총재 선거에 의욕을 보이고 있는 아소 외상은 고이즈미 노선의 후계자라고 하는 입장을 내세우려고 하는 것 같다. 야스쿠니를 둘러싼 발언에는 당내 우파의 지지를 결집시키려는 의도가 있는지도 모른다. 그러나 외교의 책임자라고 하는 입장을 잊어서는 곤란하다. 아소 외상은 새롭게 자신의 진의에 관하여 정중하게 말해야 한다.

_2_
일본 문부성 교과서 검정 결과

2006년 3월 29일 일본의 문부과학성(장관 小坂憲次)은 2005년도 교과서검정 결과를 발표했다. 문부과학성은 이번에 주된 검정 대상이 된 것은 고등학교 1학년 학생들이 2007학년도부터 사용할 교과서로, 검정 결과 총 306건의 신청본을 모두 합격시켰다고 발표했다. 또한 일본 국민들에게 교과서에 대한 신뢰를 부여하고 교과서 검정에 대한 이해를 얻기 위해 금번 검정을 신청한 도서 등 검정 관계 자료들을 공개할 계획도 함께 발표했다. 아울러 4월 20일 도쿄에서부터 시작하여 7월 말까지 각 지역별로 관련 자료들을 공개할 계획이라고 했다.[2]

문제는 이때 문부과학성이 신청본에 대해 정부 입장에 따른 기술을 하도록 하는 조건을 달고 합격조치를 내렸다는 점이다. 특히 외교적인 문제와 관련이 있는 지리역사교과서와 공민 교과서 신청본에서 대부분

---

2) 일본 문부과학성 홈페이지, http://www.mext.go.jp.

| 일본 문부과학성 청사 |

신청한 대로 인정하지 않았으며 정부 입장에 맞춘 검정 의견이 부과된 것으로 나타났다. 특히 4년 전에 검정을 실시한 이후 새롭게 발생한 사회 문제와 관련하여, 대부분의 신청본이 이라크전쟁과 자위대 해외파견 문제, 고이즈미 수상의 야스쿠니 참배에 관한 사법부 판결을 언급했는데, 이 부분에 대해 검정 의견이 두드러지게 나타났다.

예를 들어 자위대 해외파견 문제에 대해서는 "인도적으로 부흥을 지원하기 위해"라고 하는 정부 입장에 따른 기술 이외에는 인정하지 않은 것으로 나타났으며, 수상의 참배에 관한 후쿠오카 지방법원의 '위헌' 판단을 기술한 신청본에는 "국가가 승소한 판결"이기도 했음을 강조하는 검정 의견이 제시되었다. 나아가 수상의 참배를 '공식참배'라고 기술한 신청본은 '사적인 참배'였다고 보는 정부 입장에 맞지 않는다는 이유로 이를 인정하지 않았다. 야스쿠니 참배 문제에 대한 후쿠오카지방법원의 판결[3]을 언급하지 않은 채 도쿄고등법원의 '합헌' 판결과 오사카고등법원의 '위헌' 판결을 함께 기술한 신청본의 경우는 이를 인정했다.

무엇보다 바다 건너 이웃 나라의 민심을 자극한 것은 영토 문제에

---

3) 『한일관계의 흐름 2004-2005』, 306-309쪽.

관한 기술에 대해 일본 정부가
검정 의견을 내놓았다는 점이다.
근래 들어 영토 문제가 일본의 외
교쟁점으로 부상한 일과 관련하여,
신청본 대부분이 독도와 센카쿠제
도(尖閣諸島, 중국명 댜오위다오釣魚島)
에 관하여 언급하게 되었다. 이에
대해 '일본 고유의 영토'라는 문구

| 일본 교과서 검정 결과에 대한 한국
외교통상부의 평가 |

를 기술하도록 하는 강력한 검정 의견을 제시했다. 나아가 종전에 사
용해 오던 문구를 변함 없이 그대로 사용하여 신청한 교과서에 대해서
까지도 검정 의견을 제시한 것으로 밝혀졌다. 또한 독도와 센카쿠제도
에 관하여 한국이나 중국과 '교섭중'이라고 기술한 스켄(數研)출판사의
공민 교과서에 대해서도 "우리나라 영토라고 이해하기 어렵다"는 의견
과 함께 명확한 문구를 기술하도록 요구하는 검정 의견을 제시한 것으
로 알려지고 있다.

한국 정부는 이튿날 오전에 외교통상부 대변인을 통하여 일본 정부
에 대해 "독도에 대한 일본 정부의 부당하고 용납할 수 없는 주장을
즉각 철회할 것을 촉구한다"고 하는 성명을 발표했다. 이어 오후에는
오시마 쇼타로(大島正太郎) 주한일본대사를 불러 "우리의 주권을 훼손하
는 어떠한 일본 정부의 조치도 받아들일 수 없다"라고 하는 강력한 유
감표명과 항의를 표시했다.

정부는 실질적으로 한국이 점유하고 있는 독도에 대해 외교적으로
확고한 태도를 취하는 한편, 국내에서는 이를 둘러싸고 불필요한 논란
이 발생하지 않도록 가능한 한 냉정하게 대응하겠다는 자세를 보였다.
2004년에 고이즈미의 '다케시마' 영유권 발언을 계기로 독도우표를 발행하거나 한일 네티즌 간의 상호비방이 심하게 전개된 일이 있다.[4] 또한 2006년 시마네현(島根縣)의회가 '다케시마의 날' 조례를 제정하여 한국인들의 감정을 상하게 하자, 정치가와 공무원들이 대거 독도에 몰려간 일이 있다. 이러한 과민한 대응은 그 의도와는 달리 결과적으로 일본의 우익세력을 결집시키는 데 일조했으며 독도를 분쟁지역화하려는 일본 정부의 움직임을 거드는 역할을 했기 때문이다. 앞으로도 기회가 있을 때마다 일본 정부는 독도를 문제삼을 것으로 예상되는데, 이에 대한 한국 정부의 분명한 정책과 함께 한국 언론과 시민단체의 냉정한 대응이 나오기를 기대한다.

_3_
외국인 입국자 지문채취

2006년 5월 17일 일본 참의원에서 출입국관리법 개정안이 자민당과 공명당을 비롯한 대다수 의원의 찬성으로 통과되었다. 개정법은 일본에 입국하는 16세 이상의 외국인에게 지문채취와 얼굴 사진촬영을 의무화할 것을 주요 내용으로 했다. 아울러 지문채취와 사진촬영을 거부할 경우에는 강제적으로 퇴거시킬 수 있도록 했다. 일본 법무성은 법안제출 설명에서 2004년 12월에 책정한 '테러 미연방지에 관한 행동계획'에 따라 미국에 이어 이러한 제도를 도입하게 되었다고 했다. 한편 일본에 입국하는 외국인의 대다수가 한국과 중국 등 주변국 국민들이기 때문에 일본 정부가 제도의 시행을 앞두고 이들 국가에 대해 이해

---

4) 『한일관계의 흐름 2004-2005』, 302-304쪽.

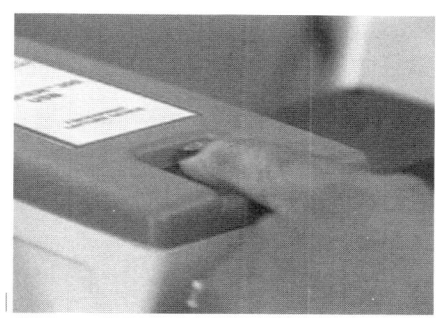

| 지문재취 장치 |

를 구하기로 했다.

일본에 입국하는 외국인에 관한 신상정보는 컴퓨터에 등록되며 이에 따라 과거 일본에서 강제퇴거당한 사람이나 국제적으로 지명수배를 받고 있는 사람과 상호 대조 조사가 가능하게 될 것이고, 경우에 따라서는 범죄수사의 목적으로도 사용될 소지가 많다. 일단 지문 등의 등록정보가 외부에 유출되면 개개인의 사생활 보호에 걷잡을 수 없는 파급효과를 끼치게 될 것이 자명하다. 이러한 이유로 국회 심의과정에서 입국심사조회를 마치면서 등록된 정보를 파기해야 한다는 '신중론'이 제기되기도 했으나 결국 무시되었다. 이때 일본 법무성 당국은 이 제도의 실효성을 위해서는 등록정보의 보유기간을 그 대상자의 생존기간에 걸쳐 보유해야 한다고 주장했다.

지문채취제도는 2007년 11월 20일부터 일본의 모든 국제공항과 국제항구에서 전면적으로 시행에 들어갔다. 지문채취오- 얼굴 사진 등록은 공항이나 항구에서 입국심사를 할 때 실시하며 현장에서 출입국관리국이 보유하고 있는 강제퇴거 전력자, 국제 지명수배자 등의 명단과 대조하여 일치할 경우나 지문채취를 거부할 경우 강제퇴거하도록 하고 있다. 시행을 앞두고 11월 초에 하달된 법무성 입극관리국 경비과장 지침에 의하면 "보안상 필요가 있는 경우 신체검사가 가능하다"는 입국관리법 규정을 근거로 강제력을 사용하여 거부자로부터 지문을 채취하고 동영상도 촬영하도록 하고 있다. 이 제도의 시행 첫날 외국인 5명이 과거 강제퇴거처분을 받았거나 다른 사람 명의의 여권으로 입국을 하려다 적발되어 1경이 퇴거처분을 받았으며, 다른 4명은 강제퇴거절차에 들어갔다.[5]

다만 이번에 개정된 출입국관리법에서는 역사적 경위로 일본에 영주하게 되어 한국적이나 조선적을 가진 재일동포 특별영주권자, 외교업무와 공무로 입국하는 외국인, 일본 정부의 초청으로 방문하는 외국인 등은 그 대상에서 제외하기로 했다. 반면에 적극적으로 사전에 지문을 등록한 외국인에게는 일본인과 동등하게 IC카드 등을 사용하여 입국통과를 가능하게 하는 등 정책적으로 입국심사절차를 간소화시켜 나가도록 했다.

그러나 외국인을 범죄혐의자로 취급하는 출입국관리법은 인권을 침해할 소지가 크기 때문에 이에 대한 반대의견이 만만치 않다. 특히 외국인등록갱신에 따른 지문날인의무 방침에 대해 1980년대부터 끈질기게 이를 비판하고 투쟁해 온 재일동포 사회에서는 금번 법 개정에 대해 이를 우려하는 목소리가 높았다. 민단 중앙본부는 재일동포 사회를 대표하여 2006년 5월 17일 국제국장 명의의 성명서를 발표하고 개정법안이 국회에서 가결된 것에 대해 강한 유감을 표시한 바 있다. 비록 특별영주권자를 제외시켰다고 해도 일본 사회에서 모든 외국인을 범죄혐의자로 간주하는 풍조가 조장될 우려가 있다는 이유에서였다.[6]

반면에 일본의 일부 보수적인 인사 가운데는 개정법이 외국인의 철저한 단속이라는 목적에 비해 미흡하다고 하며 이를 비판하는 사람도

---

5) 「每日新聞」 2007年 11月 21日.

6) 「民團新聞」 2006年 5月 24日.

| 지문채취 반대운동 집회 |

있다. 특별영주권자에게도 지문채취 의무를 부과해야 한다고 주장하며 지문채취당하는 것이 싫으면 일본으로 귀화하라는 상투적인 주장을 여전히 제기하기도 한다. 게다가 이 법률을 위반하는 '불량 외국인'에 대해서는 국외로 퇴거시키는 조치로 그치지 말고 테러에 대한 단호한 응징 자세를 나타내는 의미로 일본 국내에서도 엄벌어 처할 수 있도록 하는 법적 제도가 필요하다고 주장하기도 한다.[7]

외국인 지문채취와 얼굴사진촬영제도가 실시된 2007년 11월 20일부터 12월 19일까지 한 달 동안 전체 입국자 70만 명 가운데 이 제도에 따라 입국이 거부된 사람은 95명에 이르렀다. 입국거부 내용은 퇴거명령 77명, 퇴거강제처분 17명이며, 나머지 1명은 지명수배범이어서 경찰에 신병이 넘겨졌다. 입국거부자 상당수는 타인 몫의의 여권을 사용하거나 자신의 이름을 바꾸어 만든 여권으로 입국하려 했던 것으로 드

7) http://itnews.blog17.fc2.com/blog-entry-819.html.

러났다. 한편 이번 제도가 아닌 종래의 방법으로 입국거부된 사례까지 포함하면, 1개월 동안의 입국거부자는 총 588명으로 2006년의 1개월 평균보다 인원이 180명이나 적은 것으로 나타났다. 이 수치를 가지고 일본 법무당국은 지문채취제도 시행을 통해 출입국 범죄에 대한 억제 효과가 크게 나타나고 있다고 평가했다.[8]

_4_
고이즈미 수상의 2006년 야스쿠니 참배

필자는 2006년 8·15 아침을 우키시마호(浮島丸) 침몰사고로 유명한 마이즈루(舞鶴)에서 맞이하였다. 마이즈루는 패전 직후 중국에서 일본인들이 대거 귀환했던 항구 가운데 하나이며, 그때의 귀환을 기념하고 평화를 기원하기 위해 기념관과 평화공원을 조성하여 오늘날에도 이 시설들을 관광 명소로 활용하고 있다. 한편 자연적 조건에 따라 마이즈루에는 해상자위대 기지가 자리잡고 있다. 전날 저녁에 찾아간 기지 부근 방파제에는 인근 주민들 수십 명이 가족들을 데리고 나와 낚시를 드리우고 한적한 시간을 보내고 있었다. 이 조그만 시골 마을은 필자에게 전쟁과 평화에 관한 갖가지 이미지를 보여 주고 있었으며 평화에 대한 역사적·현실적 의미를 되새기게 했다. 그런데 8월 15일 아침 일찍부터 TV를 통해 떠들썩하게 보도된 고이즈미의 야스쿠니 참배에 관한 뉴스는 평화의 의미에 대해 더욱 많은 생각을 갖게 했다.

고이즈미는 이날 아침 7시 반에 수상 관저를 빠져나와 40분쯤에 야

---

8)「朝日新聞」2007年 12月 26日.

| 일본 수상 2006년 8월 15일
야스쿠니 참배 |

스쿠니신사에 들어갔다. 참배에 대한 찬반 의견이 국내적으로 분분하고 주변국으로부터 비판의 소리가 높은 가운데 그는 8·15 참배를 강행한 것이다. 수상 재임 중 6번째 마지막 참배로서 이번에 그는 2001년 자민당 총재가 되면서 내세운 8·15 참배공약을 완벽하게 실현하는 모습을 보였다. 그는 모닝 정장 차림으로 신사에 들어가 '내각총리대신 고이즈미 준이치로'라고 장부에 기입했으며, 작년과는 달리 본전(本殿)에 올라가 제단에 절을 했다. 헌금(獻花料)으로는 자비로 3만 엔을 내놓은 것으로 보도되었다. 현직 수상의 8·15 참배는 1985년 당시 나카소네 수상의 참배 이후 21년 만의 일이었다.

고이즈미는 오전에 총리실 출입기자들에 대해 야스쿠니 참배의 이유를 설명하면서 종래의 주장을 반복했다. 이제까지 8월 15일을 피해 온 이유에 대해서 많은 사람들이 그날만은 피해 달라고 말했기 때문에 그렇게 했다고 하면서, 그래도 비판이 계속 나왔기 때문에 이번에는 8월 15일이 적절하다고 판단했다는 견해를 내보였다. 그간 8월 15일을 피하기만 하면 외교적인 절충이 가능할 것으로 보았다는 것은 그의 역사인식의 한계를 잘 나타내는 것이었다. 결국 역사인식을 촉구하는 입장에서 수상의 야스쿠니 참배를 반대한 의견에 대해서 그는 이를 수용할

| 야스쿠니신사 참배를 반대하는 시위 |

의지가 전혀 없었음을 발설한 것이다. 그는 이날 낮에 정부주최 전국 전몰자추도식에서 이제까지 매년 읽어 왔던 문구를 그대로 반복했다. 많은 나라들, 특히 아시아국가 사람들에 대해서 다대한 손해와 고통을 주었다고 말하고, 깊은 반성과 애도의 뜻을 표한다고 했다. 그러나 그의 '반성' 표현은 정치적 공약준수를 위해 역사인식 문제를 소홀히 취급해 온 그의 가벼운 행보로 인하여 아시아국가 사람들에게 전혀 신뢰를 주지 않은 공염불에 지나지 않았다.

고이즈미의 8·15 야스쿠니 참배 강행은 한국과 일본의 외교적 관계 개선에 어려움을 안겨줄 것이다. 9월 이후 고이즈미의 후계자가 적어도 역사인식 문제에 대해서는 보다 신중한 언행을 보일 것으로 예상되고 주변국과의 관계 개선에 주력할 것으로 전망되기는 했지만, 그렇다고 해서 일본 수상의 움직임에 대해 이제까지 지나치게 강경하게 대응해 온 한국 정부가 일본 정부의 전반적인 성향이 바뀌지 않은 채 수상이 바뀌었다고 금새 자세를 누그러뜨리기는 어려웠다. 그것은 역사인식 문제에 대한 한국 측의 가벼운 행보로 보일 수 있었기 때문이다. 일본과의 외교적 경색 국면이 자연스럽게 풀리는 것은 결국 일본과 한국에 공통적으로 역사인식 문제에 신중한 정권이 들어설 때까지는 어렵게 되었다.

고이즈미가 재임기간에 걸쳐 보여 준 주변국을 무시한 정치적 퍼포먼스는 일부 일본 국민들에게는 정치적 책임에 대한 강렬한 메시지가 되었을지 모른다. 그러나 주변국 국민에게는 일본에 대한 감정을 상하게 하고 불신을 키웠으며 이것이 국민 상호 간의 부정적 인식을 증폭시키는 중대한 원인을 제공했다. 상한 감정을 가지고 볼 때 우리는 마이즈루 항만에 정박되어 있는 그리 크지 않은 해군 군함에게서조차도 위협을 느끼게 된다. 또한 정치가들의 가벼운 행보로 인하여 불거진 상대방 국민에 대한 불신 감정은 귀환기념관에 대해서도 이를 찾는 대부분의 일본인과 시각을 달리 하게 한다. 패전 직후 일본인들이 귀환 과정에서 겪은 고통을 그들 편에 서서 이해하고 평화의 소중함을 반추하게 되면서도, 혹시라도 귀환 기념관이 과거 침략전쟁에 참여했던 일을 미화하고 '남겨 놓고 온 것'에 대한 향수를 불러일으키고 있는 것이 아닌가 하는 의구심을 갖게 되는 것이다.

_5_
2006년 2월의 북일수교교섭 재개

2006년 2월 4일 베이징 시내 차이나월드호텔(中國大飯店)에서 수교교섭을 포함한 북일 간 포괄적인 협의가 전체회의를 시작으로 개막됐다. 5일 동안 계속된 이 협의에서는 2005년 12월에 양국이 합의한 대로 '납치' 문제와 안보 문제, 그리고 수교 문제 등 3개 분과로 나누어 교섭을 진행했다. 양측은 이튿날 납치 문제에 관한 분과 교섭을 가졌으며 6일 오전에는 수교 문제 분과 교섭을 시작했다.[9]

북일 양국의 수교교섭은 2002년 10월에 말레이시아에서 열린 지 3

---

9)「朝日新聞」 2006年 2月 4日.

| 2006년 2월 베이징 북일수교교섭 |

년 3개월 만의 일이다. 분과 교섭을 앞두고 일본 측 대표 하라구치(原口幸市) 담당대사는 기자단에 대해 수교는 '납치' 문제 등의 해결이 선행되지 않고서는 어렵다는 점을 북한 측이 이해하기 바란다고 하며 '납치' 문제의 중요성을 거듭 확인시켰다. 한편 북한 측 대표 송일호 대사는 일본이 역사적 잔재를 해결할 의사가 있는지 없는지 지켜보겠다고 말하며 여전히 과거사 청산에 관한 강한 관심을 표명했다.

　그간 중단되었던 수교교섭을 뒤늦게나마 재개했다는 것에 무엇보다 큰 의미가 있다. 2005년 9월의 중의원 선거에서 크게 승리하여 안정적으로 정국운영을 하기 된 고이즈미 정부는 북일교섭에도 의욕을 가지고 임했으며 정권의 차원에서 북일교섭의 진전을 역사적 과제로 여긴 부분이 크다. 여기에 대해 북한도 일본과의 관계 개선이 정치·경제적인 측면에서 유리하다는 것을 인식하고 일본과의 교섭에서 여느 때보다 적극성을 띠게 될 것으로 예상되었다.

　그러나 어렵사리 재개된 북일 양국의 교섭은 '납치' 문제와 핵 실험 문제 등으로 양국의 견해가 전혀 좁히지 못하고 2006년 7월의 북한 미사일 발사와 10월의 핵 실험으로 인하여 사실상 중단상태에 들어갔다.

| 일본 수상 최초로 북한을 방문한 고이즈미 총리 |

양국의 수교 문제에 대해서 아무런 구체적 진전 없는 가운데 2006년과 2007년을 넘겼다.

오늘날까지 북일수교를 가로막고 있는 3가지 쟁점인 '납치' 문제, 안보 문제, 과거청산 문제는 그 가운데 어느 것 하나도 쉽사리 타결될 것으로 전망하기는 어렵다. 무엇보다 수교타결 가능성을 열 수 있는 관건은 '납치' 문제에 대한 북한의 전향적인 자세 변화가 어느 정도 나타날 것인가에 달려 있다. 그리고 이것은 김정일 위원장의 정치적 결단을 요구하는 문제다. 북일수교교섭을 진전시키는 데 있어서 이 세 가지 쟁점이 어떠한 비중을 가지고 있는지 좀더 자세히 살펴보자.

첫째, '납치' 문제는 일본 측이 수교교섭 타결의 전제조건으로 들고 있는 단기적인 과제이며 교섭과정에서 가장 타결되기 어려우면서 북한측 최고정책결정자의 결단을 요구하는 과제다. 2006년 교섭 재개 다음날에도 납치 문제 분과 교섭에서 일본 측은 '납치'의혹 행방불명자 재조사와 생존자 조기귀국, '납치'의혹 진상규명, '납치 용의자 신병 인도 등을 요구했다. 이에 대해 북한은 '납치' 문제는 이미 끝난 일이라는 원칙적 견해를 밝히며 팽팽히 맞서 회담 전망을 흐리게 했다. 또한 양

측은 2004년 12월에 북한이 '납치' 피해자의 것이라며 일본 측에 전달한 유골의 진위를 둘러싸고도 설전이 오고간 것으로 보도되었다.

둘째, 안전보장 문제는 '납치' 문제에 비하면 보다 장기적인 과제이며 수교협상 타결의 필수적인 전제조건은 아니라고 할 수 있다. 일본이 북한의 체제를 보장하는 근본적인 문제에 관해서는 양국 간에 무리 없이 논의될 수 있기 때문이다. 그리고 북한의 핵개발 문제는 양측이 문제 해결에 적극 임하겠다고 하는 자세 표명으로 귀착될 수 있고, 구체적인 해결방안은 장기적으로 6자회담의 틀 안에서 논의될 수 있는 것이다. 이러한 관점에서 볼 때, 수교협상 진전에 있어서 이 문제는 '납치' 문제에 비해 상대적으로 비중이 크지 않다고 본다.

셋째, 과거청산 문제는 이미 2002년 9월 평양선언에서 양국이 서로 재산청구권을 포기하고 경제협력방식에 의해 해결해 갈 것을 합의한 바 있다. 이른바 지난 1960년대 이루어진 한일 간 수교협상과 같은 방향에서 '청구권'협상이 이루어질 것으로 쉽게 전망할 수 있다. 다만 기본조약에 과거 역사인식 문제에 관한 문안 표기를 어떻게 할 것인가, 또는 보상(청구권자금, 경제협력자금) 금액은 구체적으로 얼마로 할 것인가는 앞으로 구체적인 수교교섭 과정에서 타협점을 찾아나갈 수 있을 것으로 예상된다.

_6_
'납치' 문제와 핵개발에 대한 일본 정치권의 강경태도

'납치' 문제에 대한 북한 측의 태도변화가 없는 가운데, 일본 정부는

| '납치' 문제 여론화에 적극적인 요코다 메구미의 부모 |

지속적으로 이 문제를 인도적인 차원의 이슈로 내세워 미국을 위시한 국제사회에 적극적으로 환기시키고 있으며 이에 미국이 적극 동조하는 모습이 선명하게 부각되고 있다. 2006년 5월 8일 당시 관방장관 아베 (安倍晋三)는 정부 여당 연락회의에서 '납치' 피해자 요코다 메구미의 모친이 부시 대통령과 면담한 것에 대해, 국제사회에 대해 납치 문제 해결의 중요성을 알리는 강력한 메시지가 되었다 평가하고, "미국을 비롯한 각국과의 연계를 한층 강화하고 문제해결에 전력을 기울여 나가겠다"고 하는 의지를 밝혔다.[10]

　2002년 9월 평양회담에서 북한이 '납치' 문제를 인정한 후, 이듬해에 프랑스 에비앙(Evian)에서 열린 선진국 회의에서 일본 정부는 단독으로 '납치' 문제를 의제로서 제기했으며, 그 후 매년 선진국 회의에서 이 문제를 의장 성명에 포함시키고 있다. 2006년 4월 중순에 도쿄에서 북한을 둘러싼 6자회담 관련 국가 교섭 실무책임자들이 모였을 때에도, 일본 측은 요코다 메구미의 남편이 김영남일 가능성이 높다고 하는

10) 「연합뉴스」 2006년 5월 9일.

| 납북되었다가 돌아온 일본인 |

DNA 감정 결과를 발표하고 추궁함으로써 북한 측 대표를 당혹스럽게
했다. 반면에 이때 크리스토퍼 힐(Christopher R. Hill) 차관보는 이 문제
에 관한 관심을 일본 측에 적극 표명하고 나섰다. 일본 정부는 2005년
에 미국 정부가 북한 인권특사를 임명한 것과 연동하여 같은 해 12월
에 노르웨이 주재 대사 사이카 후미코(齊賀富美子)를 인권담당 대사로
임명한 바 있으며, 2006년 4월 말에는 요코다 메구미 가족이 미국을
방문하여 부시 대통령을 면담하는 데 이를 지원하고 주선한 바 있다.
2007년 11월에는 UN 총회 제3위원회가 일본 등 51개 나라가 제출한
북한 인권상황을 비난하는 결의안을 다수 찬성으로 채택했다.[11] 이 결
의안에는 "다른 주권국가 국민의 인권침해에 해당하는 납치 문제가 해
결되고 있지 않는 것에 매우 심각한 우려를 표명한다"는 내용이 들어 있
었다.

　일본 정부는 북한의 핵개발 문제를 '납치' 문제와 연계시켜 해법을
모색하겠다고 하는 전략을 취하고 있는 것으로 보인다. 즉, '납치' 문

11) 대북 인권결의안은 찬성 97, 반대 23, 기권 60으로 채택되었다. 여기서 '납치' 문제
의 표현 등에서 대폭 수정을 요구해 온 한국은 기권을 선택했다(「朝日新聞」 2007年 11
月 21日).

제에 관한 국제적 포위망을 통해 북한을 압박하여 북한으로 하여금 6 자회담 테이블에 나오도록 하겠다는 전략이다. 그러나 이러한 일본의 의도에 대해 북한이 이를 쉽게 받아들이기는 어려울 것으로 보이며 이러한 상황에서 한국으로서도 일단 유보적인 태도를 취하면서 북한과 일본의 사이에서 절충을 시도하지 않을 수 없다. 그러나 국제사회의 여론이나 일본과 한국의 국내 여론은 갈수록 북한의 인권 문제에 대해 민감해지고 있는 것이 사실이다. '납치' 문제를 둘러싼 일본과 미국의 공조 움직임은 결과적으로 6자 회담에 소극적인 북한이나 납치 문제에 냉정한 중국에 대한 압박으로 작용하고 있으며, 이와 함께 한국 정부의 입지도 좁혀지고 있다. 결국 북일국교정상화 교섭 가운데 불거져 나온 '납치' 문제가 탈북자 문제와 함께 북한의 비민주적 체제와 관련된 문제가 되어, 냉전 후 동아시아의 국제질서를 새롭게 구축해야 하는 과정에서 반드시 해결하고 넘어가야 하는 과제가 되고 있다. 앞으로도 '납치' 문제에 관한 북한의 전향적인 태도변화가 없는 한, 이 문제는 일본의 여론을 통해 지속적으로 북한에 대한 혐오감을 증폭시키는 방향으로 작용할 것이다.

이와 함께 북한의 핵개발 문제가 일본 사회의 우경화 분위기를 북돋우고 있는 가운데, 일본 정부 책임자로부터도 헌법의 개정과 군비의 강화를 노골적으로 내비치는 발언이 간헐적으로 나오고 있다. 일찍이 2006년 7월 9일 아침, NHK TV 방송의 「일요토론」 프로그램에서 아소(麻生太郞) 외상은 핵을 가지고 있다는 북한이 핵탄두 미사일을 일본 쪽으로 겨냥할 경우 피해를 입을 때까지 아무 것도 하지 않고 가만히 있을 수는 없다고 말했다. 분명히 일본을 공격할 의도가 보이는 가운데 다른 수단이 없다고 인정되는 경우에는 적의 기지를 공격할 수도 있다는 종래의 일본 정부 주장을 반복한 것이지만, 시기가 시기인 만큼 북한과 일본 사회를 자극하기에 충분했다.

이어 2006년 7월 10일어느 아베(安倍晋三) 관방장관이 기자회견에서 북한의 미사일 기지에 대한 선제공격도 검토할 수 있다는 발언을 내놓기도 했다.[12] 북한의 미사일 발사에 대한 대응으로 일본의 정치권과 언론에서 북한의 기지에 대한 공격을 할 수 있는가에 관한 논의가 전개되고 있는 가운데 나온 것이다. 그는 "적의 유도탄 등에 의한 공격을 방어하기 위하여 다른 수단이 없을 경우에 한해서는 유도탄 등의 기지를 부수는 것도 법률상 문제로서는 자위권 범위 안에 있는 것으로 가능하다는 국회 답변이 있다. 일본 국민과 국가를 지키기 위하여 무엇을 해야 하는지에 관한 관점에서 항상 검토·연구를 행할 필요가 있는 것이 아닌가"라고 말했다. 아베는 일본 정부의 대변인이자 차기 수상으로 유력시되고 있던 인물이었기 때문에, 그의 발언은 일본 국내외에 크게 영향을 끼칠 수밖에 없었다.

이러한 일본 정부의 발언은 북한 미사일 기지에 대한 선제 폭격을 주장해 온 미국 정부 내 일부 인사들의 견해를 그대로 답습한 것이다. 이러한 주장은 북한이 북한의 탄도미사일 위협에 대항하기 위하여 서둘러 미사일 방어 시스템을 도입하고 정비해 온 방위성이 일찍이 1994년에 내놓은 것이다. 일본에 대한 북한의 미사일 공격 위기가 임박했을 때, 저지할 유효한 수단이 따로 없을 경우에는 북한 미사일 기지를 선제공격한다는 작전을 검토한다는 것이었으며 항공자위대가 전투기에 의한 시뮬레이션을 실시한 일도 있다. 북한의 미사일 기지에서 미사일 발사가 임박했다고 판단될 경우, F4 요격전투기와 F1 지원전투기가 이시카와(石川)와 돗도리(鳥取)현에 있는 기지에서 비행하여 목표에 관한 정보와 적의 지상 레이더를 착란시키고, 미군의 지원을 받으면서 미사

---

12) 「연합뉴스」 2006년 7월 10일.

일 기지를 공격한다는 것이다.

또한 '평화헌법'의 근간을 흔드는 일본의 무력사용에 관한 주장은 일찍이 2003년 일본 국회에서 '무력공격사태법'을 논의하는 과정에서 정부의 견해로서 공공연하게 대두되었다. 고이즈미 수상은 2001년 5월에 국회에서 소신표명 연설을 통해 "일단 국가와 국민에게 위기가 닥쳤을 때 어떠한 체제를 갖추어야 하는지 검토를 추진하는 것은 정치의 책임"이라고 적극적인 자세를 표명한 바 있다. 고이즈미 내각과 자민당이 일본 사회의 전반적인 보수화 경향에 편승하여 헌법개정을 위한 논의를 활성화하면서 때마침 동해 해상에서 발생한 일련의 괴선박 사건과 미국에서 발생한 '9·11테러 사건'은 '무력공격사태법'을 위시한 유사법제를 입법화하는 데 중요한 계기를 제공했다.

일본의 선제공격 검토 주장은 비상사태에 대비해 일본 국민의 안전을 확보하겠다는 정부의 책임 있는 행동을 표명하는 가운데 돌출한 것이기는 하지만, 이는 북한뿐 아니라 한국과 중국을 위협하고 나아가 동아시아의 군비경쟁을 유발시키는 발언이다. 지난날 유사법제 도입과정에서 비판적인 의견을 제시했던 일본의 진보적인 정당과 언론들이 이러한 중대한 발언에 대해 침묵을 보인 것은, 무력사용 검토 주장에 대해 일본 사회가 둔감해지고 있는 것을 나타낸 것으로 심히 우려할 만한 사태가 아닐 수 없다. 일본 정부의 공공연한 '유비 무환' 주장은 결과적으로 우환을 없애기보다는 우환을 만들어 낼 소지가 너무도 많기 때문이다.

_7_
김영남 모자 상봉과 '납치' 문제

북한이 2006년 6월 8일 전격적으로 김영남 씨 모자상봉을 추진하겠다고 남한 측에 통보해 왔다. 이로써 북한이 김씨의 생존 사실을 공식적으로 인정하게 되었고 납북자 이산가족의 상봉이 처음으로 실현되기에 이르렀다. 이때 북한은 남측수석대표에 대한 전화통지문에서 동포애와 인도주의로부터 모자상봉을 마련하기로 했다고 했다.

이로써 1978년에 고교생 신분으로 북한공작원에 의해 끌려간 김영남 (45) 씨가 납북된 지 28년 만에 금강산 남북이산가족 상봉장에서 꿈에도 그리던 어머니 최계월(82) 씨를 만나게 되었다. 이들의 상봉에는 일본 정부의 집요한 추궁과 조사가 단단히 한몫을 했다. 일본 정부는 '납치' 피해자 메구미 씨의 남편이 한국 출신의 납북자라는 증언에 따라 2002년 평양에서 메구미 씨의 딸 혜경 양에게 확보한 시료와 1977~78년에 납북된 고교생들의 가족으로부터 채취한 혈액과 머리카락의 DNA를 대조한 끝에 2006년 4월 11일 김영남 씨와 메구미 씨가 부부 사이였음을 최종 확인했다. 이에 따라 메구미 씨의 아버지 요코다 시게루(橫田滋) 씨가 5월 16일 서울을 방문하여 최계월 씨를 만나기도 했다.

북한이 이와 같이 납북자 가족의 상봉을 추진하게 된 의도와 배경으로는 다음 네 가지를 들 수 있다. 첫째, '민족화합' 의지를 국내외에 과시하고자 하는 의도가 강했다. 북한 측은 2006년 6월 하순으로 예정되어 있는 김대중 전 대통령의 평양방문 시기에 맞추어 모자상봉을 주선함으로써 '민족화합'의 분위기가 고조될 수 있을 것으로 판단한 것으로 보인다.

| 김영남, 모친과 상봉 |

| 김영남 모친과 다시 이별 |

둘째는, 북한 측은 모자 상봉이 '인도주의'에 의한 조치임을 강조하고자 하는 의도가 강했다. '납치' 문제를 정치적 쟁점화하려는 일본과 한국 내 움직임을 견제하고, 단순히 이산가족의 고통과 슬픔을 해소하기 위한 조치라는 점을 내보일 수 있는 이벤트로 판단한 듯하다. 남한 측에 보낸 전화통지문에서 "흩어진 가족·친척 문제의 틀 안에서 해결해 나가기로 한 쌍방 적십자회담 합의"를 강조한 것에서 이와 같은 의도가 잘 나타났다.

셋째는, 결과적으로 국제적으로 확산되어가는 '납치' 문제에 대한 비판여론을 희석시키고자 한 의도가 크게 작용한 것으로 보인다. 일본인 '납치' 문제에 대한 비판여론의 핵이 되고 있는 메구미 씨의 생존 여부와 김씨와의 관계, 북한에서의 생활 등을 김씨의 입을 통해 증언하게 되면, 근거가 모호한 채 지나치게 부풀려진 메구미 씨에 대한 어두운 여론에 대해 이를 시정할 일정한 정보를 제공하는 효과를 거둘 수 있고, 나아가서는 지나치게 범죄시되고 있는 '납북'에 관한 여론을 어느 정도 완화할 수 있을 것으로 판단한 듯하다.

넷째는, 남측으로부터 경제적 지원을 이끌어 내고자 하는 의도가 강했던 것으로 보인다. 열차시험운행 중단으로 경제지원에 대한 남측 어론이 악화되고 있는 가운데, 김영남 모자상봉은 민족적인 정서에 호소할 수 있는 좋은 기회가 되며, 이산가족 문제에 대해 북측이 적극 노력하고 있다는 모습을 보여 줄 수 있는 기회라고 판단한 듯하다. 이와 함께 이번 전격적인 모자상봉 통지는 납북자 문제가 해결되면 적극적인 경제지원을 검토하겠다고 한 남측 주장에 대한 북측의 호의적인 응답이라는 의미가 강했다.

북한이 모자상봉 계획을 통보할 당시 일본의 여당은 탈북자 지원에 관한 법률안을 국회에 상정해 놓은 상태였다. 이미 야당과 심의가 끝난 상태이며 조만간 법률안이 국회를 통과할 것으로 예상되는 시점이었다. 법률안 성립과 함께 국회에서는 일본 정부에 대해 탈북자에 대한 적극적인 대응을 요구하게 될 것이고, 결과적으로 일본 정부는 탈북자 문제에 관하여 한국과의 공조를 모색할 것이 예상되는 시기였다. 6월 12일부터 이틀간에 걸쳐 자민당 납치문제대책본부장 아이사와 이치로(逢澤一郎)가 한국을 방문하여 '납치' 문제를 논의하겠다고 나선 것은 한국과의 공조를 모색하기 위한 움직임이었다.

그런데 '납치' 문제에 대한 인식과 대응을 둘러싸고 한국 측은 일본과는 다른 자세를 보였다. 6월 11일 이종석 통일부장관이 사전조율도 없이 아이사와가 방한 기 간중에 자신을 면담해 '납치' 문제를 협의할 계획이라고 발언한 데 대해 유감을 표시하고 면담을 취소한다고 밝힌 것이다. 한국 정부와 피해자 단체는 대체로 김영남 모자 상봉을 이산가족 만남의 하나로 간주하고 환영하는 자세를 보였다.

한국의 납북 피해자 단체와는 달리 피해자들의 일본 송환이 이루어지기 전에는 북한을 방문하지 않겠다는 자세로 일관하고 있는 일본 측 피해자 관련 단체에게 있어서, 김영남 모자 상봉의 성사는 곤혹스러운 일이었다. '납치' 문제에 대한 대북 비판 활동에서 한국의 단체와 연대를 모색해 온 일본의 단체는, 인도주의적 차원에서 가족 상봉을 최우선시하는 한국 측과 대응방법에서 큰 이견을 보이고 있었다.

결과적으로 언론에 비친 김씨 모자 상봉은 일반적인 이산가족의 상봉과 진배없는 분위기로 일관했다. 철저하게 통제된 가운데 김씨가 북한에 넘어온 경위에 대한 추궁 등의 '불미스런' 일은 일어나지 않았으며, 오히려 평양시 인민위원회 부위원장의 사위로서 북한에서 '성공적'인 생활을 하고 있는 모습으로 비쳐졌다. 6월 29일 가족과 상봉하는 순간의 감격과 이튿날 다시 헤어지는 애절함이 클로즈업 된 대신, 메구미 씨와의 혼인생활에 관한 추궁이나 메구미 씨의 유골에 관한 대화는 일어나지 않았다. 김씨 상봉 사건은 결국 한국 사회에는 이산가족의 슬픔을 전하는 한 편의 드라마가 되었고, 일본 사회에는 행방불명자 모두가 살아 있다는 것을 전제로 하여 '납치' 문제 해결을 추진해 오던 분위기에 찬물을 끼얹은 단막극이 되었다.

_8_
칼럼 "풍고계(風考計)" 종료에 대한 단상

「아사히신문(朝日新聞)」에 매월 한 차례 정도 연재되어 오던 칼럼 "풍고계(風考計)"가 2006년 12월 25일 제41회째를 마지막으로 문을 닫았다. "풍고계"는 이 신문의 논설위원인 와카미야 요시부미(若宮啓文) 씨가 3년 반 동안에 걸쳐 자신의 이름을 걸고 게재해 온 칼럼이다. 그는 이 칼럼을 통하여 과거 전

| "풍그계" 칼럼 로고 |

| 제주에서 강연하는 와카미야 |

쟁과 식민지 지배의 역사에 관한 일본 정치권의 후안무치한 행태를 비판하는 한편, 한국과 중국과의 공동체 형성에 관한 이상적인 아이디어를 제시했다. 한일관계의 비판적 이해에 도움이 되는 글이 많아 필자는 그간 「한일시평」에 몇 차례 이 칼럼을 인용한 일이 있다.[13] 그는 1980년대 초에 한국에서 어학 연수를 받기도 했으며 한국인 논객들

과 다양한 교류 채널을 가지고 있다. 2005년 봄에는 이 칼럼을 통해 자신의 몽상(夢想)이라는 점을 전제로 하면서 "독도를 한국에 양보하고 우정의 섬으로 하자"는 제안을 하기도 했다.[14] 또한 식민지 시기 조선 인의 역사를 '비애(悲哀)의 역사'로 보자고 하는 관점에서 한일 양국 간 및 양 국민 간의 화해를 주장하기도 했다.[15]

칼럼과 사설을 통해 고이즈미의 야스쿠니 참배에 대해서는 집요하게 비판의 소리를 높였으며, 2005년 말부터 「요미우리신문」 주필과 이 문 제를 비판함으로써 보수와 진보 언론인이 일본 정부를 향하여 공동으 로 비판을 하는 모습을 보이기도 했다.[16]

그런데 그가 계속 이어 오던 고정칼럼을 끝내겠다고 선언했다. 건강

---

13) 『한일관계의 흐름 2004-2005』, 68-70쪽 및 144-147쪽.

14) 「朝日新聞」 2005年 3月 27日.

15) 「朝日新聞」 2005年 9月 26日.

16) 야스쿠니 참배 문제에 대한 와카미야와 와타나베의 대담 내용은 월간지 『論座』 2006년 2월호에 게재되었으며, 朝日新聞社를 통하여 단행본으로 출판되기도 했다. 『論 座』 編集部, 『'靖國'と小泉首相: 渡辺恒雄·讀賣新聞主筆 vs. 若宮啓文·朝日新聞論說主 幹』, 2006年.

상의 이유에서도 아니다. 그렇다고 해서 「아사히신문」을 퇴직해 나가는 것도 아니다. 마지막 칼럼에서 그는 앞으로도 때에 따라서 신문에 글을 싣겠다고 하면서도 칼럼을 맺는 이유를 분명히 밝히지 않았다. 그렇다면 그가 왜 이 시기에 칼럼 중단을 선언한 것일까. 그의 개인 신상에 피치 못할 특별한 사정이 생겼는지는 모르겠지만, 필자로서는 과장된 해석일 수도 있다는 우려를 무릅쓰고 우경화하고 있는 일본 사회의 현실적 변화로부터 그 이유를 끄집어내고자 한다.

첫째는, '반(反)역사성'이 분명한 고이즈미 정권이 물러나고 애매한 역사성을 지닌 '전후세대' 아베 정권이 등장했기 때문으로 생각된다. 고이즈미 수상은 스스로 야스쿠니 참배를 강행하여 주변국과 외교를 그르침으로써 칭송의 찬사와 함께 비난의 화살을 한몸에 받았다. 진보적인 언론 측에서 보면 때려눕혀야 할 상대가 분명했던 것이다. 그런데 아베 정권에 들어 상황이 달라졌다. 지난 세대가 일으킨 역사 문제로부터 이제는 자유롭다고 여기는 새로운 세대의 정권이 되었으며 굳이 역사인식 문제를 발생시켜 공연히 주변국과 충돌하는 일은 피하겠다는 태도로 나왔다. 아무리 진보적인 언론인이라고 해도 애매한 역사성을 이유로 정치권을 건드리는 무모한 비판을 하기 힘들게 되었다는 것이다. 게다가 비중 있는 언론인인 만큼 정치권에 동조하는 대다수 대중들을 의식하지 않을 수 없었다고 본다.

둘째는, 북한의 핵 실험이라는 현실이 동아시아의 공동체를 꿈꾸는 진보적 언론인의 이상을 무색하게 하고 있었기 때문으로도 보인다. 사실 「아사히신문」은 북한의 미사일실험과 핵개발 문제에 관한 한 여타 보수적인 신문에 못지않게 비판의 강도를 높여 왔다. 여기에다가 일본인 '납치' 문제 등과 관련하여 북한체제의 비민주성에 대해서도 지속적으로 추궁해 오고 있어 일본 정부의 대북 압박을 지지하는 논조를 보인 것이 사실이다. 그런데 일본의 대북 강경자세에 대해 한국과 중국이 현실적으로 적어도 동조를 하고 있지 않다고 하는 현실적인 벽이 매우 높았다. 일본을 의협하는 북한에 대해 유화적인 태도를 취하고 있는 주변국을 더 이상 계속하여 비판함이 없이, 게다가 그런 국가들과 공동체를 논한다고 하는 것은 대중신문의 비중 있는 칼럼니스트에게 있어서 리스크가 크지 않을 수 없게 된 것이 아닐까.

셋째는, 진보적 신문의 독자층이 엷어지면서 「아사히신문」의 생존에 위협이 되고 있다는 우려 때문이 아니었을까 한다. 여전히 「아사히신문」이 「요미우리신문」에 이어 두 번째로 많은 발행부수를 기록하고 있기는 하지만 근래에 신문의 판매고가 급격하게 하락하고 있다는 풍문이 공공연하게 나돌게 되었다. 신문사 내부에서는 대중들의 변화 성향에 어떻게 대처할 것인지에 대한 논의가 활발하게 이루어졌던 것으로 알려지고 있다. 이런 움직임 가운데 일본을 대표하는 진보적인 칼럼이 문을 닫게 된 것은 아닐까. 이제까지 흔히 이상론을 펼쳐온 「아사히신문」이 일본의 명분(建前)을 대변하는 한편, 현실론을 펼쳐온 「요미우리신문」이 일본의 진심(本音)을 대변해 왔다고 한다. 그런데 오늘날 일본사회가 보수적인 방향으로 급격하게 전환하면서 일본의 명분까지 근본이 바뀌어가고 있는 것이다. 이런 변화에 「아사히신문」과 같이 독자대중들의 현실적 욕구를 수용하면서 기존의 진보적 논조를 지키고자 하는 언론매체로서는 앞으로 당분간 혼미를 경험하지 않을 수 없을 것으로 보인다.

와카미야는 마지막 칼럼에서 "언론은 nationalism의 도구가 아니다"라고 하며 그의 현실적 고민과 함께 과거와 변함 없는 의지를 표명하고 있다. 앞으로도 기회 있을 때마다 그가 곧은 언론인의 자세를 견지하고 일본의 우경화 움직임에 대해 강력하게 'No'라고 주장할 수 있기를 기대한다. 다음에 인용하는 문장은 그의 마지막 칼럼 첫 부분이다.

교육기본법에 '애국심'이 담겨지고 방위청이 '방위성'으로 되는 것
까지 결정된 날 밤에 일어난 일이다.
"자네한테는 애국심이 없군!"
학교 선생님에게 그렇게 꾸지람을 듣고 낙제당하는 꿈을 꾸었다.
말하자면 수상의 야스쿠니신사 참배에 반대하고, 중국과 한국의 편
을 들었지.
졸업식에서 국기게양이나 국가제창에 따르지 않았던 교직원들의 처
분에 대해 "지나치다"고 했고, 그들을 감싸고돌았지.
정부가 응원하는 이라크전쟁에 대해 계속 반대하고 자위대 파견에
도 딴소리를 해서 대원들을 동요하게 하다니.
자위대 관사에 반전 삐라를 뿌린 자가 75일간이나 구류를 살았으니
까, 자네처럼 불경한 기사를 전국에 배포한 죄는 더욱 더 크겠지라고
하기도 했다.
"그런 바보 같은 말씀을" 하면서 소리를 지르다가 난 눈을 떴다.
한 달에 한 번 이 칼럼을 쓴 지 3년 반. 41회째인 오늘로 일단 문을
닫으려고 한다. 돌이켜보면 그간 사설에서와 함께 고이즈미 전 수상과
아베 수상에게 실례되는 글을 써 왔다. 꿈이라서 다행이지만 만약 옛
날 같았으면 낙제가 아니라 체포라도 당했을 것이다.

_9_
아베 수상의 보수적 언행

1. 신궁 참배

아베 수상이 2007년 1월 4일 새해를 맞아 이세신궁(伊勢神宮)을 참배
한 데 이어 이틀 후 6일에는 메이지신궁(明治神宮)을 참배했다. 이세신

| 아베 수상, 이세신궁 참배 |

궁은 일본 황실의 시조신이며 일본 민족의 총 씨족신으로 떠받들고 있
는 아마테라스오미카미(天照大御神)를 모시고 있어 일본인들에게 건국신
화와 민족정신의 고향과 같은 역할을 하는 곳이다. 한편 메이지신궁은
메이지 천황 부부를 기리기 위해 1920년 도쿄에 조성된 것으로, 전설
속의 인물이 아닌 근대국가 일본의 정치권력자를 신으로 모시고 있는
곳이다.

　지난 수상들은 흔히 연초에 메이지신궁에 참배해 왔으나, 고이즈미
(小泉純一郞)는 재임 중에 야스쿠니신사에는 참배하면서도 메이지신궁에
는 참배하지 않았다. 그래서 현직 수상이 메이지신궁에 참배한 것은
2001년 1월 모리(森喜朗)의 참배 이래 6년 만의 일이 된다. 아베는 모닝
코트 차림으로 메이지신궁을 방문하여 "내각총리대신 아베신조"라고
방문록에 기입했으며, 내배전(內拜殿)에서 신도 형식에 맞추어 두 차례
의 절, 두 차례 박수, 한 차례의 절로 참배 예를 갖추었다. 그리고 헌금

(初穗料)은 자신의 용돈으로 지불한 것으로 되어 있다. 참배 후 그는 기자단에 대해 "일본 국가의 안녕과 발전, 황실 번영과 세계 평화, 9일부터 시작하는 자신의 유럽방문의 성공"을 빌었다고 말했다. 왜 메이지 신궁에 참배했는가에 대한 답변으로는 유서 깊은 신사인데다가 자택에서 가까운 곳에 있어서 자주 참배하고 있다고 했다.

수상이 신궁에 참배한 정치적 이유는, 보수주의적 성향을 띠는 그가 이러한 퍼포먼스를 통해 자신의 정치적 성향을 분명하게 내보이려는 데 있었던 것으로 생각된다. 강력한 리더십을 보이면서 국민들의 지지를 받은 고이즈미 정부와는 달리 아베 정부는 2006년 9월 출범 때부터 어려움을 겪었다. 고이즈미가 강렬하게 내세운 '개혁'에 비하면, 노선을 계속 유지하면서 '개혁'으로 인한 피해자들의 불만을 달래야 하는 아베 정부의 과제가 훨씬 힘든 것이었는지 모른다. 아베가 정부 출범에 즈음하여 내놓은 '재도전 사회' 혹은 '아름다운 일본 만들기' 슬로건은 애초부터 일본 국민들의 피부에 와 닿는 정책으로 실행해내기란 쉽지 않은 것이었다.

아베는 수상 취임 직후 중국과 한국을 방문함으로써 당면한 외교적 숙제를 풀어 낸 것은 평가를 받고 있지만, 교육기본법 개정안을 마련하는 과정에서 무리하게 찬성하는 의견을 부추긴 일이나, 우정(郵政) 개혁에 반기를 들었던 인사들을 자민당에 복귀시킨 일, 여기에다 그의 측근 정책입안자들이 정치윤리에 반하는 행동으로 사퇴하게 된 일 등으로 석연치 않은 분위기로 2006년을 마감해야 했다 2006년 말 각종 여론조사에 의하면 내각 지지율이 50%에 미치지 못하는 것으로 나타났다. 이러한 국내 정치적 어려움을 극복하고 다가오는 2007년 여름 참의원 선거에 승리하기 위해서는 무엇보다 여러 가지 퍼포먼스를 통해서 강력한 지도력을 내보일 필요가 있었을 것이다. 이번 신궁 참배도 수상의 지도력 회복을 향한 노력의 일환에서 이루어진 것으로 볼 수 있다.

또한 아베의 신궁 참배는 야스쿠니 참배와 어떻게든 관계가 있지 않을까 하는 생각이 든다. 결과적으로 이번 참배 행위는 종래 야스쿠니에 참배를 해 오던 그가 수상이 된 이후의 처신에 대해 예의주시하고 있는 주변국의 반응을 떠보는 일이 되었다. 메이지신궁 참배가 야스쿠니 참배를 대체하는 행보가 될지, 아니면 야스쿠니 참배에 이르는 과정이 될지, 주변국은 이를 초미의 관심사로 여기고 있는 상황이었다.

수상의 신궁 참배가 주변국과의 외교에서 논쟁거리가 되지 않은 것은 정상적인 일이다. 그런데 이에 대해서 일본 국내에서마저 이의제기나 반대의견이 나오고 있지 않는 것에는 커다란 문제가 있다고 본다. 일단 이번 참배와 관련하여 일본의 매스컴이 일제히 사실 보도를 하면서도 비판과 비평은 내놓지 않았다. 2002년 2월에 부시 대통령이 일본에 방문하여 고이즈미 수상과 함께 메이지신궁을 참배한다는 뉴스가 전해졌을 때, 일본의 기독교단체에서는 "정교(政教)분리의 대원칙을 전혀 무시하는 행위"라는 이유를 들어 반대성명을 발표한 적이 있다.17) 그런데 아베 수상의 종교적 참배 행위에 대해서는 일본의 모든 종교단체가 굳게 입을 다물었다.

일본 사회에서 야스쿠니 참배를 비판하고 반대하는 명목상 이유는 수상의 신사 참배 행위가 정교분리 원칙에 반한다고 보기 때문이다. 몇 차례의 관련 재판을 통해서 이미 수상의 신사 참배 행위가 일본국 헌법 제20조 제3항에서 금지하고 있는 종교적 활동에 해당하는 것으로 위헌적 행위라고 하는 판결이 나온 바 있다. 만약 수상의 야스쿠니 참

---

17) www.jca.apc.org/ncc-j/statements/2002/0214bush-meiji-jinguu.html. 2002년 2월 부시 대통령은 메이지신궁을 '표경 방문'하고 고이즈미는 참배하지 않았다.

| 아베 수상의 '망언'을 규탄하는 '위안부' 할머니 |

배가 정교분리 원칙을 위반하는 행위라고 한다면, 메이지신궁이나 이세신궁에 참배하는 것도 마찬가지로 위헌적 행위라고 할 수 있다. 게다가 메이지 신궁이 떠받들고 있는 메이지 천황의 시기는 청일전쟁·러일전쟁·한국병합 등의 대륙침략이 자행된 시기가 아니었던가. 보수화해 가는 일본 사회에 대해 이의를 제기하는 목소리가 점차 줄어가는 상황은, 이러한 사회적 분위기를 타고 정치적 입지를 강화하려는 권력자들의 행보가 무비판적으로 나타나는 배경이 되고 있는 것이다.

2. '위안부' 발언

수상직에 오른 후 역사인식 문제에 대해 애매한 태도를 견지해 오던 아베가 취임 후 5개월 만에 마침내 그의 생각을 드러내기 시작했다. 그는 2007년 3월 1일 총리실 기자들에게 '위안부' 강제동원 문제에 대해 "강제동원 했다는 증거가 없다"고 하는 견해를 밝혔다. 결과적으로 아베의 발언은 고이즈미 수상 이후에 잔잔하게 유지되어 오던 한일 외교관계에 새로운 부정적인 물살을 일으키는 계기가 되었다.

이 발언이 나온 다음날, 방미 중인 송민순 외교통상부장관은 "수상의 발언은 보다 건강하그 미래지향적 양자관계를 만들어나가기 위한 한일 간 공동의 노력에 도움이 되지 않는다"고 말했다. 이어 3월 3일에는 외교통상부가 논평을 통해 아베 수상의 발언은 역사적 진실을 호도하려는 것으로서 이에 대한 강한 유감을 표한다고 했으며, "군대 위안부 동원과 관련, 강제성을 인정하고 반성과 사죄를 표명한 '고노 담화'를 계승한다는 일본 정부의 거듭된 입장표명에 대한 진정성을 의심케 하는 것"이라고 비판했다.

일본의 정치권에서는 '위안부' 문제를 둘러싸고 반동적인 움직임이 집요하게 일어나고 있다. 일본 정부가 1993년에 고노(河野洋平) 당시 관방장관의 담화 형태로 발표했던 전향적인 인식을 어떻게 해서든지 뒤엎고자 하는 움직임이 그것이다. 일찍이 1997년 자민당 내부에서 아베가 주도하여 조직한 보수적인 모임 '일본의 앞날과 역사교육을 생각하는 의원 모임'이 이러한 움직임의 중심에 서 있다. 2007년 3월 1일 이 모임도 과거 일본군에 의한 강제연행은 없었다는 견해를 밝히고 앞으로 일본 정부에 대해 '위안부' 문제 조사를 요구하기로 했다.

이러한 움직임과 연동하여 같은 날 자민당 본부에서는 기자단에 대해 나카가와(中川昭一) 정조회장이 고노 담화는 불명확한데다가 사실 오인으로 오해를 불러일으키고 있다고 했으며, 담화를 수정하는 편이 일본이나 관계국 모두에게 보다 나은 방향일 것이라고 했다.18) 이러한 고노 담화에 대한 수정이 필요하다는 당내 의원들의 견해에 대해 아베 수상도 동조하고 나선 것이다. 이들 보수적 성향의 정치가들은 '새로운 역사교과서 만드는 모임'을 주도하는 보수우파적 지식인들과 견해를 같이하고 있다. 이들은 기본적으로 '위안부'를 군인들을 상대로 한 매춘부라고 보며 강제연행이 허구라고 주장하고 있다. 따라서 위안부 할

---

18) 「중앙일보」 2007년 3월 3일.

| 야스쿠니 경내에 있는 팔(Pal) 판사 기념비 |

머니들의 증언을 전혀 믿지 않는다.

위안소 설치와 모집에 대해 일본군과 행정당국이 관여한 것은 이미 1990년대에 나온 자료집에서 밝혀졌다.[19] 이와 함께 관련 연구자들에 의해 위안부 동원의 강제성을 입증하는 자료와 증언이 계속 나오고 있다.[20] 이처럼 위안부 모집 문제에 군과 행정 당국이 직·간접으로 관여한 것이 이미 밝혀졌음에도 불구하고 자료가 없다고 하며 강제성을 부인하려는 움직임은 국제사회에서 비난의 대상이 되고 있다.

3. 전범옹호 재판관 후손 방문

아베 수상이 2007년 8월 인도 방문 중에 과거 도쿄재판에서 전범을 옹호했던 인도 재판관의 후손을 결국 만났다. 2박 3일 일정으로 인도를 방문한 아베 수상은 8월 23일 마지막 행선지로 뉴델리에서 1,140km나

---

19) 吉見義明, 『從軍慰安婦資料集』, 大月書店, 1992年; 女性のためのアジア平和國民基金, 『政府調査'從軍慰安婦'關係資料集成』 1~5卷, 龍溪書舍, 1997~1998年.

20) '위안부' 동원의 사회적 배경에 관한 자료집이 2007년 12월에 한국에서 출간되었다. 일제강점하강제동원피해진상규명위원회, 『전시체제기 조선의 사회상과 여성동원: '매일신보'(1937.1~1945.8)를 중심으로』, 2007년.

떨어진 웨스트벵갈 주 콜카타(Kolkata)를 찾았다. 그곳에서 그는 1947년 도쿄 극동군사재판에서 재판관 11명 중 유일하게 A급 전범 전원의 무죄를 주장한 인도인 라다비노드 팔(Radha Binod Pal)[21] 판사의 아들을 만났다. 아베 수상은 바쁜 일정을 쪼개 비행기로 두 시간이나 날아가 우익 성향의 일본인들이 추앙하고 있는 '전범 옹호자'의 후손과 포옹을 한 것이다.[22]

　팔 판사는 생전에도 네 차례나 일본을 방문하여 "일본이 전쟁범죄를 일으켰다며 어린이들에게 뒤틀린 죄의식을 심어줘서는 안 된다"고 주장한 사람이다. 그는 죽기 직전에 일본 천황으로부터 훈장을 받았다. 그가 죽은 후 1997년 11월 인도 독립 50주년을 기념하여 교토(京都)의 한 호국신사에 그의 공적을 기리는 비석이 건립되었다. 공적비 제막식에는 그의 아들 부부가 참석했다. 또한 2005년 6월에는 야스쿠니신사에도 그의 공적비가 세워졌다.[23]

　아베 수상은 팔 판사 아들을 만난 자리에서 "아직도 많은 일본인들은 라다비노드 팔 판사를 존경하고 있다"고 말했고, 팔 판사 아들은 "아베 수상을 만나 아주 기뻤다. 아직도 내 아버지가 많은 사람들에게 기억되고 있다니 자랑스럽다"고 소감을 밝혔다. 아베는 이날 제2차 세계대전 당시 일본 제국을 옹호했던 인도의 독립운동가인 찬드라 보스(Subhas Chandra Bose)[24]의 조카도 함께 만났다. 아베 수상은 8월 22일

---

21) 팔 판사는 1886년에 출생하여 1967년에 사망했다. 그의 '일본무죄' 판결문에 대해서는, 田中正明, 『パール博士の日本無罪論』, 1963年에 상세하게 소개되어 있다.

22) 「문화일보」 2007년 8월 24일.

23) http://ja.wikipedia.org.

24) 찬드라 보스는 1897년에 출생하여 1945년에 사망했다. 인도의 급진적 독립운동가로 1943년부터 45년까지 자유인도 임시정부의 주석 겸 인도 국민군 최고사령관을 역임했다. 1943년 11월 도쿄에서 열린 '대동아회의'에 옵서버로 참석하기도 했다(http://ja.wikipedia.org).

인도 국회에서 한 연설에서 1948년 극동군사재판에서 유일하게 A급 전범 25명 전원의 무죄를 주장했던 인도 국적의 팔 판사에 대해 "이 재판에서 기개 높은 용기를 보인 팔 판사는 많은 일본인들로부터 지금도 변함 없는 존경을 받고 있다"고 말했다.

한국의 외교통상부는 8월 24일 태평양전쟁의 전범에 대해 무죄를 주장한 인도인 판사를 칭송하는 발언을 한 데 대해, 다음과 같은 논평을 발표했다.[25]

첫째, 한국 정부는 아베 수상이 최근 과거 일본의 침략전쟁에 대한 법적 책임을 인정한 극동국제군사재판의 결과를 부인하는 것으로 해석될 소지가 있는 발언을 한 데 대해 깊은 우려와 유감을 표한다.

둘째, 아베 수상의 이러한 언행은 극동국제군사재판에 대한 일본 정부의 공식입장과 배치되는 것으로 이해될 수 있으며, 일본 정부가 표명해 온 과거사에 대한 반성과 사죄의 진정성을 의심케 하는 행위로서 국제사회가 결코 용납하지 않을 것이다.

셋째, 한국 정부는 일본 정부가 과거의 잘못된 행위를 부정코자 하려는 시도를 즉각 중단하고 올바른 역사인식을 바탕으로 세계 평화와 안정을 위해 진지한 노력을 다할 것을 촉구한다.

_10_
일본의 2007년 참의원 선거

2007년 7월 29일 실시된 일본의 제21회 참의원 선거는 야당 민주당의 압승, 여당 자민당의 참패라는 결과를 가져왔다. 선거 결과 자민당

---

25) 외교통상부 보도자료 2007년 8월 24일, http://mofat.korea.kr/mofat/jsp.

| 자민당 참의원 선거에서 참패 |

은 공동여당인 공명당과 합쳐도 과반수에 못 미치는 의석수를 갖게 되면서 1955년 정당 결성 이후 계속하여 지켜오던 참의원 제1당 자리를 민주당에게 빼앗겼다. 아베 수상은 선거 결과에 상관없이 내각을 계속 유지하겠다고 했지만 선거 결과를 두고 당 안팎으로부터 책임론에 대해 공격을 받게 되었다. 반면 민주당은 이번 선거가 내각에 대한 불신임이라고 보고 내친김에 중의원 해산을 주장하며 정권교체를 향한 태세를 강화해 갔다.

이 선거에서는 아베 내각의 실정을 비판하면서 연금 문제를 쟁점으로 내건 민주당의 전략이 주효했다. 이와 함께 참의원 과반수에 못 미치면 정계를 은퇴하겠다고 나선 오자와 당수의 정면돌파 전략도 승리의 중요한 요인이 되었다. 지난 2005년 우정(郵政)민영화 사태 이후 중의원을 해산하고 총선거 결과에 정권 운명을 걸면서 정면돌파를 시도하여 대승리를 거두었던 고이즈미의 전략을 이번에 민주당이 답습한 듯하다.

반면 아베 수상이 이끄는 자민당은 선거전에서 "책임 정당으로서 가능한 것만 이야기하겠다"는 소극적인 전략을 취했다. 선거기간 내내 민주당에 대한 지지율이 높은 가운데도 "참의원 선거는 기본적으로 정권을 선택하는 선거가 아니다"라고 하며 선거에 임하는 자세에서 민주당에 비해 나약하고 소극적인 모습을 보였다. 선거 전 각료들의 연이은 실언과 연금기록 누락 등으로 내각에 대한 일본 국민의 불신이 고조된 가운데 아베 수상은 반전의 기회를 잡지 못한 것이다.

참의원 선거 결과에 따라 아베 내각의 의회 기반이 취약해진 것은 사실이지만, 그렇다고 해서 곧바로 정권교체 가능성까지 내다보기는 쉽지 않았다. 법안 심의에 있어서 참의원에 비해서 보다 우월한 권한과 책임을 갖는 중의원에서 여전히 여당이 3분의 2 이상의 의석을 확보하고 있었기 때문이다. 또한 기본적으로 참의원 선거에서는 내각에 대한 비판 여론이 투표 결과로 쉽게 나타나지만, 정작 중의원 선거에 가서는 정국 안정을 원하는 여론이 강하게 작용하는 일본 특유의 정치 문화가 있기 때문이기도 하다. 게다가 야당 민주당이 자민당에 대한 반대에서는 성향을 분명히 하고 있지만 정권을 인수하기에는 이념과 정책 대안이 불투명하다고 하는 평가가 지배적이었다.

이렇게 볼 때, 참의원 선거 결과가 한일관계의 변화에 어떠한 영향을 줄 것인지 논하기는 쉽지 않았다. 다만 한일 양국이 공통적으로 정국이 유동적인데다 정치지도자의 국내정치적 지지기반이 취약한 상황을 맞고 있어, 돌발적인 외부적 변수가 작용하지 않는 한 양국관계를 변화시키는 외교정책이나 정치적 퍼포먼스가 어느 쪽에서도 나오기 어려울 것이라는 전망이 가능한 정도였다.

2007년 참의원 선거 과정에서 보면 지난 고이즈미 정권에서와는 달리 북핵 문제나 '납치' 문제는 거의 유권자들의 관심을 끌지 못했다. 예를 들어 모리 요시로(森喜朗) 전 수상 등 보수 성향의 정치가들이 선거

| 아베 제2기 내각 출범 |

유세 가운데 자민당이 패배하면 북한을 도와주는 꼴이 된다든지, 북한
은 자민당의 패배를 기대하고 있다는 주장하면서 자민당 지지를 호소
한 일이 있다. 그러나 민주당이 굳이 대북정책에서 자민당과의 차별성
을 크게 부각시키지 않은 가운데, 북한을 팔아 보수세력에 대한 지지
를 얻어내려고 하는 전술은 거의 효과를 얻지 못했다. 또한 미 하원이
준비하고 있던 '위안부 결의안' 표결 문제도 이번 선거과정에서 쟁점
이 되지 못했다. 일본의 선거에 영향을 끼치지 않기 위해서 미 하원이
표결을 늦추기도 했지만, 일본 유권자들의 관심이 국민연금이나 소비
세와 같은 민생 문제에 쏠려 외교 문제나 역사인식 문제는 거들떠보지
않았기 때문이다.

　자민당이 참의원 선거에서 참패한 지 한 달이 지난 8월 27일 아베
내각이 대폭적으로 개편되었다. 이때 가장 눈에 띄는 특징은 마치무라
(町村信孝) 외무상, 고무라(高村正彦) 방위상과 같은 각 파벌의 회장을 새
로 대거 영입한 점이다. 유임된 이부키(伊吹文明) 문부상을 포함하면 각
료 가운데 파벌 총수가 3명에 이른다. 여기에 자민당 세 요직 가운데
간사장(麻生太郎)과 총무회장(二階俊博)이 파벌 회장인 점을 감안하면 이
개각은 자민당을 결속하고자 하는 전형적인 파벌안배 인사의 결과였다

제21회 참의원 선거 당선자 수(총 121명)

자민당	민주당	공명당	공산당	사민당	국민신당	무소속 등
37	60	9	3	2	2	8

일본의 정당별 의석수(2008년 1월 20일 현재)

		정당별 의석수						결원	정원
		자민당	민주당	공명당	공산당	사민당	무소속 등		
참의원 의석수	2007년 선거 전	109	83	23	9	6	10	2	242
	현재	84	120	21	7	5	5	0	242
	변화	−25	+37	−2	−2	−1	−5	−2	0
중의원 의석수		305	113	31	9	7	15	0	480

고 할 수 있다. 참의원에서 야당 민주당에게 주도권을 빼앗긴 상황에서 여당 내부의 요동을 다스리고 원활한 국회 운영과 총선 준비에 임하려는 정치적 목적이 분명한 개각이었다.

개혁이나 참신한 인사를 기대하고 있는 일본 국민들은 이러한 특징을 대체로 부정적으로 평가했다. 참의원 선거 결과이 따른 깊은 반성이 내각 인선 결과에 나타나지 않았다는 평가였다. 비교적 참신성이 있다고 평가되는 인사로는 지방분권개혁 추진에 앞장서 온 마스다(增田寬也)를 의원이 아닌 상태에서 총무상으로 기용한 것 정도라고 할 수 있다. 각료들의 평균 연령을 보더라고 60.4살로 과거 내각과 별반 다르지 않았다. 장년층과 노년층의 균형을 이루는 선에서 각료들을 기용했기 때문이다. 결과적으로 이 개각은 참신한 인물 기용이 적은데다가 당이나 내각에서 아베 수상의 정치적 입지가 줄어드는 계기가 되었다.

한일관계와 관련하여 일본 외교정책의 변화라고 하는 관점에서 보면, 외교기조에 있어서는 종래와 변함 없이 일관성을 보인 개각으로 평가

되었다. 신임 외상 마치무라는 보수적 성향을 가지고 있으며 과거에 한일관계를 해치는 발언을 많이 했던 인물이다. 예를 들어 2001년에 문부상 재임 때 그는 문제의 후소샤판 역사교과서를 처음으로 검정에 통과시켜 한일관계 악화의 빌미를 제공했으며, 고이즈미 내각의 외무상 재임 때 한국 정부 특히 노무현 대통령의 강경대응에 대해 불쾌감을 여러 차례 토로하기도 하고 일본 수상의 야스쿠니 참배를 정당화하기도 했다. 또한 일본 국회에서 과거 일본의 범죄는 나치스 독일의 범죄와 달리 훨씬 가벼웠다는 취지를 발언을 하여 물의를 일으키기도 했다. 그와 비슷한 성향을 가진 아소가 외상으로 재임하면서는 과거와 달리 한일관계와 관련된 언행에서 '신중함'을 보였던 것과 같이 마치무라도 직책상 그럴 것으로 예상되었지만 자칫 한국의 대중과 언론을 자극하는 발언을 내놓을 가능성도 배제할 수는 없었다.

지난날 김대중 정부 시절에 경험했던 밀월관계 만큼은 아니라도 한일 양국 정상이 편안한 분위기에서 회담할 수 있는 정도로 관계를 회복하는 것도 당분간은 기대하기 어려웠다. 마치무라도 그런 의미의 한일관계 회복은 참여정부 이후로 예상하고 있는 듯했다. 그런데 이렇게 한일관계가 엉거주춤하고 있는 사이에 한국의 머리 위에서 일본과 중국과의 관계 개선은 놀라울 정도로 진척되고 있었다. 2003년에 일본의 방위상이 중국을 방문한 이래 일본 수상의 야스쿠니 참배 등으로 끊겼던 양국 간 국방 총수의 교류가 2007년 8월 30일에 재개되었다. 중국의 국방상이 9년 만에 일본을 방문하여 교류가 이루어지게 된 것이다. 이미 2006년 수상 취임 직후 아베가 중국을 방문했을 때에 이어 2007년 6월 독일에서 열린 G8 정상회담 때에도 일본과 중국의 정상이 양국 간 '전략적 호혜관계' 구축을 추진해 가자는 데 합의한 바 있으며, 2008년 7월 홋카이도(北海道)에서 열리게 될 주요 국가정상회담을 계기로 중국 주석의 일본 방문이 확실시되었다. 이렇게 되면 지난 1998년에 장쩌민(江澤民) 주석이 일본을 방문한 지 10년 만에 일본에서 양국 정상회담이 재개되는 것이다.

_11_
일본의 2007년 8·15

2006년 8월 15일에는 고이즈미 수상이 이날 아침에 전격적으로 야스쿠니를 참배하여 떠들썩한 분위기로 하루를 보냈던 것에 비하여, 2007년 일본의 종전(終戰)기념일 분위기는 전반적으로 차분했다. 아베 수상은 야스쿠니 참배를 하지 않겠다는 뜻을 미리 언론에 흘렸으며 자신이 이 문제에 대해서는 직접 언급을 하지 않았다. 수상 취임 이후 취해 온 "참배할지 말지에 대해서 말하지 않겠다"는 자세를 견지한 것이다. 아베 내각의 각료 가운데는 이날 오후가 되어 유일하게 다카이치 사나에(高市早苗) 내각부 특명대신이 야스쿠니에 참바 했다. 이로써 야스쿠니 참배가 외교 문제로 대두하기 시작한 1985년 나카소네(中曾根康弘) 내각 이후, 2007년 8월 15일에 가장 적은 수의 현직 각료가 참배한 것이 된다.

정부 주최로 이날 부도칸(武道館)에서 열린 '전국전몰자추도회'에서 아베 수상은 지난해 고이즈미 수상이 읽은 식사(式辭)의 내용을 그대로 반복하면서, 아시아국가들에 대한 가해책임에 대해 '깊이 반성'한다고 했으며 희생자들에 대해서 '애도의 뜻'을 나타내고 "전쟁하지 않겠다는 약속을 견지하겠다"고 했다. '아름다운 일본', '전후체제로부터의 탈

피'와 같은 강렬한 슬로건으로 내걸고 출범했던 아베 정권이 얼마 전의 참의원 선거 참패로 정권기반이 흔들리게 되면서 이날 정치적 행보에 신중을 기한 것으로 보인다.

다만 이처럼 조용한 듯 보이는 일본 정치무대의 뒤에는 여전히 역사인식 문제에 있어서 부적절한 움직임이 있었던 것도 사실이다. 이날 고이즈미 전 수상을 비롯하여, 이시하라(石原愼太郎) 현 도쿄도 지사, '모두가 야스쿠니신사에 참배하는 의원 모임' 소속 초당파 의원 46명 등 많은 정치지도자들이 야스쿠니에 참배했다. 또한 야스쿠니신사 안에서 집회를 가진 우익단체 '영령에 대답하는 모임'의 호리에 마사오(堀江正夫) 회장은 아베 수상의 애매한 태도를 비판하고 떳떳하게 야스쿠니에 참배할 것을 주장하기도 했다.

아베 수상이 8월 하순에 인도를 방문할 때 라다비노드 팔 판사의 후손을 만날 것이라는 보도도 역사인식 문제와 관련하여 논란을 불러일으켰다. 팔 판사는 도쿄전범재판에서 11명의 판사들 가운데 유일하게 A급 전범의 무죄를 주장했던 인물이다. 그는 1952년에 히로시마(廣島) 평화기념공원을 방문한 자리에서, 위령비 비문에 새겨진 "편안히 잠드십시오. 잘못은 되풀이하지 않을 테니"라는 문구에서, '잘못'의 주체를 원폭을 투하한 미국인으로 특정지어 해석한 것으로도 유명하다. 일본

| 아베 수상. 전몰자 추도식 거행 |

의 우익인사 대부분이 그를 칭송하고 있는 가운데 야스쿠니신사 안의
유취관(遊就館) 앞에 그를 기리는 헌창비가 세워져 있기도 하다.

아베 수상은 8월 14일 기자회견에서 "팔 판사는 일본과 연고가 깊은
분으로 (자녀를 만나) 부친의 이야기 등을 들을 수 있기를 기대하고 있
다"라고 했다.[26] "A급 전범에 대한 무죄를 주장한 사람으로 그 가족과
일본 수상과의 면담이 아시아국가들을 자극하지 않을까" 하는 기자의
질문에 대해 아베는 그렇지 않을 것이라고 단언했다. 그러나 분주한
외교 일정 가운데 굳이 팔 판사 가족을 면담하고자 하는 수상의 행태
는, '전후체제로부터의 탈피'를 지향하고자 하는 아베의 정치적 신념이
반영된 것이 아닌가 하는 의구심을 품게 하기에 충분했다.

---

26) 「연합뉴스」 2007년 8월 14일.

Ⅳ. 재일동포의 역사와 현실

_1_
'재일본조선인연맹'의 결성과정

필자는 2006년 하계방학 기간에 일본을 방문하여 일본 패전 직후 재일동포의 움직임에 관한 자료를 조사했다. 마침 규슈대학교 조선사연구실에 소장된 모리타(森田芳夫) 자료를 조사하는 가운데 흥미로운 자료를 발견하여 이를 소개하고자 한다. 이 자료는 '재일본조선인연맹 중앙준비위원회'가 발행한 『회보』창간호로, 발행일은 1945년 9월 25일로 되어 있다. '조련' 준비위원회 자료가 드물어 이제까지는 관련 연구계에서 기껏해야 선언 초안과 강령이 소개되는 것에 그쳤으나,[1] 이번 자료는 조련의 창립대회 이전에 준비위원회가 최초로 내놓은 뉴스레터로서 1차적 연구자료로서 가치가 매우 높다고 할 수 있다.

특히 이 자료는 일본 패전 직후 재일동포 사회에서 전국적인 민족단체가 어떻게 형성되었는지 연구자마다 분분하게 서술하고 있는 터에

| 조련 전국결성대회 후
  거리시위를 하는 재일동포 |

이를 명확하게 밝히고 있어 주목된다. 오늘날 재일동포 민족 단체로는 1946년 10월에 결성된 '재일본대한민국민단'(민단)과 1955년 5월에 결성된 '재일본조선인총연합회'(총련)이 양대 조직을 이루고 있다. 민단과 총련은 모두 '재일본조선인연맹'(조련)을 그 전신으로 하고 있으며, 특히 준비위원회는 어느 특정 이념에 치우치지 않는 통일체로서의 성격이 강했다. 이 자료에서도 패전 직후 재

---

1) 최영호,『재일한국인과 조국광복: 해방 직후의 본국귀환과 민족단체활동』, 1995, 157-158쪽.

| 조련 초기 임원 |

일동포 조직가들의 이념적 특성과 한계가 잘 드러나고 있다.

모리타는 이 자료에 "외무부 보관"이라는 메모를 붙였다. 추측하건
대 모리타가 1970년대 중반 이후에 일본 국제교류기금 파견교사로 성
신여자사범대학에 근무하던 시기에 한국의 외무부에서 발견한 것이 아
닌가 생각된다. 만약 그렇다면 이 자료를 외무부가 보관하게 된 경위
와 문서유출 경위, 그리고 현재 원문을 보관하고 있는지의 여부가 궁
금해지지 않을 수 없다. 자료의 복사 상태가 열악하여 내용을 읽어 내
는 데 어려움이 있으나 필자가 판독한 내용 가운데 긴족 단체 결성과
관련된 부분을 원문 그대로 소개하면 다음과 같다. 이 자료는 패전 직
후 재일동포들의 언어 사정에 따라 거의 모든 어휘를 한자로 표기하고
있으며 띄어쓰기를 하고 있지 않다. 필자는 오늘날 독자들의 이해를
돕기 위해 가능한 한글로 고치고 띄어쓰기를 하도록 한다.

會報(창간호)

1945년 9월 25일 발행
東京都 淀橋區 角筈 2-94
재일본조선인연맹 중앙준비위원회

(논설)   **친애하는 조선동포여!!**

전쟁은 종결되고 우리 조선은 자유와 독립의 서광이 빛나게 되었다. 동포여! 우리는 신조선 건설이라는 중대하고도 곤란한 임무를 깊이 자각하고 그 달성을 위하야 헌신적 노력을 다하여야 될 것이며, 일본에 재류한 우리도 이 임무에서 제외되지 아니한 것은 물론이다.

그러나 현재 일본에 재류한 우리로서는 그 특수한 생활 사정 때무네 여러 가지 중대한 문제가 생기게 된다. 즉 전쟁 중에 무릅쓴 거대한 손해, 거긔에 말미암은 전후 실업 문제, 귀국하기 위하야 東京역 下關 등에 결집한 동포의 문제, 장래 거류할 동포의 생활 문제, 또 정치정세의 변동으로 양 민족간 감정상의 대립 반발, 또는 마찰의 문제 등 이러한 여러 가지 문제에 대하야서 연합국 정부 당국에서는 물론이오, 일본 정부에서도 적절한 대책을 강구하리라는 것은 추측할 수 잇으나, 종전 후 여러 가지 긴급 문제 해결에 쪼달려, 우리 200여만 재류동포의 문제에 대하야는 충분한 대책이 급속히 실시되지 못한 감이 있다.

이제는 우리도 우리 자신의 손으로 이 모든 문제의 해결에 노력하여 귀국할 동포는 원만히 속히 귀국하게 하고 잔류를 희망하는 동포의게는 생활을 안정식혀, 서로 서로 협력하야 우리 조국 건설에 헌신적 노력을 하여야 될 것이다. 그러나 우리는 동포 제군의 열성과 협력으로서 비로소 여러 가지 문제 해결을 효과적으로 할 수 있다는 것을 믿는 바이다. 또 일시적 흥분과 격정으로 냉정한 이성과 판단을 失하고 경거망동하야 鮮日간 민족간의 마찰을 일으켜 화근을 千秋에 남기는 행동과 독립 국민으로서의 체면을 損하는 거동은 우리가 가장 경계하는 바이다. 제군이여! 비굴성을 포기하자! 소극적 태도를 청산하자! 새로운 건설을 위하야 奮起堪力 하자!

선언(초안)

인류 역사상 유례없는 제2차 세계대전도 "폿담" 선언에 의하야 종결되고 우리 조선도 마침내 자유와 독립의 영광이 약속되었다. 우리는 총력을 다하야 신조선 건설에 노력할 것이며 관계 각 당국과의 긴밀한 연락 하에 우리의 당면한 일본 국민과의 厚誼 보전, 재류동포의 생활안정 귀국동포의 편의를 기도하려 한다.

강령

一. 우리는 신조선 건설에 헌신적 노력을 기함.
一. 우리는 세계평화의 항구적 유지를 기함
一. 우리는 일본 국민과의 互讓友誼를 기함
一. 우리는 재류동포의 생활안정을 기함
一. 우리는 귀국동포의 편의와 질서를 기함
一. 우리는 목적달성을 위하야 대동단결을 기함

결성보고

종전 직후 당면한 문제인 귀국 문제, 생활 문제, 일본인과의 마찰 방지 등에 대한 대책을 강구하기 위하야 東京에 재주하는 우리 동포 유지로서 4단체가 생기였다. 최초 재류조선인대책위원회와 재일본조선인귀국지도위원회가 합하야 재일본조선인회라 칭하고 다시 재일본조선거류민연맹, 재일본조선인대책위원회와 합류하야 재일본조선인연맹을 결성하였다. 그 후 각지에서 단체가 발생하야 9월 9일 재일본조선인연맹을 주류로 건국촉진동맹, 재일본조선인거류민단, 關東지방조선인협의회, 京都, 大阪, 埼玉, 群馬, 도치기, 千葉 등 각 지방유지 대표가 代代木역전 吉本빌딩에 회합한 결과, 대중에 입각한 연맹 결성을 위하야 중앙준비위원회를 조직하고 본부를 淀橋區 角筈 2町目 94番地 장학회관에 두게 되었다.

_2_
'재일본대한민국민단' 창설 60주년

1946년 10월 3일 '재일본조선인거류민단'이 도쿄 히비야(日比谷)공회당에서 결성대회를 열었다. 급진적 사회주의에 경도되어가는 '조련'으로부터 추방되거나 탈퇴한 재일동포 인사들이 재일동포 권익보호를 목적으로 민단을 창설했다. 초대 단장에는 박열, 부단장에 이강훈, 사무총장에는 원심창이 선출되었다. 이들 모두 식민지 시기 무정부주의 활동을 했던 사람들이다. 『민단 50년사』 자료집에서는 민단결성대회의 풍경을 다음과 같이 묘사하고 있다.[2]

> 이날은 가을비가 내리고 있었는데, 전국에서 모인 대의원 218명과 20여 개 단체 대표를 포함하여 약 2천 명의 재일동포들이 운집하여 열기를 띠고 있었다. 이날 창단대회에 일본 전국에서 참가한 단체를 보면, 신조선건설동맹, 재일본조선건국촉진청년동맹, 건국촉진회, 조선클럽, 조선교역사, 조선거류민단, 대한협회, 조선무역회, 과학연구협회, 부용회, 국제신문사, 산업건설단, 신조선건설회, 자유신문사, 후생회, 조선문화협회, 조선협회, 대한산업계발, 박열후원회, 상공연맹 등이었다. 김용태가 사회를 맡았으며 고순흠이 의장을, 홍현기가 부의장을 맡았다. 인사와 내빈 축사에 이어 국내정세 보고가 있은 다음, 박근세로부터 거류민단 결성의 취지 및 경과보고가 있었다. 그리고 임원 선출, 선언서 및 결의문 채택에 들어갔다.

그러나 결성대회가 열린 1946년에는 민단의 세력이 미미하여 일본 전국에서 6개 지방본부만이 조직되어 있었다. 1970년에야 오키나와현 본부가 조직됨으로써 일본의 모든 지방 행정단위에 지방조직을 갖게

---

2) 재일본대한민국민단, 『民團五十年史』, 1997, 45-47쪽.

| 민단결성대회 의사록 |

되었다. 창설 당시에는 '조련'의 눈치를 보아가며 일부 구성원들이 결성대회를 개최할 만큼 조직력이 미미했다. 총련이 결성되는 1955년에도 '한국적' 동포는 14만 명 정도밖에 되지 않아 재일동포 전체의 25%에도 미치지 못했다.

그런데 한일 국교 수립을 계기로 민단의 조직력은 비약적으로 강화되기 시작했다. 1969년에는 '한국적' 동포가 '조선적' 동포의 수를 능가하게 되었으며 오늘날에는 재일동포의 80% 이상을 '한국적' 동포들이 차지하고 있다. 오늘날 민단의 구성원이 50만 명에 달하는 데 비하여 총련의 구성원은 5만 명에 불과하며 제3의 단체 '재일한국민주통일연합'(한통련)의 구성원은 500명 정도로 알려져 있다. '한국적' 동포들이 모두 민단에 소속감을 가지고 있다고 보기는 어렵지만, 그럼에도 불구하고 오늘날 민단이 재일동포의 대표적인 민족 단체가 되고 있다는 점을 부정할 수 없다.

다만 창단 60주년을 맞는 시점에서 민단은 사상 초유의 조직적 내홍을 가까스로 수습하고 새로운 임원진을 구성하는 돌상사를 겪었다. 중앙본부는 과거 10주년마다 조직사 자료집을 출간해 온 사업도 이러한 조직적 분규 등의 이유로 시행하지 못하고 2006년과 2007년을 넘겼다. 반면에 민단의 지방조직인 가나가와(神奈川)현 지방본부가 창립 60년을

| 가나가와 민단 지방본부 결성대회 |

기념하는 자료집을 발간하는 기형적인 모습을 보였다.[3]

　2006년 5월 17일 총련과 전격적인 화해 선언을 계기로 하병옥(河丙鈺) 단장 체제에 대한 지방조직의 불신임이 확산되기 시작했으며, 결국 그 해 8월 22일에 단장기 사퇴를 표명하기에 이르렀고, 9월 21일에 임시대회를 통해 정진(鄭進) 씨가 새로운 단장에 선출되었다. 2008년 1월 현재 단장을 맡고 있는 정진 씨는 일본대학 경제학부를 졸업하고 오랫동안 민단과 민단계 금융기관에서 활동한 경력을 가지고 있으며 주식회사 'JIN Corporation'의 회장 직책을 맡고 있기도 하다. 그는 단장으로 선출된 직후 기자회견을 통해 가장 중요한 과제로 민단의 조직정비를 들었다. 또한 창단 60주년 기념 담화에서도 현재의 조직적 위기상태를 신속하게 종료시키고 희망을 걸 수 있는 민단으로 이끌기 위해서는 무엇보다 상처를 치유하고 감정적인 벽을 허물어 구성원들의 마음을 하나로 만드는 것이라고 강조했다.[4]

　당면한 과제인 조직정비와 함께, 민단은 일본에서의 지방참정권 획득과 본국의 재외국민 참정권 획득, 한국 정부로부터의 재정적 독립,

---

3) 在日本大韓民國民団神奈川縣地方本部, 『民団神奈川60年史』, 2006年
4) 「民團新聞」 2006年 10月 4日.

민족 학교의 경영적 자립과 민족학급 교육의 확대 실시, 총련과의 협력관계 유지 등 숱한 과제들을 안고 있다. 이러한 과제들을 원활하게 해결해 나가기 위해서는 기본적으로 재일동포들의 아이덴티티 변화에 조직을 유연하게 적응시켜 가야 한다. 재일동포 전반에 걸쳐 조국지향적인 정체성보다는 상대적으로 일본 사회의 마이너리티로서의 정체성이 강화되고 있다. 여기에 국교수립 이후 한국에서 일본에 들어가 새롭게 정착해 가고 있는 새로운 재일동포들이 늘어가고 있다. 민족 단체로부터 이탈해 가는 동포들의 움직임을 차단시키기 위해서는 무엇보다도 구성원들의 눈높이에 맞는 조직적 성격을 갖추어야 한다.

_3_
1948년 재일동포 민족교육투쟁

2007년 10월 12일과 13일 부산의 민주공원 소극장에서 재일동포극단 '달오름'이 「4·24의 바람」이라는 마당극을 펼쳤다(극작 김창생, 연출 김민수). 이 공연은 1948년 4월 일본 점령군의 민족 학교 폐쇄령에 맞서 꿋꿋이 싸워 이긴 한신(阪神)교육투쟁을 소재로 한 것이다. 극단 '달오름'은 일본 오사카(大阪)를 주된 근거지로 하여 활동하고 있는 재일동포 3세들로 구성된 전문 연극 집단이다. 이들은 2005년에 '제주 4·3 사건'을 다룬 「고도의 여명」이라는 작품으로 창단 공연을 했으며, 주로 재일동포들의 이야기를 한국의 전통적 공연양식인 마당극에 담아내려 노력하고 있다.[5] 이 시기 필자는 부산대학교 한국민족문화연구소 공동

---

5) 부산민예총 홈페이지. http://www.openart.or.kr.

| 1945년 건청(建靑) 단체 주관 민족 학교 |

연구원으로서 재일동포 민족교육운동과 대외적 연대를 연구·조사하던 중 유창하지 않은 우리말이지만 열정적으로 연기하는 재일동포 젊은이들의 공연을 흥미롭게 관람하게 되었다. 다음은 필자의 논문 내용 가운데 일부를 발췌하여 1948년 교육투쟁을 개략적으로 소개하고자 한다.[6]

1947년 10월에는 점령당국이 조선인 학교는 일본의 교육법령을 따르라고 하는 지령을 내렸으며 이에 맞추어 일본 정부는 각료회의를 거쳐 1948년 1월에 문부성 학교교육국장의 통달을 통하여 재일동포의 민족교육 권리를 부정하고 동포 어린이들을 일본인 학교에 취학하도록 강요하기에 이르렀다. 나아가 점령당국은 일본 학교의 일부 시설을 사용하던 민족 학교에 대해 이를 철수하도록 하는 '조선인 학교 폐쇄령'을 내렸으며 그곳에서 교육받고 있던 동포 아동들을 각각 분산시켜서 일본 학교에 입학시키도록 강요하는 내용의 지시를 내렸다. 1948년 4월이 되자 재일동포들이 가장 많이 거주하고 있던 오사카에서 점령당

6) 최영호, 「재일한인 민족교육운동에 나타난 대외연대·네트워크」, 『한일민족문제학회』 제13호, 2007년 12월, 155-161쪽.

국이 직접 재일동포의 학교시설과 교과서를 관리하겠다고 하는 강경한 지시를 내렸다.

당시 재일동포 사회를 주도하고 있던 '조련'은 이러한 행정지시에 대해 불복하고 오히려 자체적으로 민족교육의 내용을 강화해 가는 한편, 일본 국내외 기관단체들에게 호소하여 민족교육 인가를 받아내기 위한 적극적인 조직활동을 전개했다. 그런데 점령당국이 이러한 재일동포들의 의사를 묵살하고 민족 학교 폐쇄를 강행하기에 이르자, 재일동포들은 마지막 수단으로 농성과 데

| 극단 '달오름'의 마당극 포스터 |

모와 같은 방법을 통한 실력저지에 나섰으며, 여기에 점령당국은 점령 개시 후 처음으로 비상사태를 선포하고 경찰력을 동원하여 이들을 탄압하고 강제 해산시켰다. 이 과정에서 오사카와 고베(神戶)에서 재일동포 3천여 명이 검거되었으며 수많은 사람들이 중경상을 입었고 당시 16살이던 김태일(金太一) 소년이 4월 26일 경찰관의 총탄에 맞아 숨지는 사건까지 발생했다.

일본 정부는 재일동포의 완강한 투쟁에 직면하여 마침내 제한적이긴 했지만 기본적으로 민족교육을 인정하고 민족 학교의 설립을 허가하기에 이르렀다. 1948년 5월 6일에 일본 문부대신 모리토 다쓰오(森戶辰男)는 그 전날 '조선인교육대책위원회' 위원장 최용근(崔瑢根)과 합의한 각서에 따라 "조선인 학교에 관한 문제에 대하여"라는 문서를 발표하여

재일한인 스스로 최소한의 요건을 갖추어 사립학교를 설립할 수 있으며 일반 학교에서도 과외수업으로 민족 교육을 받을 수 있도록 하는 내용의 방침을 지방단체에 하달했다. 그러나 1948년 4월에 566개 교에 48,930명의 어린이를 교육하고 있던 초급 민족 학교가 교육투쟁을 겪고 난 후 1949년 7월에는 331개 교, 34,415명으로 줄어들었다.[7)]

1948년 재일동포 민족교육투쟁에 대해 일본의 치안당국과 점령당국은 이를 공산당의 선동에 의한 것으로 보았다. 치안당국 자료에 따르면 일본 공산당 관서(關西)위원회의 지도를 받아 완전히 일본인·한인 공산당 당원들이 일체가 되어 투쟁했다고 되어 있다. 일본 공산당의 구체적인 관여 사실로는, 오사카 교육투쟁과정에서 '조련'의 청년단체 '민청'(民靑)과 일본 공산당 당원 등 약 50명이 스크럼을 짜고 오사카부청 청사 안으로 진입해 들어갔다고 하고 있으며, 고베 교육투쟁 과정에서는 일본 공산당 당원 162명을 포함한 일본인과 한인 7천여 명이 효고현청 지사실에 난입하여 점령군에 의해 무차별 검거됐다고 전하고 있다.[8)]

점령당국과 일본의 치안당국이 이처럼 조련과 공산당의 공동투쟁을 강조한 것은 반공정책에 따른 대외홍보 성격이 강하다. 민족교육투쟁을 구실로 하여 재일동포와 '조련', 그리고 일본 공산당에 대한 이미지를 악화시켜 일본의 일반 대중들에게 이들에 대한 관리를 정당화하려는 것이었다. 그러나 당시 일본의 좌파운동가뿐 아니라 진보적 지식인들 중에도 재일동포의 자주적인 교육을 옹호하는 사람들이 많았다.

---

7) 小澤有作, 『在日朝鮮人敎育論: 歷史編』, 1973, 244-252쪽.

8) 坪井豊吉, 『在日同胞の動き(復刻板)』, 1975, 143-145쪽.

_4_
에다가와 조선학교의 역사와 현실

도쿄에 있는 에다가와(枝川) 조선학교는 1946년 1월에 개교했다. 식민지 시기에 조선인 동화교육을 위해 사용되었던 '隣保館' 건물을 조련 산하 민족기관이 무상으로 빌려서 사용하면서부터 학교의 역사가 시작되었다.[9] 토지는 도쿄도(東京都) 소유이었으며 1955년 4월에 '도쿄조선 제2초급학교'가 된 후부터 도쿄도와 계약하여 학교 부지의 임대사용료를 지불하게 되었다. 그러나 해마다 오르는 땅값과 함께 학교 측은 사용료를 제대로 감당할 수가 없었다.

1971년 학교 측은 당시 미노베(美濃部亮吉) 도지사에 대해 학교의 역사적 경위와 국고보조가 없는 것 등을 이유로 들어 학교 부지 사용료를 무상으로 해 달라는 요청서를 제출했다. 이를 받아들여 1972년에 도쿄도는 종래 매립지를 임대하여 수익사업을 해 온 항만국 수입사업으로부터 조선 학교 부지를 분리하기로 결정하고, 학교 측이 임대사용료를 지불할 수 없게 된 1970년 4월분에까지 소급하여 20년간 무상으로 학교 부지를 사용하도록 하는 계약을 체결했다. 아울러 계약만료시 계속 사용할 필요가 있을 경우에는 도쿄도와 학교 측이 협의하기로 하였다. 이에 따라 1990년 이후 양측은 토지구입을 포함하여 수 차례에 걸쳐 협의를 해 왔다.

그런데 1990년대 중반부터 에다가와 지역에 대한 주택지 정비와 불하 교섭이 진행되는 과정에서, 학교 측의 '불법사용'을 문제시하는 움직임이 가시화되었다. 2003년 8월에 일부 도쿄도민이 '주민감사청구'

---

9) 高柳俊男, 「東京·枝川町の朝鮮人簡易住宅建設をめぐる一考察」, 『東京のコリアン· タウン: 枝川物語』, 2006, 311-315쪽.

| 에다가와 조선초급학교 |

를 도청에 제출하자, 이에 맞추어 그 해 12월 도쿄도는 학교법인을 상대로 하여 토지의 명도(明渡)를 청구하는 소송을 제기했다. 이때 도쿄도는 토지의 명도와 함께, 4억 엔 가량의 미지급금과 소송제기 이후 매월 121만 엔 가량의 사용료를 지불할 것을 청구했다. 지방자치단체가 초등학교와 같은 교육기관에 대해 토지의 명도를 청구하는 소송을 내는 일은 흔한 일이 아니다. 교육기관에 재학하며 수업을 받고 있는 학생들의 인격과 권리를 감안하지 않은 조치이기 때문이다. 도쿄도가 소송을 제기한 배경에는 개발업자의 이해관계와 함께 이시하라(石原愼太郎) 도지사를 비롯한 행정당국의 민족차별적 사고와 북일관계의 악화에 따른 총련에 대한 비판적 사회분위기가 있었다.

도쿄도의 제소에 대하 학교 측은 니이미(新美隆) 변호사를 단장으로 하는 변호단을 편성하고 법정투쟁을 개시했다. 한편 2005년 3월에는 재판에 관련된 변호사와 일본의 지식인 운동가들이 발기인이 되어 에다가와 조선학교 지원을 위한 기금 운동을 시작하기도 했다. 2007년 3

| 에다가와 조선학교 지원모금 카페 |

월 8일, 3년 3개월에 걸친 재판이 실질적인 학교 측 승소로 끝났다. 이 날 재판부의 화해 권고를 받아들여 학교 측이 시가의 1할에 해당되는 1억 7천만 엔으로 4천여 평 규모의 학교부지를 도쿄도로부터 매입하기로 하는 데 합의하기에 이르렀다. 학교를 지켜내겠다는 재일동포들의 굳은 의지와 일본 내 유력 인권변호사들의 적극적인 지원 노력이 이러한 결실을 맺게 한 것이다. 2008년 1월 현재 에다가와 초급학교에는 교사 7명과 60명 남짓의 학생들이 다니고 있다.

에다가와 재판 과정에서 일본의 시민운동과 연대하고자 하는 움직임이 뒤늦게나마 한국에서도 일어났다. 2005년 4월에 지구촌동포청년연대(KIN)를 중심으로 하여 에다가와 조선학교 문제에 관한 첫 번째 회의를 열었으며, 5월에는 "에다가와 조선학교 토지 문제에 관한 국제연대 성명서"를 발표했다. 총 8차례에 걸친 회의를 거치면서 6월에 국회, 교육단체, 시민사회단체로부터 대표단과 발기인이 구성되고 7월 11일에 '에다가와 조선학교 문제 대책회의'가 서울에서 발족식을 가졌다. 여기에는 여야당 국회의원을 포함하여 100여 명의 각계 인사들이 참여했다. 대책회의는 일본에서 에다가와 조선 학교 문제의 실태조사에 나섰으며 한국의 매스컴에서 이 문제를 대대적으로 코도하도록 했다. 2006년 8월에 이어 2007년 4월에도 SBS TV가 이 문제에 관한 시사 프로그램을 방영하여 한국 내 관심을 불러일으키기도 했다.

이어 2007년 5월에 '에다가와 조선학교 지원모금'10)이 결성되어 5월 25일 서울 안국동 '아름다운가게'에서 지원모금을 위한 첫 모임을 갖고, 본격적인 모금활동을 전개하기 시작했다. 2007년 6월과 10월 두 차례에 걸쳐 국내에서 모은 '지원모금' 7억 원이 에다가와 학교 측에 전달되었다.

_5_
규슈 조선학교 방문기

2006년 4월 15일 필자는 후쿠오카(福岡)에 있는 조선초급학교를 방문하여 수업현장을 돌아봤으며, 이튿날 16일에는 기타큐슈(北九州)에 있는 중고급학교를 방문하여 창립 50돌 기념축전을 참관했다. 변화해 가는 재일동포 민족교육 현장과 동포들의 동향을 직접 보고 확인하는 좋은 기회가 되었다. 일본 사회의 일반적인 출산율 저하와 함께 재일동포 3세 이하 어린이의 민족적 정체성이 희박해지고 있는 어려운 조건 가운데, 기존의 민족교육기관들은 통폐합 등을 통해 각각 그 명맥을 유지하고자 안간힘을 쓰고 있다. 여기에다가 근래에 들어 북일관계가 험악해지면서 대부분의 총련계 동포들과 민족 학교들이 갖가지 어려운 시련을 겪고 있다.

2008년 1월 현재 일본에는 초급학교 이상의 민족교육기관으로 민단계 민족 학교가 4개, 총련계 민족 학교가 40여 개 존재하며 대부분 재일동포들이 많이 거주하고 있는 도쿄와 오사카에 집중되어 있다. 대부

10) 「에다가와 조선 학교 지원모금」 홈페이지. www.edagawa.net.

| 후쿠오카 조선초급학교 |

분 초·중·고 과정을 병설하는 형태로 학교를 운영하고 있다. 규슈 지
방에는 현재 3개의 총련계 민족 학교가 운영되고 있으며 재일동포가
비교적 많이 거주하고 있는 후쿠오카시와 기타큐슈시 두 곳에 각각 자
리를 잡고 있다. 지난 3월까지 이이즈카(飯塚)시에서 운영해 오던 치쿠
호(筑豊)조선초급학교가 사실상 문을 닫고 기타큐슈조선초급학교로 통
합됨으로써, 이제 규슈 지역에는 이렇게 총 2곳에 3개의 학교만이 남
게 된 것이다. 2006년에 두 곳을 방문함으로써 규슈의 민족 학교 시설
을 모두 견학하게 되었다.

  첫째 날에 방문한 후쿠오카조선초급학교는 후쿠오카 시내와 현해탄
을 내려다 볼 수 있는 높은 곳에 위치해 있다. 1960년 4월에 설립되었
으며 규슈지역의 초급 민족 학교를 대표하고 있다. 이날 비가 내리는
가운데 동포 어린이들과 선생님들이 본부 현관 앞에 나와 정렬하여 한

결같이 밝은 얼굴로 방문객을 환영해 주었다. 조성래(趙星來) 교장선생님으로부터 학교시설에 관한 안내와 설명을 들었으며 학교 강당에서 학생들과 기념사진을 촬영했다. 이 학교에서 받은 인상은 학급당 학생수가 매우 적다는 것과 학교 건물이 오래되어 수리하고 보수해야 할 곳이 많이 눈에 띈다는 것이었다. 때마침 흐린 날씨는 낡은 학교의 분위기를 더욱 초라해 브이게 했다. 그럼에도 불구하고 교실에서 수업을 받거나 뛰노는 어린이들의 표정과 동작에서는 명랑하고 활기찬 분위기를 느낄 수 있었다. 이 학교 홈페이지에는 교육목적으로 "재일동포로서의 정체성을 함양하고 지력, 도덕, 체력을 골고루 갖춘 21세기 동포사회와 민족발전에 적극 기여할 인재를 양성한다"라고 되어 있다.[11]

둘째 날에 찾아간 규슈조선중고급학교는 기타큐슈조선초급학교와 함께 제철소로 유명한 야하타(八幡)에 위치하고 있다. 총련 결성 이듬해인 1956년 4월에 설립되었으며 2004년 4월에 지금의 새로운 건물을 준공했다. 후쿠오카현과 야마구치(山口)현을 포괄하는 규슈 지방의 대표적인 중등 민족교육기관이 되고 있다. 기념식에 앞서 최유복(崔有福) 이사장을 비롯한 학교 선생님들과 총련 지방본부 관계자들이 교육시설들을 친절하게 안내했다. 후쿠오카 초급학교와는 대조적으로 건물과 설비가 잘 갖추어졌으며 기숙사 시설도 훌륭했다. 마침 전날 4월 15일이 김일성 주석의 94회 생일(태양절)이었기 때문에 이를 축하하는 장식들이 학교 내부에 즐비했다. 각 교실의 분위기로 보아 20명 내외로 학급을 운영하고 있는 것으로 보였으며, 중고급학교의 올해 신입생 충원이 큰 문제없이 이루어진 것을 짐작하게 했다. 다만 일본 지방자치단체로부터의 보조금이 극히 적은데다가 총련의 지원도 충분하지 않은 실정을 감안할 때, 교육 시설과 설비의 유지·관리를 비롯한 운영비용 마련이

---

11) http://academic3.plala.or.jp/fces/index.html.

| 규슈중고등학교 50주년 기념잔치 |

만만치 않겠다는 생각이 들었다. 이 학교 홈페이지 인사말에는 교육목적으로, "우리는 재일조선인으로서 분단조국의 통일과 발전을 위해, 또한 지역주민으로서 풍요한 지역사회를 위해, 함께 생각하고 살아가는 인재를 양성한다"라고 되어 있다.[12]

　이날 오전 10시부터는 실내체육관에서 개교 50주년 기념행사가 성대하게 열렸다. 총련 중앙의 서만술(徐萬述) 의장이 참석한 가운데 1부 기념대회가 열렸고, 2부에는 재학생들이 펼치는 화려한 예술공연이 있었다. 3부 순서로는 야외운동장에서 동문 축제가 열려, 음식과 함께 무대에서 이 학교 출신 연예인 등이 펼치는 공연들을 즐길 수 있었다. 때마침 맑은 날씨가 야외행사를 차질 없이 열리도록 도와주었고, 1,500명에 이르는 참가자들이 축제를 마음껏 즐길 수 있었다. 필자는 야외공연 가운데서 40기 졸업생으로서 가수로 활동하고 있는 리릉향(李綾香)

---

12) http://www.jade.dti.ne.jp/~f-chouko/hazimeni/hazimeniset.html.

과 리명숙(李明淑)이 피아노 반주와 함께 우리말, 일본어, 영어로 부르는 대중가요에서 큰 감동을 받았다. 이들에게서 동포 3세·4세 젊은이들이 국제적 감각과 민족적 정체성을 함께 추구해 가는 당찬 모습을 발견했으며, 이들에게 아낌없는 격려의 박수를 보내지 않을 수 없었다.

_6_
기록영화 「우리학교」

영화 보기를 유별나게 좋아하는 필자에게 2007년에 본 영화 가운데 가장 기억에 남는 것은 김명준 감독의 「우리학교」다. 평소 재일동포 문제에 관심을 갖고 있는 까닭에 2007년 4월 서울 출장 동안 잠깐 시

| 기록영화 「우리학교」 포스터 |

간을 내어 영등포의 허름한 영화관에서 가벼운 마음으로 보았던 것인데, 그간 수차례에 걸쳐 민족교육에 관련한 행사와 교육현장에서 이 영화를 이야깃거리로 삼게 되었다. 김 감독은 2002년부터 3년 반 동안 홋카이도(北海道)에 머물면서 조선 학교 학생과 교사들의 일상 모습들과 학교 행사 등을 카메라에 담아 2시간이 약간 넘는 기록영화로 만들어 냈다. 그의 아내 조은령 감독이 2000년부

터 3년간에 걸쳐 조선 학교에 관한 기록영화를 제작하다가 갑작스런 사고로 숨지게 되자, 그는 아내가 생전에 촬영한 필름들을 모아 「하나를 위하여」라는 추모영화를 완성했으며, 그 후속으로 「우리학교」를 제작하게 된 것이다.[13]

「우리학교」는 2006년 11월부터 각 지역에서 상영되기 시작하여 작년 3월에는 일부 극장에서 개봉되기도 했다. 일반 흥행과는 거리가 먼 작품이지만 이 영화는 입소문을 타고 연말까지 한국과 일본의 전국 각지에서 상영되었으며 멀리 호주에서까지 상영되기도 했다. 2007년 12월까지 10만 명이 넘는 관객들이 이 영화를 찾은 것으로 알려지고 있다. 「우리학교」가 이렇게 널리 그리고 친근하게 대중들에게 알려질 수 있었던 것은 민족교육 현장을 생동감 있게 그려낸 내용과 함께, '공동체 상영'이라는 특이한 방식을 사용했기 때문이다. 즉, 극장에 관객이 찾아오기를 기다리는 방식이 아니라 수요자를 직접 찾아가서 상영해 주는 방식이다.

이 영화는 현금 5,500만 원, 현물지원 1,500만 원, 총 7,000만 원이라는 극히 적은 비용으로 완성되었다. 부족한 제작비와 인력예산의 한계 때문에 제작진 모두 멀티 플레이어가 되어야만 했다. 김 감독과 박소현 조감독이 직접 촬영·편집·구성·대본을 모두 완성했으며, 고영재 프로듀서가 직접 사운드·믹싱·예고편 등을 담당하는 등 「우리학교」는 제작 담당자 한 사람 한 사람이 각자의 재능과 열정을 다해 애정으로 만들어 낸 작품이다. 그럼에도 불구하고 이 영화는 2006년 부산국제영화제에서 "다큐멘터리가 보여 줄 수 있는 최고의 화면"이라는 평가를 받을 정도로 높은 완성도를 보이고 있어 영화제작 지망생들에게 '독립영화'의 좋은 본보기가 되고 있다.[14]

---

13) 영화 「우리학교」 홈페이지. http://www.urischool.co.kr.

　이 영화를 보면서 관객들은 화면에 나타나는 조선 학교 학생들과 교사들의 모습에서 유독 빛나는 눈동자로부터 감동을 받지 않을 수 없다. 민족교육을 통하여 '조선인'으로서의 역사성과 정체성을 지켜 가고자 애쓰는 그들 모두에게서 해방 직후부터 재일동포 사회에 뿌리내리기 시작한 민족차별에 대한 투쟁이 오늘날에도 여전히 살아 있음을 발견할 수 있다. 비록 그들의 품고 있는 신념과 의지의 근거에 환상적이나 비현실적인 부분이 있다고 보이기는 하지만 그들의 살아 있는 눈망울 그것은 관객들에게 삶의 에너지를 느끼게 하기에 충분하다. 1970년대에 재일동포 민족 학교가 150개가 넘고 교실마다 학생들이 넘쳐났던 것에 비하면, 오늘날에는 전반적인 민족성 약화와 함께 북한과 일본의

---

14) http://www.koreafilm.co.kr/movie/our_school.

관계 악화라는 정치적 요인이 겹쳐, 80개에도 미치지 못하는 학교들이 대체로 학생 자원이 모자라 존립에 위협을 받고 있다. 이렇듯 어려운 환경 가운데 군이 민족성을 유지하려고 애쓰는 교사와 학생들의 모습은 "죽어 가는 것을 사랑"하는 절실하고 애틋한 영상으로 비쳐지고 있다.

또한 「우리학교」는 교육공간에 있어서 교사와 학생의 바람직한 관계가 어떠해야 하는가를 잘 보여 준다. 학생들과 함께 땀 흘리고 엉키며 몸으로 부딪쳐가며 사회적 차별로부터 학생들을 보호하고 지도하는 민족 학교 교사들의 자세에서 교육의 본질을 되새기게 된다. 학생 하나하나가 교육기관의 유지를 위한 소중한 존재가 되고 학교생활을 통해 각 학생들은 개별적 역할과 과제를 부여받는다. 여기에다가 생활공간으로서의 일본의 문화는 물론 조국으로서의 남북한 문화를 어눌하면서도 잘 소화해내는 이들 민족 학교 학생들이야말로 자발적이고 적극적으로 다문화 국제화 교육을 받으며 이를 몸소 실천하는 젊은이들이라고 생각된다.

이 영화는 편집 과정에서 의도적으로 정치적 요소를 배제시키려고 노력했다. '태양절' 행사에서 김일성·김정일 사진이 드러나지 않는 것이나 북한에 경도된 교육내용이 잘 드러나 있지 않다. 또한 총련 조직과 조선 학교 교사 혹은 학부모와의 갈등과 같이 민족 학교의 장래를 어둡게 하는 동포 사회 내부의 요소들은 거의 보이지 않고 가능한 민족 학교의 아름다운 모습에 포커스가 맞추어져 있다. 하지만 다큐멘터리 영화로서 가지는 이러한 한계는 정치적 현실에 굴하지 않고 꿋꿋하게 민족교육의 이념을 지켜 나가기를 염원하는 제작자의 의도가 담긴 이 영화의 특징으로 이해하는 것이 좋을 것이다. 이 영화를 통해 재일동포 학생들이 이민족으로서 일본 사회와 '공생'을 모색해 가는 모습을 확인하면서, 우리 사회의 주변에 있는 소수자들에 대해서도 '단일민족'의 이름으로 이들을 외면하고 차별해서는 안 된다는 교훈을 얻으면 되지 않겠는가.

김명준 감독은 민족교육의 역사를 공부하고 교육의 현장을 몸소 체험하고 난 소감으로 다음과 같이 고백하고 있다.

> 한반도 땅에 태어난 우리들은 비록 가난하고 척박한 삶을 산다고 할지라도 결코 한민족이라는 정체성에 대해서 의심해 본 적이 없다. 본토에 살기 때문에 그것은 너무나 당연한 것이었다. 그러나 일본에 와서 이들을 만나고 나서부터 나에게는 그렇게 자연스러운 문제가 이들에게는 목숨을 걸고 세대와 세대를 거쳐서 지켜 나가야 할 가장 소중한 것이 되고 있다는 것에 충격을 받게 되었다. 그리고 어쩌면 무모하고 어쩌면 순진하다 싶을 정도로 '민족'이라는 말에 대한 사랑을 보여 주는 이들 재일 조선인과 조선 학교라는 것은 아직도 식민지가 끝나지 않았다는 명확한 진실과 함께 그렇다면 왜 한반도가 통일되어야 하는 것인가를 말로써가 아니라 존재 그 자체로써 보여 주는 소중한 존재들이라는 것을 깨닫는다.[15]

_7_
재일동포 민족교육에 관한 부산 심포지엄

2007년 10월 12일과 13일 이틀에 걸쳐 부산민주공원에서 '제1회 해외동포 민족문화 교육발전과 연대를 위한 국제학술심포지엄'이 개최되었다.[16] 이 심포지엄에는 해외동포 민족교육과 문화와 관련하여 현장

---

15) http://blog.naver.com/ourschool06.

| 민족교육에 관한 부산 심포지엄 |

에서 직접 활동하며 이 문제로 고민하고 있는 사람들이 직접 참여하여 현황과 과제를 중심으로 발제와 토론을 담당했다는 점에서 그 의의가 크다. 다만 민간단체의 예산 사정에 따라 해외동포 초여자들을 일본과 중국과 카자흐스탄에 국한했다는 점과, 행사 장소의 지리적 여건과 언론홍보의 부족으로 부산시민의 일반 참여가 부족했다는 점은 앞으로 이 행사를 계속해 가는 데 있어서 보완해야 할 문제점이었다.

그런 가운데에도 재외동포재단 등 여러 기관에서 이 모임을 후원했으며 해외의 글로컬넷(Glocalnet)이나 국내의 지구촌등포청년연대(KIN) 등과 같은 민간단체들이 직접 참가하여 깊은 관심을 보여 모든 세션에서 진지한 의견교환이 이루어질 수 있었다. 행사 첫 날 밤에 도쿄 민족예술인과 부산 남산놀이마당이 선보인 「한민족의 밤」 공연과, 심포지엄 행사장과 같은 건물에서 같은 일정으로 재일동포극단 '한오름'이 펼쳐낸 「4·24의 바람」 마당극 공연은 심포지엄의 딱딱한 분위기를 감

---

16) 『민족21』, 2007년 11월. http://www.minjog21.com.

| 방과 후의 '민족학급' 풍경 |

성적으로 보완하는 데 중요한 역할을 했다. 필자는 이들 행사 가운데 "재일동포 민족교육의 현황과 전망"을 주제로 하는 제1세션의 좌장을 담당했다. 이하 재일동포 교육 문제에 국한시켜, 해당 발표회에서 이 문제에 대한 논의가 어떻게 전개되었는지를 간략히 정리하고자 한다.

행사 첫날 오후에 열린 제1세션에서는 도쿄의 조선대학교에서 교원을 역임한 김덕룡(金德龍) 씨가 발제를 담당하고 이 발제를 중심으로 4명의 지명토론자와 일반 참가자들의 질의와 토론이 이어졌다. 발제자는 총련계 민족 학교의 변천사와 오늘날 변화하는 모습을 설명하고, 미래의 과제에 대한 자신의 생각을 밝혔다. 그는 북일 관계 악화에 따른 일본 사회의 민족 학교 억압의 현황을 실례를 들어 설명하는 한편, 현행 조선 학교 교육이 남북분단의 한 쪽만을 지향하는 교육이념을 유지하고 있어 재일동포 사회의 급격한 변화에서 대중적인 지지를 얻지 못하고 있다는 것도 함께 지적했다. 그는 민족 학교 과제에 대해서는 남북한과 일본의 3개국, 한일 양 민족사회를 아우를 수 있는 '21세기형' 민주적 교육의 필요성을 강조하고 가능한 민족 학교 문제에 대한 논의에서 가능한 금기시하는 것을 배제시킬 것, 조선 학교에 관한 통계나 정보들을 대중 차원에서 공유하게 할 것 등을 제안했다.

토론과정에서는 재일동포 민족교육 문제를 총련계 조선 학교에만 국한시키지 말고 민단계 학교·민족 학급 등 다양하고 복합적인 문제로서 파악해야 한다는 문제제기와 함께 한국 정부와 사회의 적극적이고 폭넓은 관심과 배려가 필요하다는 의견이 제기되었다. 또한 민족 학교 교사를 역임한 재일동포 토론자는 현재 민족 학교가 일본의 교육법 제1조에 규정된 정규 학교와 그다지 차이가 없는 교육 과정과 학교설비를 갖추고 있다는 점을 지적하고, "제1조에 준하는 학교"로 인정받을 수 있는 법 체계를 마련해야 한다는 주장과 함께, 이러한 법률 개정에 영향을 주기 위해서는 일본 사회나 시민단체와의 연대가 필요하다고 하는 민족 학교 회생을 위한 구체적인 방안을 제시했다.

조선 학교는 교육법 제83조에 규정된 '각종 학교'로서 일본 중앙정부의 재정지원을 받지 못할뿐더러 지방자치단체로부터도 일본 학교와 비교하여 차별적 대우를 받음으로써 한결같이 열악한 재정상태에서 벗어나지 못하고 있다. 이러한 부당한 현실에 대해, 일찍이 지난 1993년 12월에 기타큐슈(北九州)시 의회가 전향적으로 "조선 학교를 교육법 제1조에 규정하는 학교에 준하는 교육기관으로 취급하고 사립학교 진흥조성법 등의 시행을 중앙정부 각 부처에 건의할 것"을 결의한 바 있다. 그러나 오늘날 '납치' 문제로 북한에 대한 일본 사회의 적대적 시선이 총련 조직과 조선 학교에 그대로 쏠리고 있는 가운데, 중앙과 지방을 가릴 것 없이 일본의 정치권에서는 조선 학교의 가혹한 현실을 방치하거나 방조하고 있는 실정이다. 핫토리 히로아키(服部弘昭) 변호사를 대표로 하는 '조선 학교를 지원하는 모임'이 2007년 7월 기타큐슈시 당국에 대해 조선 학교의 처우 개선을 요망하는 의견서를 제출하는 등 일부 일본 시민단체의 조선 학교 지원 움직임이 있기는 하지만, 일본 사회의 냉엄한 분위기 가운데 시민단체들이 적극적인 움직임을 표출하지 못하는 것이 사실이다.

해외동포 민족교육 문제와 관련한 심포지엄에서 주최 측은 가능한 한국 사회나 시민단체가 이 문제의 해결을 위해 무엇을 할 수 있는지 듣고자 했다. 그러나 전반적으로 재일동포 발표자와 토론자는 민족교육 문제는 재일동포 스스로가 해결해 나가야 한다는 입장을 밝혔으며, 다만 한국 사회에게는 이 문제에 대한 관심을 보여 달라고 하는 정도의 요청이 있었을 뿐이다. 한국 사회가 관심을 갖게 하기 위해서는 관련 연구자나 시민단체가 재일동포 민족 문제의 현황이나 실태를 인지(認知)하고 한국 사회에 널리 알리는 작업이 필요하다는 쪽으로 의견이 모아졌다.

해방 직후 재일동포 사회는 스스로 교육기관을 만들어 우리 말과 역사를 가르치기 시작했다. 비록 세월이 흐르고 세대가 바뀌어가면서 그 강도가 희박해지고 있기는 하지만, 오늘날에 이르기까지 대체로 재일동포들은 민족적 정체성을 유지하고 있다. 그것은 민족교육기관들이 일본 사회의 구조적 차별과 억압 가운데서도 후세들에게 민족의식을 심어주고 민족의 문화를 계승하는 데 주력했기 때문이다. 이러한 민족교육의 맥이 끊이지 않고 계속 이어지게 하기 위해서는 한국 사회의 지속적인 관심과 성원이 필요하다는 것을 이번 심포지엄은 참가자 모두에게 거듭 확인시켜주었다.

_8_
하병옥 민단 단장과 총련의 일시적 화해 움직임

2006년 2월 24일에 민단 중앙본부는 제49회 전체대회를 열어 새로운 단장을 선출했다. 그 결과 임기가 끝나는 김재숙(金宰淑) 단장에 이어 하병옥(河丙鈺) 씨가 새롭게 단장으로 선출되었다. 단장의 임기는 3년이며 연임의 경우 6년간 민단을 대표하게 된다. 하 단장은 1935년 9월에 경남 진양군(현재 진주시)에서 태어났다. 1954년에 진주농림고등학교를 졸업하자마자 일본으로 건너갔으며 1956년에 호세이(法政)대학에 입학하여 3학년을 중퇴했다. 한국연합통신에 근무한 적이 있으며 '로비체인', '가와미상사' 등의 주식회사를 설립하여 운영한 일이 있다. 이와 함께 그는 1967년에 민단 도쿄 도시마(豊島) 지부의 집행위원을 역임한 이래 줄곧 민단 조직활동에 관여해 왔다.

그는 1973년에 한국의 경찰대가 장비를 개선하는 과정에서 고성능오토바이를 도입하는 것을 지원했으며 그로 인해 나무부장관 기념패를 받은 일도 있다. 아울러 1997년에 한국이 IMF 위기를 겪었을 때, 민단 중앙의장을 역임하면서 '모국투자촉진위원회'를 발족하고 교포사업가들을 결집시켜 재일동포들의 본국 예금 및 투자 프로젝트를 적극 추진했던 인물이기도 하다. 그는 의료법인 '게이세이카이(景星會)' 회장을 역임해 오고 있으며 제주도에 대규모 투자와 함께 실버타운 건설을 추진하기도 했다. 이러한 공로를 인정하여 한국언론인연합회가 2004년 12월에 그에게 '자랑스러운 한국인' 상을 수여한 바 있다.

그는 단장에 입후보하면서 다음 6가지 공약을 내걸었다. 첫째, 조직의 개혁 강화와 자립 운영을 통해 생산성 있는 민단을 만들고 동포 젊은이들이 대거 참여할 수 있도록 선거제도를 개혁하겠다. 둘째, 재일동포의 화해와 화합을 통하여 권익 신장에 진력하겠다. 셋째, 지방참정권 획득을 위해 특별위원회를 조직하고 다양한 방법을 모색해 나가겠다. 넷째, 노인복지시설 등 동포 노인들의 복지개호사업을 중점적인 사업으로 추진해 가겠다. 다섯째, 민족 교육을 발전시켜 독자적인 재일동포 문화를 발전시켜 나갈 것이다. 여섯째, 한일 우호친선을 더욱 강화시켜 나가겠다.

그와 함께 단장 경선에 입후보했던 정진(鄭進) 씨와 공약에서 큰 차이를 보인 것은 두 번째 '재일동포의 화합' 공약으로, 총련과의 화합을 겨냥한 의지의 표현이었다. 그는 당선 직후 소감을 밝히는 자리에서도 동포의 화합을 강조했으며, 총련이나 뉴커머 동포들과도 대동단결을 꾀하겠다는 의욕을 나타낸 바 있다. 지난 2000년에 김대중 대통령과 김정일 국방위원장이 만난 직후, 민단과 총련의 중앙조직 사이에도 일시적으로 화합의 움직임이 있었으나 그 후 큰 진전이 없는 것을 의식하여, 동포 조직의 화합을 강조하는 새로운 민단 단장의 행보가 주목을 받게 되었다.[17]

2006년 3월 9일 하병옥 단장은 민단 중앙본부에서 기자회견을 통해 상임위원 인사조치 결과를 발표하면서 "개혁 민단의 출범에 임하여"라는 담화문을 발표했다. 담화문 가운데에는 그의 '재일동포의 화합' 공약 사항을 보다 구체화한 구상이 나왔다. '재일의 통일 모델'이라고 이름 붙인 구상을 통해 그는 총련을 비롯하여 이념을 달리 하는 모든 단체들과 대화와 화해를 추구하며 화합태세를 구축해 나가겠다는 의지를 천명했다. 그는 재일동포 사회에 존재하는 38선 장벽을 없애고 재일동포들이 하나가 되어야 비로소 밝은 미래도 구축될 수 있다고 말하고, '재일동포는 하나'라는 이념 아래, 될 수 있는 한 빨리 단장 자신이 총

---

17) 「民團新聞」 2006年 2月 1日.

| 하병옥 단장고 서만술 의장의 포옹 |

련을 방문하겠다는 포부를 밝혔다.18)

이윽고 5월 17일 오전 하 단장은 7명의 민단 임원을 대동하고 총련 중앙본부를 방문하여 서만술(徐萬述) 의장을 만났다. 이로써 양 기관이 결성된 이래 처음으로 대표자간 회합이 이루어지게 되었다. 6·15공동 선언이 발표된 지 5년 만의 일이다. 1998년 김대중 정부가 출범한 이후 대북 포용정책과 함께 남북한 화해의 움직임이 급진전되는 가운데에서도 민단과 총련의 중앙조직 사이에서는 별다른 움직임을 보이지 않았다. 단체장 회합을 통하여 양 단체는 민족화합을 향한 '본국' 정부의 의향을 수용하는 자세를 보였다. 양 단체장은 회담 후 발표한 공동성명에서 양 단체는 화해와 화합을 이룩하고 재일동포의 민족적 단결을 위해 노력하겠다고 하는 의지를 표명했다.19)

그런데 이러한 화해 움직임은 곧바로 민단의 내홍을 낳게 되었다. 한 달이 조금 지난 6월 24일에 열린 민단의 임시중앙위원회는 '5·17공동

---

18) 「統一日報」 2006年 3月 15日.

19) 「民團新聞」 2006年 5月 19日.

| 공동성명 합의문 서명 |

성명'의 백지화를 결정했다. 새로운 중앙집행부의 조직 운영 방식과 인선에 대해 반감을 품은 조직원들이 민주적 합의를 거치지 않았다는 이유를 내세워 총련과의 공동성명을 비판하면서부터 조직 내부의 진통이 시작된 것이다. 민단과 총련이 구체적으로 공동행사를 추진해 가는 과정에서 순탄한 흐름을 보일 것이라고 예상한 사람은 거의 없다. '6·15 공동선언' 이후에 남북한에서 추진되고 있는 공동사업들이 어려움을 보이는 것에서도 쉽게 유추할 수 있었기 때문이다. 그런데 정작 총련과의 공동사업을 위한 대화도 추진해 보기 전에 민단 내부에서부터 '5·17공동성명'의 백지화를 공공연히 주장하는 목소리가 높아진 것은, 민족 단체로서의 성격을 훼손하고 나아가 스스로의 조직적 존립을 위태롭게 하는 것이었다. 광주에서 열린 6·15기념행사에 민단은 참여하지 않음으로써 공동성명에서 발표한 합의사항을 이행하지 않았으며, 총련과 공동으로 열기로 한 2006년 8·15기념행사도 무산되었다.

하병옥 단장은 조직의 내분을 수습하기 위해 6월 24일 임시중앙위원회를 소집했다. 그는 이 자리에서 총련 방문과 공동성명 발표를 비밀리에 추진한 것에 대해 사과하고, 비밀교섭의 책임을 물어 부단장 5명의 사표를 수리하고 기획실장과 평화통일위원장을 해임하도록 하겠다는 의향을 밝혔다. 그리고 '5·17공동성명'의 성격에 대해 추궁하는 위원에게는 "이제는 백지화 상태와 같은 것"이라는 애매한 답변을 내놓았다.[20] 단장에 입후보하면서 내세웠던 '총련과의 화해'라는 강렬한 슬로건에 비해 무책임하고 나약한 태도를 보인 것이다. 위원회 회의 종료에 앞서 김광승(金廣昇) 의장은 "5·17공동성명이 백지 철회되었다"고 선언했다. 현 집행부 체제에 반발하는 일부 위원들은 하 단장의 퇴진을 요구하며 '민단의 정상화'를 위하여 임시대회를 소집하자고 하는 서명운동을 전개했다. 결국 9월 21일 민단은 임시중앙대회를 열어 새로운 단장으로 정진 씨를 선출했다.[21] 결국 '5·17회합'은 민단의 세련되지 못한 조직 행태를 드러낸 채 일과성 해프닝으로 끝나고 말았다.

오늘날에 이르기까지 민단 중앙조직이 총련과의 화합을 과감하게 추진하지 못한 배경에는 두 가지 큰 문제가 존재한다. 첫째는, 총련이 북한 정부로부터 자유롭지 않을뿐더러 자유로워지려고 노력하지도 않는 점이다. 오늘날 북한에 대한 일본 사회의 반감이 극심한 상황에서, 총련은 북한의 납치·스파이·마약 등 온갖 불법활동과 관련이 있는 단체로 인식되고 있다. 재일동포의 권익을 우선시해야 하는 조직으로서 총련은 적어도 북한 정권과 거리를 두고 있다는 자세를 보여 가야만 한다. 북한 당국이 표면적으로는 총련에 대해 "동포들에게 호감을 주는" 조직으로 활동을 변화할 것을 지시하면서도 실질적으로 총련에 대한 고삐를 늦추지 않는 것에 대해, 총련은 자구책을 전혀 모색하지 않고 있는 듯이 보인다. 그런데 민단으로서는 만약 총련을 조금이라도 빨리 변화시키려고 한다면 총련과의 대화를 추구하는 길이 우선이다. 하지만 총련의 변함 없이 완고한 듯한 자세 앞에서 민단은 총련에 대한

---

20)「民團新聞」 2006年 7月 5日.

21)「民團新聞」 2006年 9月 27日.

'햇볕정책'의 용단을 내리지 못하는 것이다.

둘째는, 일본 당국과 일본 사회로부터의 직·간접적인 압박이 존재한다는 점이다. 미사일 발사, 핵 개발, '납치' 문제 등으로 북일관계가 악화일로를 걷고 있는 상황에서 일본 정부가 총련을 조직적으로 압박하고 있는 가운데, 자칫 민단에까지 그 파급 효과가 미칠 수도 있다는 점을 우려하고 있다. 실제로 2006년 중순에 일본 참의원이 대북 경제제재 관련 법을 통과시키자, 가나가와(神奈川)현과 사이타마(埼玉)현 등 지방정부가 이에 맞추어 이제까지 공익시설로서 인정받아 온 민단 회관이나 상공회관 건물에 대해서까지 고정자산세 등 감면조치 취소를 위한 조사작업에 들어간 것은 민단 구성원들의 우려를 가중시켰다.[22]

민단이 총련과 화해의 분위기를 조성하면서도 조직 내외적으로, 특히 일본 사회를 향하여 민단이 총련과 다른 조직이라는 점을 강조하고, 총련을 변화시킬 수 있는 단체가 오직 민단뿐이라는 점을 인식시켜 가기란 그리 쉬운 일이 아니다. 그럼에도 불구하고 재일동포들의 민족적인 정체성이 희박해지고 있는 상황에서 민단이 장기적으로 민족 단체로서의 생존을 보장받기 위해서는, 일본 사회에 대한 협조(協調)를 바탕으로 하는 가운데 총련 조직에 대한 포용(包容) 자세도 절대 포기해서는 안 된다.

---

22) 「統一日報」 2006年 6月 21日.

_9_
북한의 핵개발과 총련의 위기

2006년 10월 9일 북한이 핵 실험에 성공했다고 발도하면서 일본 사회는 물론 재일동포 사회에 엄청난 파장을 불러일으켰다. 일본 정부는 핵 실험 이틀 후인 11일에 안전보장회의를 열고 독자적인 대북 추가 제재조치를 결정했다. 북한으로부터 들어오는 모든 품목의 수입을 금지하고, 북한 국적 선박의 일본 입항을 전면적으로 금지하기로 했으며, 북한 국적을 가진 사람들의 일본 입국을 원칙적으로 금지하겠다는 것이었다. 즉 북일 간 왕래하는 돈과 물건, 사람의 움직임을 차단하겠다는 것이었다.

아베 수상은 11월 1일에도 기자회견을 통해서 북한의 핵 폐기 움직임이 없으면 북한에 대한 일본의 제재조치를 지속해 나가겠다고 밝혔다.23) 북한이 6자회담에 복귀하기로 한 데 대해 환영의 뜻을 나타내면서 앞으로 6자회담을 통해 북한이 핵을 폐기해 가도록 다른 참가국과 노력해 가겠다는 의지를 내보였다. 일본 정부에 의한 독자적인 대북제재와 관련하여, 그는 "미사일 발사, 핵 실험, 납치 문제에 성의 있는 대응을 보이지 않는 관계로 제재를 가하고 있으며, 이러한 문제가 해결되지 않는다면 제재를 해제하지 않겠다"고 강경한 자세를 재차 내보인 것이다.

일본 정부의 대북 제재조치가 속속 발표되면서 재일동포 사회에서는 바짝 긴장하는 분위기가 이어졌다. 만에 하나라도 일본 정부의 눈에 거슬리게 되면 조직의 생존이 위협받을 수 있다고 여겼기 때문이다. 직·간접적으로 북한 정권에 자금을 대주고 있는 총련은 일본의 지방정

---

23) 「연합뉴스」 2006년 11월 1일.

| 북한 중앙통신, 핵 실험 성공을 공식 발표 |

부로부터 갖은 압력에 시달리고 있다. 북한과의 정치적 연결고리를 끊지 못하는 총련으로서는 자체 조직의 약화는 물론 민족교육기관이 와해되고 있는 현실에 대해 속수무책이다. 민족교육의 명맥을 유지시켜오던 총련계 상공인회는 2006년부터 결산보고를 아예 하지 않기로 했다. 민족교육기관에 대한 기부금이나 홍보비 내역이 공개되면 일본 정부로부터 재정 사찰 조치를 당할 것이 뻔하기 때문이다.

핵 실험이 이루어진 지 몇 주간이 지나가는 시점에서 뒤늦게 핵 실험을 비난하는 움직임이 재일동포 사회에서 나타난 것은 다분히 일본 정부를 의식한 움직임이어서 가련하게까지 느껴질 정도였다. 예를 들어 2006년 10월 31일 '코리아도래인협회' 등 군소 재일동포단체들이 연합하여 '북핵 폐기를 요구하고 재일 코리안 인권을 지키는 모임'을 결성하고 기자회견을 열어 북한 핵 실험을 비난하는 성명을 발표했다. 이들은 북한의 핵 실험이 재일동포들의 인권에 커다란 위협이 되고 있다고 주장하고 북한의 핵 폐기를 요구하는 서명운동을 시작하겠다는 의사를 밝히기도 했다.[24] 이에 앞서 10월 18일에는 민단이 단장 명의로 총련 중앙본부에 보내는 호소문을 통해 직접적으로는 북한의 핵 실

24) 「民團新聞」 2006年 11月 1日.

| 일본 경찰의 강제수색에 항의하는 총련 조직원 |

험을 비난하면서 간접적으로는 일본 정부와 일본 사회를 향해 총련과
의 차별성을 드러내는 움직임을 보이기도 했다.25)

　2007년 들어 총련의 조직적 위기는 더욱 깊어졌다. 2007년 6월 18일
도쿄지방재판소는 일본 정부의 부실채권정리회수기구(RCC)가 총련을
상대로 제기한 소송에서, 총련 측에게 청구액 627억 엔을 전액 지불할
것을 명령하고, 총련 중앙본부 건물·토지에 대해 '가집행'을 인정하는
판결을 내렸다. 이에 앞서 총련 도쿄본부를 비롯하여 총련 지방본부와
학교 등 29개 시설 가운데 9곳이 정리회수기구에 의해 압류되었으며,
나머지 20곳도 압류될 가능성이 높은 것으로 나타났다. 본부 건물이
압류당하게 되면서 총련 중앙본부 사무실 이전도 불가피하게 되었다.

　이처럼 총련이 활동거점이 대폭 축소되는 궁지에 몰리게 된 것은 북
핵 실험의 영향에 따른 것이기도 하지만, 과거 총련의 막대한 부정 융
자에 따른 것이기도 하다. 이미 1990년대 후반에 총련계 금융기관인
조은(朝銀)신용조합들이 대거 파산하면서 총련은 재정 압박을 받기 시

---

25)「조선총련에 보내는 호소문」, 「民團新聞」 2006年 10月 25日.

작했다. 조은은 1952년에 설립된 동화(同和)신용조합을 이어받아 설립된 기관이다. 1990년경 최전성기에는 일본 전국에 걸쳐 38개 조합과 176개의 점포를 가지고 있었고 예금총액이 2조 엔을 넘었다. 일본 사회로부터 민족차별을 받아 융자를 얻기 힘든 재일동포들에게 있어서 조은은 자금의 양수펌프 역할을 수행했다. 하지만 자금 회전이 원활하지 않은 불안정한 영세공장들을 주축으로 하는 재일동포 기업들에 대한 '북한에 대한 헌금' 등을 조건으로 하는 융자가 부실채권을 양산했다. 거대한 조직 규모에 비해 조은의 경영상태가 부실하고 기반이 취약했다. 신용조합의 경영감사에 대해서는 총련 조직이 개입하여 신용조합 간의 협력 인출 조작 등을 통하여 그때그때 부실채권의 실태를 은폐해 왔다.

일본의 버블경제가 꺼지면서 조은의 부실채권 규모가 커지고 재정이 악화일로를 치닫게 되면서 1997년 5월 조은 오사카 신용조합을 필두로 하여 연이어 산하 신용조합들이 파산하기 시작했다. 2002년 말 '하나신용조합', '미래신용조합' 등에 경영권을 넘기고 일본 정부의 정리회수기구에 대해 불량채권처리 업무를 넘기고 조은은 해산하기에 이르렀다. 총련은 후속 신용조합의 인사권을 장악하려 했으나 결과적으로 재일동포들은 일본인을 이사장으로 하는 투명한 경영체제를 선택했다. 일본 정부는 예금자 보호 등 명목으로 총액 1조 엔 이상의 공적자금을 투입했으나 회수불능 금액이 627억 엔에 이르렀고, 이에 따라 정리회수기구는 총련을 상대로 하여 반환요구소송을 제기하기에 이른 것이다. 2007년 말까지 이루어진 18건의 소송에서 정리회수기구가 모두 승소했으며 일본 사법부는 원고가 청구한 금액을 한 푼도 깎지 않고 그대로 인정해 왔다.

총련이 위기에 빠지자 재일동포들이 총련 조직을 떠나가고 있다.

2007년 말 현재 일본 국적을 갖고 있지 않은 재일동포 가운데 '조선적'을 가지고 있는, 소위 총련계 한인은 10%가 되지 않으며 총련 조직과 관련하여 활동하고 있는 사람도 3만 명이 되지 않을 것으로 보인다. 총련의 환골탈태 없이는 이러한 구성원들의 조직 이탈 움직임을 막기 곤란하다. 총련이 북한과 거리를 두고 재일동포의 자치기구로 다시 태어난다면 일본 정부의 '탄압'은 오히려 총련을 강화시키는 계기가 될 수도 있다. 하지만 여전히 총련은 북한의 지령에 철저히 구속된 체제에서 벗어나지 못하고 있다.

총련은 도쿄지방재판소 판결에 앞서 제3자에게 거짓으로 토지·건물 매매계약을 체결하고 소유권을 이전함으로써 압류처분을 회피하려고 했다고 하는 혐의가 밝혀지면서 일본 사회로부터 한층 더 지탄을 받았다. 총련은 이 과정에서 공안조사청의 전직 청장, 일본 변호사연맹 회장 등을 끌어들인 것으로 알려졌다. 매각대금을 치르지 않은 채 지난 2007년 5월에 소유권이 이전되었다는 사실이 밝혀지자, 총련 조직원은 물론 여기에 연루된 일본인 인사들에 대해서까지 도쿄지검 특수부가 수사를 실시했다.

_10_
민단의 참정권 요구 대회

2007년 11월 7일 오후 도쿄 히비야(日比谷)공원의 야외음악당에서는 영주외국인 지방참정권의 조기 실현을 촉구하는 대회가 열렸다. 2001년에 이어 두 번째로 민단이 주최한 대규모 궐기대회에는 일본 전국에

| 민단 참정권 요구 결의대회 |

서 민단 단원과 일본인 시민단체 대표 등 5천 명 가량이 운집했다. 지
방참정권 부여조치를 촉구하는 플랜카드와 기치, 그리고 다양한 색깔
의 풍선이 회장을 가득히 메운 가운데 정진(鄭進) 민단 단장은 단상에
서 일본의 각 정당 대표에게 입법조치요망 서한을 직접 전달했다. 대
회가 끝난 후에 참가자들은 지역별로 대열을 구성하여 도쿄 시내를 가
두 행진했다.[26]

　「민단신문」에 따르면 이 대회에 참석한 일본 정당 대표들이 한결같
이 지방참정권 부여 조치에 대해 적극적인 실현 의사를 표명했다고 한
다고 한다. 참정권 법안에 대해 가장 소극적인 자민당에서는 홍보본부
장을 담당하고 있는 가와무라 다케오(河村健夫) 의원이 참가했다. 그는
야마구치(山口)현 출신으로 중의원 당선 6회의 경력을 가지고 있으며
일한의원연맹운영위원장을 맡고 있었다. 그는 인사말을 통해 "더 이상
방치할 수 없다. 바로 정면에서 이 문제에 임하겠다"라고 발언했다고
한다. 참정권 문제에 대해 가장 적극적인 의향을 보이고 있는 공명당
에서는 간사장 기타이치 가즈오(北側一雄) 의원이 참석했다. 그는 오사

---

26)「民團新聞」2007年 11月 14日.

| 민단 2008년 신년회 |

카부(大阪府) 출신으로 중의원 당선 6회의 경력을 가지고 있다. 그는 "참정권 입법화를 위해 지금까지보다 더 전력을 다하겠다"고 말했다. 그밖에 민주당 선거대책위원장 대리 나이토 마사미쓰(內藤正光, 愛知縣 출신, 참의원 당선 2회), 일본공산당 서기국장 이치다 다다요시(市田忠義, 大阪府 출신, 참의원 당선 2회), 사회민주당 국제위원장 겸 부간사장 히모리 후미히로(日森文尋, 埼玉縣 출신, 중의원 당선 2회), 신당일본 대표 다나카 야스오(田中康夫, 東京都 출신, 長野縣지사 역임, 참의원 당선 1회) 등이 인사말을 통해 각각 참정권 법안 통과에 대한 적극적인 의사를 표명했다. 이 가운데 이치다 의원은 자신의 홈페이지와 당기관지를 통해 인사말 내용을 공개하기도 했다.[27]

　일본 최고재판소가 1995년 2월에 재일외국인에게 선거권을 부여하는 문제에 대해 "헌법상 금지된 것이 아니다"라고 판결한 이후, 민단은 조직을 들어 지방참정권 요구 운동을 전개해 오고 있다. 관련 법안이 1998년 10월에 처음으로 국회에 제출된 이래 오늘날에 이르기까지 6차례에 걸쳐 선거법개정 특별위원회에 상정되었지만 '계속 심의중'으

---

27)「しんぶん赤旗」2007年 11月 8日.

로 통과절차에 들어가지 못하는 사태가 계속되고 있다. 영주외국인 참정권 문제에 대해 민주당을 비롯한 각 야당은 호의적인 태도를 보이고 있으며 여당 공명당은 적극적인 태도를 계속 보이고 있다. 자민당은 전반적으로 소극적이기는 하지만 그렇다고 해서 당론으로 찬반 어느 쪽도 결정하지 않고 있다.[28]

2007년 7월말 선거 결과 참의원에서 야당 민주당이 제1당으로 부상한 것이나, 우파적 정치 성향을 노골적으로 드러냈던 고이즈미·아베 내각이 끝나고, 온건 성향의 후쿠다 내각이 출범한 것 등이 참정권 문제의 해결에 가능성을 제공할 좋은 기회가 될 것으로 보고, 민단은 일본 정당들에 대해 진정(陳情)활동을 적극 전개하는 한편, 이번에 일본 사회에 호소하고자 하는 의도에서 대대적으로 궐기대회를 개최한 것이다. 이하 궐기대회 결의문 전문(全文)을 소개한다.[29]

|대회결의| **주민의 기본권 보장을**

오늘 일본 전국의 한국인을 비롯한 정주외국인과 일본 시민 5천 명은 도쿄에 모여 "영주외국인에게 지방참정권을! 11·7 전국궐기대회"를 개최했다. 우리들은 지역사회 주민으로서 오랫동안 요망해 온 영주외국인에 대한 지방참정권 부여 조치가 하루라도 빨리 국회에서 실현되기를 바라면서 다음과 같이 결의한다.

一. 우리는 오래 동안 지역사회 구성원으로서 납세 등 법적 의무를 다했으며 지역사회 발전에 공헌해 왔다. 일본 정부와 국회는 지역주민의 일원인 영주외국인들의 요망을 반영하여 주민의 기본

---

28) 『한일관계의 흐름 2004-2005』, 216-219쪽.

29) 「民團新聞」 2007年 11月 7日.

적 인권으로서 지방참정권을 조속히 부여할 것을 강력하게 요구한다.

一. 우리는 영주외국인에게 지방참정권을 부여하더라도 위헌이 아니라고 한 최고재판소 판결과 오랫동안 입법화를 요구해 온 지방자치단체 의회의 의견서 채택을 일본 정부와 국회가 존중하고, 민주주의 확립을 위해서도 영주외국인에게 지방참정권을 보장할 것을 강력하게 요구한다.

一. 우리는 1998년에 국회에 법안이 제출된 이래 9년이 경과했음에도 불구하고 아직도 법안이 성립되지 않은 것에 대해 깊은 유감의 뜻을 표한다. 여야 정당이 영주외국인의 인권을 더 이상 등한시하는 일이 없이 국회에서 신속하게 입법화하기를 강력하게 요구한다.

一. 우리는 1999년 연립여당의 정권 합의로 "법안을 성립시키겠다"고 한 정당간의 약속과 1998년 이래 한일 간 교섭에서도 수차례에 걸쳐 실현을 위해 적극적으로 노력하겠다고 한 일본 측의 약속을 신속하게 실현하기를 강력하게 요구한다.

一. 우리는 한국이 이미 외국인 인권보장의 일환으로 또한 민주주의 성숙과 국제화에 대응하게 위해 일본인을 포함하여 영주외국인에게 지방참정권을 부여하고 있는 것을 높이 평가한다. 일본 정부와 국회는 재일한국인의 역사적 경위와 생활실태, 또한 호혜주의 정신에 입각하여 하루라도 빨리 우리에게 지방참정권을 부여하도록 법제를 정비하기를 강력하게 요구한다.

2007년 11월 7일
영주외국인에게 지방참정권을! 11·7 전국궐기대회

_11_
야구선수 장훈과 재일동포

2007년 10월 5일 '제1회 세계한인의 날' 기념식에서는 해외동포 사회에 기여한 공로로 왕년의 프로야구 선수 장훈(張勳) 씨가 국민훈장 무궁화장을 받았다. 이어 11월 6일에는 도쿄의 한국대사관에서 그를 비롯한 재일동포 18명과 2개 단체에게 대한민국 정부의 훈장이 수여된 것을 축하하는 모임이 열렸다. 이 자리에서 유명환 주일대사는 "특수한 역사성 가운데 수많은 고난을 극복한 여러분의 노고가 동포 사회의 발전에 크게 공헌해 왔다"고 치하했다. 그리고 정진(鄭進) 민단 단장은 축사를 통하여 "여러 선배들의 애국·애족정신이 높이 평가를 받았다"고 말했다.[30]

장훈은 일본에서 '하리모토 이사오(張本勳)'라는 이름으로 알려져 있으며 '안타 제조기'라는 별명을 갖고 있기도 하다. 그는 1940년 6월 19일 일본 히로시마현에서 2남 2녀 중 막내로 태어났다. 부모님의 고향은 경상남도 창녕이며 아버지의 도일(渡日) 후에 어머니가 가족들을 이끌고 현해탄을 건넜고, 1945년 히로시마에 원자폭탄이 투하되었을 때 큰누나를 잃었다. 5세 대 후진하는 트럭을 피하다 화덕에 오른손이 들어가 화상을 입고서 제대로 치료를 받지 못해 오른손을 자유롭게 움직일 수 없게 되었다. 이 때문에 본래 오른손잡이였지만 중학교 때 야구를 시작할 무렵부터는 왼손을 사용했다. 이러한 신체적 장애를 극복하고, 일본 사회로부터의 민족차별을 견뎌내면서 일본 프로야구 역사에 빛나는 통산 3,085개 안타라는 대기록을 세웠다. 1981년에 은퇴한 이후 야구 해설자로 활동하고 있다. 한국프로야구위원회 고문으로서 활

---

30)「民團新聞」2007年 11月 7日.

| 야구선수 시절의 장훈 |

동하기도 했다.

　그의 어린 시절에 대해서 온라인 백과사전 위키피디아(Wikipedia)의
일본판은 다음과 같이 소개하고 있다. 어렸을 적부터 몸집이 특별히
커서 골목대장으로 언제나 많은 부하를 거느리고 다녔다고 한다. 당시
히로시마 캅(Hiroshima Carp) 팀 연고지 히로시마의 종합구장 담을 넘어
들어가 자주 경기를 공짜로 보았다. 그 때 우연히 훔쳐본 요미우리 자
이언트(Yomiuri Giant) 팀 숙소의 식사 풍경이 그 후 장훈의 인생을 크게
바꾸어 놓았다. 전후 물자부족과 기아가 아직 계속되는 시절에도 선수
들은 푸짐한 고기를 먹고 있었고 날 달걀을 서너 개씩 밥공기에 넣어
먹고 있었던 것이다. 이를 계기로 장훈은 프로야구 선수에 대해 동경
심을 깊이 가지게 되었으며, "어머니에게 넓은 집을 사드리겠다", "맛
있는 음식을 배불리 먹고 싶다"는 두 가지 꿈을 가슴에 안고 매일매일
매달아 놓은 폐타이어를 향해 방망이를 쉬지 않고 두드렸으며 야구에
몰두해 갔다.[31]

| 2005년 3월 한국야구 100주년 기념식에 참석한 장훈 |

　일본과 한국에서 대중적으로 널리 알려진 만큼 그의 생애를 다룬 책들이 많이 나와 있다. 한국에서도 2007년 9월에 그의 자서전이 복간되어 시중에 나왔다.[32] 이 책에는 그가 재일한국인으로서 일본 사회의 차별 가운데 살아야 했던 시련과 극복의 과정이 잘 묘사되어 있다. 그는 풍요로운 삶을 꿈꾸며 야구에 인생을 걸기는 했지만 일본으로 귀화하는 길을 택하지는 않았고 한국 국적을 지켜냈다. 「오마이뉴스」 기자는 그가 재일동포의 귀화 문제에 대해 다음과 같이 말했다고 전하였다. "개인적으로는 귀화를 하지 않았습니다만, 귀화하는 사람을 뭐라고 그럴 생각은 없습니다. 그건 개인의 생각 나름이라고 봅니다. 그렇게 해서 인생이 성공하면 그것으로 좋은 것 아닙니까. 제가 막을 권리도 없죠. 사실 처음에는 가능하면 하지 말라고 얘기합니다. 가능하다면 말이죠".[33]

　그는 분주한 일정 가운데에도 재일 영주외국인 지방참정권 요구 운

---

31) http://ja.wikipedia.org.

32) 성일만 역, 『일본을 이긴 한국인』, 2007년.

33) 「오마이뉴스」 2007년 9월 13일.

동을 지원하는 움직임을 보이기도 했다. 2007년 11월 3일 돗토리현(鳥取縣)에서 열린 '제1회 영주외국인 지방참정권 심포지엄 in 돗토리' 모임에서 그는 "일본, 한국, 재일(在日)에 걸친 야구인생"이라는 주제로 강연했다. 그는 전반적으로 과거를 회고하는 이야기로 강연을 진행하는 가운데, "인간이 달에 가는 시대에 아직도 구별이나 차별이 있어서는 안 된다. 일본에 영주권은 있지만 참정권은 조국 한국에도 없고 일본에도 없다"라고 강조하며 재일동포의 차별적 현실을 지적하고 참정권 문제를 제기했다. 이 모임을 주관한 나가야마 마사오(永山正男) 돗토리대학 부학장을 비롯하여 4명의 일본인 지정토론자들은 한결같이 영주외국인도 권리의 주체인 주민이라고 주장했다.[34]

_12_
김경득 변호사를 기리며

2006년 2월 26일 토요일 오후, 도쿄에서는 고(故) 김경득 변호사를 추도하는 모임이 열렸다. 필자는 한국의 재일동포 연구자 모임인 한일민족문제학회를 대표하여 이 추모모임에 참가했다. 김경득 변호사는 일본에서 민족차별정책에 정면으로 투쟁하면서 다문화 공생사회 실현을 위해 헌신적으로 노력해 온 한편, 한국에도 재일동포의 역사와 현실 문제를 알리는 데 적극 앞장서왔다. 죽음 직전까지도 재일동포 권익 옹호를 위한 메시지를 발신해 온 용감하고 성실한 전사(戰士) 김경득 씨는 육신적으로 이제 우리 곁에서 멀어져 갔으나 그가 남긴 자유

---

34) 「日本海新聞」 2007年 11月 4日.

| 2003년 4월 한국에서 열린 학회에서 발표하는 김경득 변호사 |

와 정의의 메시지는 앞으로도 재일동포 역사에 오랫동안 살아 움직일 것이다.

2005년 12월 28일 김경득 씨가 세상을 떠나자 이틀 후에 그의 유언에 따라 가족과 친척만으로 조촐하게 장례식이 치러졌다. 그의 투쟁의 삶을 지켜본 일본과 한국의 많은 사람들이 그의 죽음을 안타깝게 여겼으며, 이에 생전에 그와 가까이 활동하던 지인들을 중심으로 실행위원회가 결성되었고 추도회 행사가 기획되었다. 고인이 생전에 대표를 지냈던 J&K법률사무소가 추도모임의 계획과 실행을 위한 행정업무를 담당했다. 이를 위해 배중도(裵重度) 가와사키시 후레아이관 관장이 재일동포 측 대표를 맡았으며, 다나카 히로시(田中宏) 류코쿠대학 교수가 일본인 측 대표를 맡았다.

추도식 날 도쿄에는 하루종일 날씨가 흐렸으며 아침부터 간간이 가랑비가 내렸다. 간다(神田)의 한 노동회관 강당에서 열리는 추도회에 일

| 2006년 2월 도쿄에서 열린 김경득 변호사 추모회 |

본 전국에서 또한 한국에서 온 총 600명에 달하는 추고객이 참가했다. 실행위원들이 예상을 뛰어넘은 참가인파로 행사장 조석 부족과 장내 정리로 고심하는 일이 일어나기도 했다. 또한 행사의 원활한 진행을 위해 행사 전날까지 지원 찬조금을 받았는데, 그 결과 250명이 넘는 사람과 단체로부터 십시일반 모은 것이 총 897만 엔에 달하는 것으로 발표되었다.

오후 1시 조금 넘어 시작된 추도회 행사의 사회는 김경득 변호사의 친구로 통일일보(統一日報) 편집국장을 역임하고 민단에서 다년간 문화 활동을 하고 있는 김총령(金總領) 씨가 담당했다. 사회자의 안내에 따라 묵도로 추도모임이 시작되었으며 영화감독 오덕수(吳德洙) 씨가 편집한 김경득 변호사 생전의 영상물이 10분 정도 상영되었다. 이어 나종일 주일한국대사를 비롯하여 5명이 추도사를 낭독했다. 이 가운데는 바로 전날 중앙대회가 열릴 때까지 민단 단장을 역임한 김재숙(金宰淑) 씨의 추도사도 있었다.

이어 김경득 씨의 장녀와 차녀가 추도 음악을 연주했으며, 김경득 씨와 절친했던 10명이 그의 어린 시절에서부터 임종에 이르기까지의 과정을 일화를 중심으로 술회하는 시간을 가졌다. 이 가운데 그의 큰형 김경화(金敬和) 씨가 아우의 자립심 강한 성장과정을 담담하게 이야기하고 나서 자신이 하고 싶은 일을 끝까지 하다가 한순간에 숨을 거둔 아우를 추도하고 싶지 않다고 역설적으로 슬픔을 표현한 것은 많은 사람들에게 깊은 감명을 주었다. 또한 도쿄도 관리직 수험거부 소송에서 김경득 변호사와 법정투쟁을 함께 해 온 정향균(鄭香均) 씨가 시종 사별의 비애를 절실하게 표현함으로써 참관자 모두를 슬픔에 잠기게 했다.

마지막 순서로 김경득 씨의 장남 김창호(金昌浩) 씨가 유족을 대표하여 간단하게 한국어와 일본어로 인사말을 낭독했다. 추도회를 마치고 참가자 전원이 한 사람씩 미소를 짓고 있는 고 김경득 씨 영정 앞에 나아가 헌화했다.

실행위원들은 오후 4시부터 장소를 근처의 호텔 주라쿠(聚樂) 2층으로 옮겨 헌배(獻杯)하는 행사를 열었다. 재일동포 인권운동의 지도자로서 유명한 이인하(李仁夏) 목사가 헌배의 말을 남겼다. 그는 도쿄대학 법학부에 재학 중인 김창호 씨를 예로 들어 김경득 변호사의 위업을 이어받아 일본 사회의 방면에서 노력하고 있는 재일동포에게 희망찬 내일을 기원하면서, 한국어로 "위하여!"라고 선창했다. 이어 한국 무형문화재 살풀이춤을 이수한 재일동포 무용가 조수옥(趙壽玉) 씨가 진혼을 위한 무용을 피로하여 장내 분위기를 숙연하게 했다.

추도회를 마치면서 실행위원들은 곧바로 해산하는 일이 없이, 1년간 존속하며 추도문집 편집·발행 업무를 담당했다. 그 결과 2007년 2월 도쿄의 한국 YMCA에서 1주기를 기념하는 집회가 열렸고 이 자리에서 370쪽에 달하는 『변호사 김경득 추도집』이 배포되었다. 이 추도집에는 한일 양국에서 80명이 넘는 사람들이 김 변호사를 추모하는 글들을 남기고 있다.35) 또한 이 책에는 김 변호사의 유고(遺稿)와 함께 그의 주요 재판 변론들이 실려 있어, 생전의 그의 왕성한 활동과 폭넓은 인간관계를 느낄 수 있게 한다.

이하 김 변호사의 유고 가운데 그가 한국 사회에 던진 제언을 부분적으로 인용하여 그의 사상과 평소 문제의식을 소개하고자 한다. 인용하는 내용은 그가 서거하기 두 달 전에 '후쿠오카 부산 NGO 교류회' 발표를 앞두고 병상에서 구술한 것을 그의 사무소 직원이 받아 쓴 것이라고 한다.36) 김 변호사는 유고를 통해서 한국과 일본 사회를 향해 재일동포들에게 참정권을 부여하라고 주장하고 있다. 한일 양국의 현실정에 비추어 볼 때 아직은 이상론으로서의 성격이 강한 주장이기는 하지만, 금후 재일동포의 인권을 위해서 한일 양국이 수행해야 하는 과제로서 귀담아 들어야 할 주장이라고 생각한다.

근래에 들어 한국의 정치권과 사회에서 재외국민 참정권에 관한 관심이 높아져가고 있다. 특히 2004년 하반기에 한나라당과 열린우리당 의원들이 경쟁적으로 관련 법안(선거법 개정안)을 제출한 일이 있다. 2007년 2월 1일 김덕룡 의원이 선거법 개정안을 발의한 것을 포함하면, 현재까지 의원 제출 관련 법안이 총 5건에 달하고 있다. 이와 때를 같이하여 NGO 단체 '재외국민참정권연대'가 발족하여 재외국민 부재자 투표의 부활 요구와 함께 재외국민 전반에 대한 참정권 부여를 촉구하는 서명운동을 전개했다.37)

---

35) 金敬得弁護士追悼文集編集委員會, 『弁護士·金敬得追悼集』, 2007年.

36) 『弁護士·金敬得追悼集』, 310-314쪽.

37) www.toworld21.com

본국(남북한) 사회에 대한 제언

　재일한국·조선인은 일본의 국적차별을 견디면서 본국 국적을 유지해 왔다. 그럼에도 불구하고 전후 60년간 그들은 본국 사회에 대한 국정참정권을 부정당해 왔다. 국정참정권은 국민의 기본적 권리이며 재외국민도 예외가 아니다. 남북 분단의 현실 아래에서 한국과 북한 어느 쪽을 본국으로 생각할지에 관하여 그들의 견해는 달라질 수 있다. 한국 헌법과 북한 헌법에 비추어 볼 때, 그들은 양국의 국민이 된다. 양국 정부는 재외국민에게 국정참정권을 인정할 경우에 재일한국·조선인 모두에게도 이를 인정한다는 것이 논리적 귀결이다. 이것이 남북한 정부에 대한 국정참정권을 이중으로 인정하는 것이 된다고 하는 비판이 있다고 한다면, 어느 쪽 국가의 국정참정권을 행사할 것인가는 재일한국·조선인의 개별적인 선택에 맡기면 될 것이다.

　예를 들어 한국은 인구 약 20만 명에 한 명 정도로 국회의원 수가 배정되고 있다. 오늘날 재일한국·조선인을 총 60만 명으로 본다면, 일본 열도를 3등분하여 각각의 지역에서 19살 이상 국민에게 국정참정권을 인정하고 재일동포의, 재일동포에 의한, 재일동포를 위한, 선거를 통하여 참으로 그들의 총의를 나타내는 대표자를 한국 국회의원으로 선출해야 한다. 이러한 국회의원 선거가 4년에 한 차례 시행되고 대통령 선거가 5년에 한 차례 시행된다면, 그러한 선거를 통하여 재일한국·조선인의 바람직한 모습, 본국에 대한 제언 등이 활발하게 논의될 것이다. 그것은 앞으로도 일본에서 그들이 본국 국적을 유지하며 살아가기 위한 기본적 권리이다.

_13_
김경득 변호사와 이즈미 판사

　2007년이 거의 지나가는 시점인 12월 11일, 서울 프레스센터에서 고 (故) 김경득 변호사를 추모하는 모임이 열렸다. 서울대학교 공익인권법 센터의 정인섭 교수가 중심이 되어 이 행사를 준비했고 재외동포재단 이 이를 후원했다. 김 변호사가 2005년 12월 타계한 이후 일본에서 2006년 2월과 2007년 2월에 그를 추모하는 집회가 열렸으며, 한국 정부도 2007년 해외동포 유공자 포상을 하면서 그에게 국민훈장 무궁화 장을 수여한 바 있다. 서울 추모모임에 맞추어 김 변호사에 대한 평전 과 그의 활동기록, 그리고 한국인 20명이 그에 대한 개별적인 추억들을 회상하며 기고한 추모집이 경인문화사에서 출간되기도 했다.[38]

　서울 추모모임에는 일본에서도 유가족을 비롯하여 여러 사람들이 자리를 같이했다. 특히 연구자이자 사회운동가로서 재일외국인의 인권문제를 위해 김 변호사와 오랜 기간 동안 법정투쟁을 함께 해 온 다나카 히로시(田中宏) 교수가 이 자리에 참석하여 인사말을 했다.[39] 그는 김경득 씨의 사법시험 합격 직후 사법연수원 입소 문제로 일본 대법원을 방문했던 일을 화두로 꺼냈다. 그리고 김 씨와 현 일본 대법원 판사 이즈미 도쿠지(泉德治) 씨와의 만남에 관한 이야기에 많은 시간을 할애했다. 이하, 다나카 교수의 인사말을 인용하면서 김 변호사와 이즈미 판사 두 사람의 각별한 인연을 간략하게 소개하고자 한다.

　한국 국적을 유지한 채 일본의 변호사가 되겠다고 결심한 김경득 씨가 사법시험에 합격한 후 1976년 10월 다나카 교수, 하라고산(原後山治)

---

38) 정인섭 편, 『작은 거인에 대한 추억: 재일변호사 김경득 추모집』, 2007년.
39) 필자는 다나카 교수의 인사말에 대한 통역을 담당했다.

| 2007년 12월 서울에서 열린 김경득 변호사 추모회 |

변호사와 사법연수생 채용 문제를 관할하는 대법원 임용과(任用課) 과장실을 방문했다. 당시 임용과장을 이즈미 씨가 담당하고 있었다. 이즈미 과장은 김 씨에게 "지금까지 13명의 외국인이 합격했는데 모두 귀화하고 사법연수원에 입소했다. 귀화하면 아무런 문제도 없다"며 귀화를 촉구했다. 이에 대해 김 씨는 자신이 "평생 귀화하지 않겠다는 신념을 가진 사람은 아니지만, 만약 귀화를 한다면 자발적으로 하겠다. 왠지 시험대를 통과하듯이 해야 하는 귀화는 받아들일 수 없다"고 잘라 말했다. 또한 그는 대법원에 제출한 '청원서'에서 "한국인인 것을 원망하며 순진한 마음에 상처를 입고 있는 동포 어린이들에게 한국인인 것을 부끄러워하지 말고 강하게 살아가라고 타이른다고 해도 그것이 귀화한 사람의 입에서 나오는 말이라고 하면 무슨 효과가 있겠는가"라고 했다.

한국 국적으로 연수생이 될 때까지 몇 년이고 기다리겠다고 버티는 김 씨에 대해 이즈미 과장은 직책상 일본 국적이 필요하다는 것이 당연한 법리이자 '상식'이라는 입장을 견지했지만, 종래의 원칙만을 내세우는 것에는 문제가 있다는 것을 그 자리에서 자각하고 곧바로 내부 검토 작업에 들어갔다. 2007년 2월 일본에서 김경득 변호사를 추모하는 글들을 모은 책이 신간사(新幹社)에서 출간되었는데, 대법원 판사가 된 이즈미 씨도 여기에 김 변호사와의 만남을 회고하는 글을 남겼다.40) 일본에서 대법원 판사가 변호사를 추모하는 글을 쓴다고 하는 것은 지극히 이례적인 일이다.

| 이즈미 판사의 글이 실린
김경득 변호사 추모집 |

그는 추모사에서 1976년 10월 이후로도 몇 차례에 걸쳐 김경득 씨를 만났으나 대법관 회의의 최종 결정이 내리기까지 종래의 원칙을 내세워 대응하는 한편, 내부적으로는 법관회의에서 가능한 상세하게 상황을 설명하고, 법무성과 외무성 등에 대해서도 의견을 조회했다고 밝혔다. 강한 '신념'을 가진 김씨와 유연하면서도 균형을 잃지 않는 이즈미 씨가 만나 마침내 일본에서 외국 국적을 유지한 채 사법연수생으로 채용될 수 있는 문이 열리게 되었다. 그 후로는 재일등포 가운데 한국적과 조선적을 유지한 채 떳떳하게 사법시험에 도전하는 사람이 많아졌으며, 현재 100명에 가까운 재일동포 변호사들이 일본에서 활동하고 있다. 이즈미 판사는 추모사에서 "김씨의 신념으로 '상식'의 내용이 180도 바뀌었다"고 했다.

김씨는 변호사가 된 후 이즈미 씨를 방문하여 감사의 인사를 전했고 그 후로도 두 사람은 몇 차례 만남을 가졌다. 이즈미 판사가 김 변호사의 목소리를 마지막으로 듣게 된 것은 2004년 12월 대법원 대법정에서 열린 도쿄도(東京都) 관리직 수험자격 확인 등 청구 사건의 구두변론

---

40) 金敬得弁護士追悼文集編集委員會, 『弁護士·金敬得追悼集』, 2007년.

자리에서였다. 한국적을 가진 재일한국인 2세 정향균(鄭香均) 보건사가 원고로서 자신이 관리직 시험에 응시하는 것에 대해 도쿄도가 국적을 이유로 거부한 것을 위헌이라고 하여 제소한 사건의 상고심 자리였다. 이때 원고 측 대리인인 김 변호사가 변론에 나섰다. 그는 이때 이미 병마와 싸우고 있는 상태였지만, 예정 시간을 넘기면서까지 법정을 울리는 큰 소리로 재일한국인에 대한 국적차별을 시정하라는 주장을 펼쳤다. 이즈미 판사는 그날 일기에 "김 변호사 열변을 토하다"라고 기록했다고 한다.[41]

이 사건에 대해 2005년 1월 일본 대법관 다수의견은 특별영주권자도 외국인이라는 것을 전제로 하면서, "중요한 결정권을 갖는 관리직에 외국인이 취임하는 것은 일본의 법체계 아래에서 상정(想定)되지 않는다"고 하여 종래의 '상식'에 입각하여 원고 측 청구를 기각하는 판결을 내렸다. 이는 일본의 지방자치단체에 확산되어 가는 국적조항 완화 흐름에도 부합하지 않는 퇴행적인 판결이었다. 이때 15명의 대법관 가운데 2명만이 반대의견을 내놓았는데 이즈미 판사도 그 중 한 사람이었다. 이즈미 판사는 권리제한에는 엄격성이 요구된다고 주장하고, "특별영주권자는 지방자치의 담당자임에 비추어 자기실현 기회를 추구하고자 하는 이들의 의사가 충분히 존중되어야 한다"고 하며 반대의견을 내놓았다. 한편 이즈미 판사와 함께 반대의견을 제시한 변호사 출신 다키이 시게오(瀧井繁男) 판사는 "다양한 직무를 가진 도쿄도에서 모두가 일본 국적만을 필요로 해야 할 합리적 근거가 없다"고 주장했다.

일본판 위키피디아에 의하면, 2002년에 대법관에 취임한 이즈미 판사는 2005년경부터 유독 대법원 판결에 대한 개별 의견을 많이 제시하고 있는 것으로 유명하다. '상식'에 머무르지 않는 그의 유연한 사고와

---

41) 『弁護士·金敬得追悼集』, 121쪽. 이때 김 변호사의 변론요지는 같은 책, 335-345쪽.

자세가 지난날 자신보다 10년이나 젊은 재일한국인 청년의 '신념'을 받아들여 두 사람의 각별한 만남을 시작했으며, 김 변호사가 세상을 떠난 후에도 여전히 그 만남의 끈을 놓지 않고 있는 것이다.

V. 현행 역사교과서에 나타난 한일관계

* 이 장은 필자의 연구논문,
「한국과 일본의 중·고교 역사교과서에 나타난
현대 한일관계 관련 서술」, 『동북아역사논총』 제17호(2007년 9월)
내용을 비교적 평이하게 재구성한 것임.

_1_
분석 대상으로 채택된 한국의 역사교과서

이 장에서는 한국의 현행 중·고교 역사교과서 가운데, ㉮『중학교 국사』(교육인적자원부, 2002년판), ㉯『고등학교 국사』(교육인적자원부, 2006년판), ㉰『고등학교 한국 근현대사』(금성출판사, 2007년판)를 분석 대상으로 하고자 한다. 이하 편의상 교과서 ㉮, 교과서 ㉯, 교과서 ㉰로 표기하겠다. 이렇게 3종의 교과서를 선정한 이유는 교과서 ㉮와 교과서 ㉯의 경우, 한국 정부에 의한 국정 교과서이기 때문이며, 교과서 ㉰의 경우에는 2007년 말 현재 사용되고 있는 총 6종의 고등학교 근현대사 교과서 가운데 교육현장에서 이 교과서가 돌출적으로 가장 많이 채택되어 사용되고 있기 때문이다.

선정된 3종의 한국 역사교과서는 과거에서부터 현재에 이르기까지 시대적으로 구분하여 서술하는 일반적인 역사 서술방법을 채용하고 있으며, 시기구분상 전후 현대사를 맨 나중에 기록하고 있다. 다만 교과서 ㉯는 정치·경제·사회·문화의 부문으로 나누고 각 부분의 내용을 각각 시대순으로 정리하고 있으며, 교과서 ㉰는 총론과 각론에서 각각

| 중학교 국사 '07년판 표지 |

| 고등학교 국사 '07년판 표지 |

| 한국 근현대사 '07년판 표지 |

시대순으로 내용을 정리하고 있는 것이 형식상의 큰 특징이다. 이들 교과서에서 전후 현대사가 차지하는 비중을 살펴보면 다음과 같다.

교과서 ㉮는 제10장의 「대한민국의 발전」 부분에서 전후사를 서술하고 있으며, 본문의 경우 전체 329쪽 가운데 「현대」에는 총 36쪽으로 10.9%의 비중을 두고 있다.[1] 교과서 ㉯는 4개 부문에 걸쳐 각각 부분적으로 전후사를 서술하고 있으며, 본문의 경우 전체 335쪽 가운데 전후사에 대해서는 총 32쪽을 할애하고 있어 9.6%의 비중을 두고 있다.[2] 교과서 ㉰는 총론에 해당하는 제1단원 「한국 근현대사의 이해」의 제3장 「현대사회의 이해」와 제4단원 「현대사회의 발전」 전체를 통하여 전후 현대사를 서술하고 있다. 본문 전체 353쪽 가운데 전후 현대사에 총 118쪽을 할애하고 있어 33.5%의 비중을 두고 있다.[3] 이렇게 볼 때, 한국의 역사교과서에서 전후 현대사가 차지하는 비중은 통사적 교과서의 경우 대체로 10분의 1, 근현대사 교과서의 경우 대체로 3분의 1 정도가 된다고 할 수 있다.

차례를 살펴보면 한국의 중·고교 역사교과서가 대체로 현대사 서술에 있어서 국내 사회의 발전에 치중하다보니 경제영역에 관한 비중이 높고, 대외관계에 관한 언급이 대체로 부족하다는 점을 알 수 있다. 대외관계에 관한 항목으로는 기껏해야 북한과의 관계에 그치고 있다.

현대 한일관계에 비추어 볼 때, 한국의 전후사는 태생적으로 식민지 체제의 청산과정과 밀접한 관계를 가질 뿐 아니라 새로운 국제관계의

---

1) 1. 「대한민국 정부의 수립」(294-307쪽), 2. 「민주주의의 시련과 경제개발」(308-315쪽), 3. 「민주화운동과 통일을 위한 노력」(316-329쪽).

2) 제3단원 「통치구조와 정치활동」(5-4. 대한민국의 성립과 발전, 123-131쪽), 제4단원 「경제구조와 경제생활」(5-3. 현대의 경제성장과 자본주의의 발달, 184-191쪽), 제5단원 「사회구조와 사회생활」(5-3. 현대사회의 발전, 245-251쪽), 제6단원 「민족문화의 발달」(5-3. 현대문화의 성장과 발전, 328-335쪽).

3) 제1단원 「한국 근현대사의 이해」(26-35쪽), 제4단원 「현대사회의 발전」(246-353쪽).

형성이라고 하는 중요한 의미를 가진다. 역사적 맥락에서 상호관련성이 높은 주변국 일본과의 관계는 아무리 중요하다고 해도 과언이 아니다. 그러나 한국의 역사교과서들은 공통적으로 지나치게 민족 내부 문제를 중심으로 하는 역사 서술로 일관하고 있고 한일관계를 비롯한 대외관계에 대해서는 소홀히 다루고 있다.

2005년 1월에 '교과서포럼'이 주관한 심포지엄에서, 전상인 발표자는 한국의 근현대사 교과서가 가지고 있는 문제점으로 반외세적·감상적 민족주의가 넘치고 수정주의 역사관과 내재적 접근이 두드러지게 나타나고 있다는 지적을 했다. 비록 한국의 건국과정에 관한 서술에 국한하여 교과서를 분석한 것이지만, 이러한 지적은 현대 한일관계에 관한 역사교과서 서술의 문제점으로서도 시사하는 바가 크다고 본다.4)

_2_
분석 대상으로 채택된 일본의 역사교과서

이 장에서는 일본의 현행 중·고교 역사교과서 가운데, ①『新しい歷史敎科書』(扶桑社, 2005년판), ②『新編新しい社會歷史』(東京書籍, 2006년판), ③『詳說日本史』(山川出版社, 2007년판)을 분석 대상으로 하고자 한다. 이하 편의상 교과서 ①, 교과서 ②, 교과서 ③으로 표기하겠다. 이렇게 3종의 교과서를 선정한 이유는, 교과서 ①은 중학교 교과서로서 가장 보수우파 성향의 교과서로 한일 양국의 교과서 논쟁에서 주된 대

---

4) 교과서포럼, 『한국 현대사의 허구와 진실』, 2005. 전상인은 여기서 제1주제 「광복과 대한민국 건국과정」에 관한 발표를 담당했다.

『新しい歴史教科書』'07년판 | 『新編新しい社會歷史』'07년판 | 『詳說日本史』'07년판 |

상이 되고 있기 때문이며, 교과서 ②와 교과서 ③은 일본의 중학교와 고등학교에서 가장 널리 채택되어 사용되기 때문이다

선정된 3종의 일본 역사교과서는 공통적으로 서술형식에 있어서 과거에서 현재로 이르는 시간적 흐름을 시대적으로 구분하여 서술하는 일반적인 역사 서술방법을 유지하고 있다. 따라서 시기구분상 전후 현대사를 각 교과서의 맨 나중 부분에 기록하고 있다. 이들 교과서의 전체 내용 가운데 전후 현대사가 차지하는 비중을 살펴보면 다음과 같다.

교과서 ①은 제5장 제3절과 제4절에서 전후사를 서술하고 있으며, 본문의 경우 전체 226페이지 가운데 전후사 서술에 총 15쪽으로 6.6%의 비중을 두고 있어, 비교적 전후 현대사에 대한 서술에 인색한 편이다.[5] 교과서 ②는 제7장 「현대 일본과 세계」에서 전후사를 서술하고 있으며, 본문의 경우 전체 220쪽 가운데 전후사에 18쪽을 할애하고 있어 8.2%의 비중을 두고 있다. 교과서 ③은 제11장에서 제13장에서 전후사를 서술하고 있으며, 본문의 경우 전체 387쪽 가운데 전후 현대사에 42쪽을 할애하고 있어 10.9%의 비교적 높은 비중을 두고 있다.[6]

---

5) 제5장 제3절 「일본의 부흥과 국제사회」 212-219쪽, 제4절 「경제대국 일본의 역사적 사명」 220-226쪽.

6) 제11장 「점령하의 일본」 346-362쪽, 제12장 「고도성장의 시대」 363-375쪽, 제13장 「격

이처럼 일본의 역사교과서는 한국의 것에 비해 전반적으로 현대사에 비중을 낮게 두고 있으며, 출판사에 따라 전후 현대사에 대한 비중의 편차가 크다는 것을 알 수 있다.

일반적으로 일본의 역사교과서의 서술 내용에는 일본사 서술 내용 전반에 나타나고 있는 것과 마찬가지로 두 가지 큰 문제점이 있다고 지적되고 있다. 첫째는, 대체로 현대사 서술 전반에 걸쳐서 공통적으로 그 이전의 역사에 관한 서술에 비해 일본의 국제적 시야를 넓히고 다양한 국제관계를 묘사하고 있으면서도, 여전히 강대국 중심의 국제관계에 치중한다는 점이다. 일찍부터 보수적 성향의 역사연구자를 제외하고는 대다수 일본의 역사학자들로부터 비판을 받아오고 있는 '서구중심적' 세계사관과 '중국중심적' 동양사관이 개설서와 사전에서도 나타나고 있다.7) 한일관계를 중시하는 관점에서 바라볼 때, 일본의 전후사는 근대사와 밀접한 관계를 가질 뿐 아니라 새로운 국제관계의 형성이라고 하는 중요한 의미를 가진다. 역사적 맥락에서 상호관련성이 높은 주변국과의 관계는 아무리 중요하다고 해도 과언이 아니다. 그러나 일본의 역사교과서 차례에는 미국과의 관계를 중심으로 하여 기술한 항목 이외에는 일부 중국과의 관계를 중시하는 서술이 보이고 있을 뿐이며, 한반도에 관해서는 대체로 한반도 전쟁과 일본의 경제와의 관계를 부분적으로 다루는 것에 한정되어 있다.

둘째는, 현대사 서술에 있어서 교과서들이 국민국가 중심의 서술에 치우쳐 주변국, 소수자, 경계인에 대한 언급이 부족하다는 점이다. 조선이나 대만과 같은 전전 일본제국의 식민지와의 새로운 관계 구축, 그리고 중국과 동남아시아 국가 등의 일본군 점령지에 대한 전후 처리

동하는 세계와 일본」 376-387쪽.
7) 石渡延男·越田稜 編, 『世界の歷史教科書 : 11ヶ國の比較研究』, 2002, 258쪽.

에 대해서는 서술이 미흡하거나 전무하다. 이와 함께 일본의 경제발전의 축을 국제경제 '중심'에 대한 일본의 대응이라는 관점에서 서술된 점이 많다. 따라서 한국이나 동남아시아와 같이 일본에게 있어서 상품의 시장으로서의 역할을 담당했던 국가와 지역에 관한 서술이 미흡하다. 또한 국가의 정치체제 변동을 중심으로 현대사를 서술하다보니 사람들의 움직임, 즉 '민족 이동'에 대해서는 서술이 부족할 뿐 아니라, 특히 일본 국내에 있어서 사회적 소수자들이 처한 정치적 상황에 관한 서술은 지극히 부족하다. 이 점에 대해서는 일본의 역사학계에서도 기존의 근대국가중심 사관에 대한 비판 가운데 자주 지적되고 있다.[8]

_3_
해방 후 조선총독부의 잔무처리에 관한 서술

일본의 패전 이후에도 조선총독부는 종전사무처리본부의 형태로 식민지체제의 청산 업무와 함께 미군정체제의 정립을 위한 지원 업무를 실시했다. 일본 정부는 패전 직후 8월 24일 연합국 군사령부(SCAP)의 요구에 따라 전쟁 종결 업무 연락을 위해 '종전연락중앙사무국'을 설치했으며 마찬가지로 조선총독부도 8월 27일에 '종전사무처리본부'를 설치하고 하부부서로 총무부·절충부·정리부·보호부를 두었다. 이 가운데 보호부는 한반도와 중국 북동부 지역에 거주해 온 일본인을 송환하는 계획을 세우고 관련 예산을 세우기도 했다. 총독부는 일본인 귀환자들의 수송을 위하여 귀환열차를 지정했으며 서울과 부산에 '안내소'

---

8) 歷史學硏究會編, 『戰後歷史學再考: 「國民學」を越えて』, 2002, 18쪽, 128쪽.

| 조선총독부 건물 |

를 설치하여 귀환 원호를 담당하게 했다.

해방 직후 미군정청(USAMGIK)이 들어서기까지 총독부가 행정권을 장악하는 가운데 조선은행권 화폐를 남발함으로써 남한 사회에 물가 앙등을 초래한 것은 널리 알려진 사실이다. 조선은행이 미군정청에 접수되는 9월 30일 당시, 조선은행권 발행고는 86억 8천만 원이었으며 이는 1년 사이에 64억 원이나 증가한 것이었다. 특히 8월 15일부터 9월 30일까지 1개월 반 사이에 38억 4천만 원이나 초과 발행되었다. 이러한 화폐 남발은 일본군 소집해제와 관공서·회사 등의 해산에 따른 퇴직금 지급 등 경비지출이 많았던 것과 일본인 귀환자들이 대거 예금을 인출했던 것에 기인한다. 총독부는 이러한 예금 인출 및 일본 송금을 방조했을 뿐 아니라 스스로 방만한 '종전사무처리'를 행함으로써 해방된 남한에 높은 인플레이션을 유발시켰으며 심각한 경제적 타격을 입혔다. 9월 하순에 미군정청으로 업무가 이관되면서 '종전사무처리본부'는 해체되었으며 안내소의 업무도 10월에 들어 일본인 민간기구인 '일본인세화회'로 인계되었다.[9]

검토 대상 역사교과서에서 관련 사항에 관한 언급이 어떻게 이루어

9) 최영호, 「해방직후 부산경남지역의 귀환자 원호체계와 원호활동」, 『한국민족운동사연구』 제36호. 2003년 9월, 20-26쪽.

| 미군 진주를 기다리는 일본인 경찰과 서울 시민 |

지고 있는지 살펴보자. 우선 한국의 역사교과서를 보면, 교과서 ㉮는 해방 직후에 관한 언급에서 조선총독부에 대해 전혀 거론하고 있지 않다. "광복과 더불어 국내의 일부 지도자들은 조선건국준비위원회를 결성하고 치안을 유지하고 독립국가의 건설을 준비하였다"라고 하여,[10] 해방 직후 국내 '애국지사'의 석방, 해외 '독립지사'의 귀국, 미소 강대국에 의한 한반도 분단만을 언급하고 있다. 교과서 ㉯에도 해방 후 조선총독부에 관한 언급은 전혀 없으며, 정치 부문의 첨부사진 설명에서 "항복문서에 서명하는 아베 총독"이라고만 언급하고 있을 뿐이다.[11] 8·15 해방에 관한 언급에 이어 "일본의 패망을 확신하고 새로운 국가의 건설을 준비해 왔던 대한민국 임시정부는 보통선거를 통한 민주공화국의 수립을 규정한 대한민국 건국강령을 제정·공포하였다"라고 하여,[12] 두드러지게 임시정부 세력의 존재를 부각시키고 있다. 경제 부문에서

10) 교과서 ㉮, 298쪽.
11) 교과서 ㉯, 123쪽.
12) 교과서 ㉯, 123쪽.

도 "8·15 광복은 우리 손으로 국가를 수립하고 일제지배의 잔재청산과 각종 개혁실시 및 제도정비 등을 수행할 출발점이었다. 그러나 남북분단과 정치적 혼란으로 경제적 어려움은 가중되었다"라고 하여,[13] 해방이 곧바로 강대국에 의한 분단으로 이어진 것처럼 언급하고 있다. 교과서 ㉰의 경우도 마찬가지이다. 해방정국에 관한 언급으로서는 "갑작스럽게 전해진 일제의 항복 소식으로 사회는 커다란 혼란에 빠질 위험이 있었다. 그렇지만 곳곳에서는 이러한 혼란을 막고 새로운 사회를 준비하기 위한 움직임들이 자발적으로 일어났다"라고 하고,[14] 해방으로 인한 군중들의 감격, 건국준비위원회의 치안·행정 담당, 정치범 석방 등 여운형이 조선 총독에게 요구한 5가지 사항, 다양한 정치세력의 등장과 해외 독립운동가들의 귀국 움직임을 소개하는 데 그치고 있다.

그럼 일본의 역사교과서는 어떠한가. 교과서 ①은 "일본 국민이 처음으로 체험하는 패전"과 연합국 군에 의한 점령 개시에 관하여 서술하면서도[15] 이로 인한 식민지 통치 종결에 대해서는 전혀 언급하고 있지 않다. 교과서 ②는 전쟁 종결로 "일본이 점령한 동남아시아와 조선, 대만 등 일본 식민지는 해방되고 독립을 맞았다"라고 하여 식민지 해방을 서술하고 있으나,[16] 식민지 해방의 과도기적 현상에 대해서는 전혀 언급이 없다. 이러한 서술방식은 교과서 ③에서도 동일하게 나타나고 있다. 이것은 일본의 현대사 출발에 있어서 패전과 점령에 지나치게 큰 비중을 두고 있기 때문에 생기는 현상이다.

이처럼 한국과 일본의 역사교과서는 공통적으로 일본의 패전이 곧

---

13) 교과서 ㉰, 184쪽.

14) 교과서 ㉱, 254쪽.

15) 교과서 ①, 211-212쪽.

16) 교과서 ②, 195쪽.

한반도의 해방이며 총독부 통치의 종결이라는 뉘앙스의 서술이 이루어지고 있다. 총독부의 잔무처리과정에 대한 언급은 말할 것도 없지만 미군의 진주와 군정이 체계화되기까지의 시기에 대해서도 전혀 언급을 찾아볼 수 없다. 한일 양국의 역사교육에서 공통적으로 조선총독부의 잔무처리과정을 무시하고 있는 것이다. 이러한 점령체제에 이르는 과도기 현상을 무시하는 역사교육은 학생들에게 역사 현상의 다양성에 관한 유연한 상상력을 차단하고 경직된 단순 논리에 빠지게 하기 쉽다.

_4_
패전 직후 한반도 일본인의 귀환에 관한 서술

한반도 거주 일본인 문제는 한반도 식민지체제와 사람들(people)을 고려할 때 가장 중요한 문제라고 할 수 있으며, 따라서 해방 후 이들의 일본 귀환은 식민지체제의 종결 내지 청산이라고 하는 의미를 갖는다. 일본 후생성 자료에 의하면, 패전 이후 1947년 12월까지 한반도에 거주하던 일본인이 남한지역에서 593,088명, 북한지역에서 321,752명이 일본으로 돌아간 것으로 되어 있다.[17) 여기에 만주지역에서 한반도를 경유하여 귀환한 일본인 민간인과 군인들을 포함하면 100만 명이 훨씬 넘는 일본인들이 한반도를 거쳐 일본으로 귀환한 것이 된다. 이처럼 일본인의 본국 귀환 문제는 세계사에서 유래를 찾기 힘든 단기간에 걸친 대규모 민족 이동이며, 현대의 한일관계 역사를 이해하는 데 있어서 빼놓을 수 없는 중요한 사건이다. 특히 재조선 일본인 귀환자들은

---

17) 引揚援護廳, 『引揚援護の記錄』, 1950, 84쪽.

| 제주도 일본군의 무장해제 |

귀환 과정과 귀환 이후 자생단체를 결성하여 일본 정부에 대해 압력단
체로 활동했으며 한일국교정상화 교섭과정에도 크게 영향을 끼친다.18)

　패전 직후에 설립된 '일본인세화회'는 조선총독부와 조선군의 요구
에 의해 설립되어 자금지원을 받으면서 귀환자 원호활동을 전개했다.
조직활동에 있어서 조선총독부 '종전사무처리본부'나 미군정 당국과
밀접한 관계를 유지해 왔다. 스스로 귀환자이면서 귀환사업의 주체로
등장한 일본인 유력인사들이 조선총독부의 행정력 공백을 보충하는 역
할을 담당했다. 그 가운데 주도적인 세력은 일본 귀국 후 귀환자의 원
호·정착지원·재외재산 문제에 대해 정부와 교섭을 담당한 것은 물론,
귀환사업에 대한 이해를 구하기 위한 귀환자 계몽활동 등을 담당했다.19)

　한국 역사교과서의 내용에서 관련 사항에 관한 서술이 어떻게 이루

---

18) 노기영, 「해방후 일본인의 귀환과 중앙일한협회」, 『한일민족문제연구』, 제10호, 2006년
6월, 125-157쪽.

19) 최영호, 『현대한일관계사』, 2002, 80-92쪽.

어지고 있는지 구체적으로 살펴보자. 우선, 교과서 ㉮의 경우는 해방 후 부분은 물론 식민지 시기 부분에서도 한반도 거주 일본인에 관한 언급을 전혀 하고 있지 않다. 교과서 ㉯는 경제 부문에서 "광복 직후에 주로 일본 자본으로 운영되던 많은 기업이 원료와 기술, 자본 부족의 어려움으로 공장의 문을 닫아야 했다"고 하여[20] 일본인의 귀환에 따른 문제점을 간접적으로 언급하고 있다. 그리고 사회 부문의 '심화과정'에서 시대별 인구의 변화에 관한 통계를 제시하는 가운데, 1910년부터 1940년대까지 한반도에 거주한 외국인(일본인 포함) 통계를 내놓고 있어, 패전 후 일본인의 귀환을 생각하게 하고 있다.[21] 다만 본문에서는 해방 후 인구변화를 언급하면서도 일반인 귀환에 따른 급격한 인구변화에 대해서는 전혀 언급이 없다. 또한 정치 부문에서는 교과서 ㉮와 마찬가지로 해외로 망명한 정치가들의 귀국만을 언급하고 일본인이나 한국인의 일반 귀환에 대해서 전혀 언급하고 있지 않다. 한편 교과서 ㉰에는 일본인 귀환에 관한 언급은 있으나 지나치게 선악의 이분법적 관점에서 이 문제를 거론하고 있다. "일본이 항복하자 일본인 기업주나 지주들은 자신들이 가진 재산을 처분하고 일본으로 도피하였다. 노동자들은 일본인 기업가가 시설을 파괴하고 재산을 빼돌리는 것을 막기 위해 공장의 재산을 관리하는 한편, 생산활동을 계속하였다. 이러한 움직임은 농민들 사이에서도 일어났다"라고 하여,[22] 귀환한 일본인에 대한 지나친 부정적인 인식과 함께, 한국인 노동자·농민에 대해서는 지나치게 관대한 관점을 보이고 있다.

이와 관련하여 일본의 역사교과서 내용을 살펴보면, 교과서 ①과 교

---

20) 교과서 ㉯, 184쪽.
21) 교과서 ㉯, 252쪽.
22) 교과서 ㉰, 254쪽.

| 열차로 부산으로 향하는 일본인 귀환 어린이 |

과서 ②가 공통적으로 본문에서는 관련 서술을 전혀 하고 있지 않지만, 현대사 서술을 시작하는 부분에서 사진 설명을 통해 이 문제의 중요성을 인식시키고 있다. 고과서 ①은 중국에서 귀환하는 일본인 병사의 사진을 게재하고 있으며,[23] 교과서 ②는 중국 대륙과 한반도에서 귀환하는 일본인 어린이 사진을 게재하고 있다.[24] 반면에 교과서 ③은 본문 가운데 '복원(復員)과 귀환'이라는 칼럼을 설정하고 귀환자 통계를 제시하면서 다음과 같은 관련 서술을 하고 있다.[25]

패전의 시점에서 해외에 있던 일본 군대는 약 310만 명, 그외에 약 320만 명의 일반 거류민들이 있었다. 재산을 잃은 거류민과 복원 군인으로 이루어진 약 630만 명의 일본인들이 일본 국내로 귀환하게 됐다. 특히 비참했던 것은 옛 만주국 지역의 거류민들이었다. 그들 가운데 기아와 질병으로 사망한 자가 적지 않으며 잔류 고아로서 남겨진

23) 교과서 ①, 212쪽.

24) 교과서 ②, 204쪽.

25) 교과서 ③, 355쪽.

자도 있었다. 소련에 항복한 약 60만 명의 군인과 거류민들이 시베리아 수용소에 이송되어 혹한 속에서 수 년간 강제노동을 당했으며 6만명 이상이 목숨을 잃었다. 소련으로부터의 귀환은 가장 늦었으며 마지막으로 1956년경까지 이어졌다.

이처럼 일본의 역사교과서는 대륙으로부터의 귀환자에 초점을 맞추어 현대사 출발 시점에 관한 서술에서 일본인 귀환자 문제를 비중 있게 다루고 있다. 다만 패전 후 일본인의 귀환이 부당한 식민지 지배와 침략적인 전쟁의 소산이며 전후 국제관계의 재편과정의 일환이었다는 것에는 언급이 없으며, 대신에 '귀환=고난'이라는 점을 강조한 것이 두드러지게 나타나고 있다. 또한 일본 군인에 대한 시베리아 억류 문제를 다루면서도 일본군 속에 끼어 있던 조선인 군인·군속에 관한 언급은 전혀 없다. 일본인의 귀환을 전혀 언급하지 않는 한국의 역사교과서와 마찬가지로, 일본의 역사교과서도 결국 자국민·자민족 중심의 역사서술에서 전혀 벗어나 있지 않다는 것을 잘 보여 주는 대목이다.

_5_
해방 후 재일한인의 귀환과 '잔류'에 관한 서술

일본의 패전 직후 원호체계가 갖추어지지 않은 가운데 일본에서 한반도로 140만 명이 넘는 대거 귀환이 전개되었던 것은 한민족의 이동뿐 아니라 한반도와 일본 간에 있어서의 사람들의 관계사를 이해하는 데 있어서 빼놓을 수 없는 중요한 사건이다.[26] 이들 귀환자들은 대부

---

26) 한일관계사학회편, 『한일관계 2천년: 보이는 역사, 보이지 않는 역사, 근현대』, 2006,

| 하카타항에서 귀환을 기다리는 한인 여성들 |

분 '전재민(戰災民)'으로 호칭되었던 것처럼 일본에 강제로 연행되어 전쟁수행을 위한 노동자로 이용되어 피해를 받았으며 일본의 패전과 함께 직장을 잃거나 버리고 고국으로 돌아온 사람들이었다. 이들 중 대부분은 고국에 돌아와서도 사회에 적응하지 못하고 절대빈곤 상황 속에서 불안정한 생활을 보내게 되었다. 이들에 대한 보상 문제는 현대 한일 간 전후처리에서 가장 중요한 문제가 되어 왔다.

또한 일본에 '잔류'한 재일한인 문제도 사람들을 중심으로 하여 현대 한일관계를 고려할 때 중요한 문제가 되었다. 해방 후 재일한인의 법적 지위가 처음으로 언급된 것은 연합국 군사령부가 1945년 11월에 발표한 「일본점령 및 관리를 위한 연합국 최고사령관에 대한 항복 후에 있어 초기의 기본지령」에서부터였다. 이 지령은 재일한인의 지위에 대해 해방된 '해방민'이지만, 여전히 계속 일본 국민이기 때문에 연합국에 대해서는 '적국인'이라고 했으며, 그러면서도 '일본인'은 아니라고 규정하였다.27) 1947년에는 이들에게 「외국인 등록령」을 시행하기도

198-205쪽.

27) 外務省政務局, 『在日朝鮮人管理重要文書集, 復刻版』, 1950, 10쪽.

| 재일한인을 연상케 하는 패전 직후
일본 치안당국의 방범 포스터 |

했다. 이러한 재일한인들의 애매한 법적 지위는 점령기간 내내 유지되
었다. 그러다가 1952년 4월 샌프란시스코강화조약의 발효를 하루 앞두
고 일본 정부는 이들에게 국적 선택의 자유를 인정하지 않고 일방적으
로 그리고 일괄적으로 이들을 외국인화했다.

그 후 재일한인이 대거 북한에 들어가는 배경에는 법적 지위의 불안
정성과 함께 일본 사회로부터의 차별이 있었다. 1959년부터 1982년까
지 23년간에 걸쳐 도합 93,412명의 재일한인이 '북송' 길에 올랐다. 이
가운데에는 2,400명에 달하는 일본인 배우자도 포함되어 있었다. 일본
정부는 당시 진행되고 있던 한일회담의 파탄을 무릅쓰면서까지 '북송'
추진을 결정했다. 당시 일본 국민의 전반적인 사고방식은 재일한인 대
부분이 실업자였던 것에 비추어 생활보조 등 일본 국민의 재정적 부담
이 되며 사회적으로도 성가신 존재로 인식하고 있었던 만큼 "돌아가고
싶어하는 자들을 돌아가게 하라"는 주장이 많았다.[28] 이처럼 국교정상
화가 이루어지기 이전에도 한반도와 일본 사이에 있어서 끊임없이 사
람들의 이동이 있었다고 하는 사실을 역사교육이 간과하면 안 될 것이다.

그렇다면 검토 대상 역사교과서에서는 재일한인의 귀환과 '잔류'에

---

28) 한일관계사학회편, 『한일관계 2천년: 보이는 역사, 보이지 않는 역사, 근현대』, 2006,
323-332쪽.

대해 어떻게 언급되어 있을까. 먼저 일본의 교과서 ①, 교과서 ②, 교과서 ③ 내용을 살펴보면, 재일한인 관련 서술이라고는 교과서 ③이 말미 부분의 「민주화의 과제」에서 "재일 한국·조선인과 아이누인, 외국인 노동자 등에 대한 편견과 차별을 없애는 일도 일본인 한 사람 한 사람의 과제"[29]라고 언급한 것이 유일하다.

그런데 한국의 역사교과서에서도 재일한인에 대한 서술에 지극히 인색하다. 재일한인의 '잔류'는 말할 것도 없고, 귀환과 관련해서도 교과서 ㉮는 해방 후 귀환의 움직임에 대해서도 일본인이나 한인의 일반인 귀환자들의 동향에 관하여 전혀 언급이 없고, 다만 해외 '독립지사'의 귀환만을 언급하고 있을 뿐이다. 해방 후 귀환 문제에 관한 지극히 편향된 시각이라고 지적하지 않을 수 없다. 교과서 ㉯의 경우에도 정치 부문에서는 교과서 ㉮와 만찬가지로 해외망명 정치가들의 귀국만을 언급하고 있으나 일본인이나 한인의 일반 귀환에 대해서는 전혀 언급을 하고 있지 않다. 교과서 ㉰에도 재일한인을 특정하여 거론한 곳은 전혀 없다. 다만 한인의 해외 이주를 언급하는 가운데, "광복 당시 해외에서 우리나라 사람이 가장 많이 살던 곳은 만주와 일본이었다. 이들은 주로 국내에서 살기 어려워 새로운 생활을 찾아 떠나거나 노동력을 징발하기 위한 일제의 식민정책으로 옮겨간 사람들이었다. 때문에 상당수는 광복 후 한국으로 돌아왔다"라고 하여,[30] 간접적으로 간략하게 재일한인의 존재를 확인하고 있을 뿐이다.

이처럼 한국과 일본의 역사교과서는 공통적으로 한일 양국의 경계에서 살아오고 있으며 일본 사회의 구성원이 되어가고 있는 재일한인을 거의 무시하고 있다고 해도 과언이 아니다. 일본의 역사교과서는 일본

---

29) 교과서 ③, 214쪽.
30) 교과서 ㉰, 340쪽.

인 단일민족사회의 '신화'를 일본 사회에 확산시키는 데 거들고 있다는 비판을 모면하기 어렵다고 본다. 또한 한국의 역사교과서들이 공통적으로 전반적인 내용에 있어서 민족을 중시하는 관점에서 역사를 서술하면서도 이처럼 재일한인에 대해 전혀 언급을 하고 있지 않은 것은, 이들 교과서가 말하는 '우리 민족'이 한반도 안에 거주하는 좁은 의미의 민족에 한정하고 있다는 문제점을 그대로 보여 주고 있는 것이라고 할 수 있다.

_6_
한반도 전쟁에 대한 일본의 관여에 관한 서술

1950년 6월 한반도에서 전쟁이 발발하자 점령하에 있던 일본 정부는 맥아더 사령부의 요구를 적극 받아들여 전쟁에 협력하는 노선을 취했다. 일찍이 요시다(吉田茂) 수상은 "북조선 공산군의 침략을 방관하는 것은 민주주의의 자살이나 다름없다"라고 하는 견해를 밝히고, 1950년 8월에 국회 심의를 거치지 않는 정령(政令)의 형태로 경찰예비대를 창설했다. 요시다는 미국이 요구하는 일본의 독자적인 재군비에는 반대했으나, 샌프란시스코강화조약과 함께 미국과 안보조약을 체결함으로써 안보태세를 확립했다.[31]

무엇보다 한반도 전쟁은 일본에 전쟁특수를 일으켜 경제적 불황을 탈피하게 했으며 전후 최초로 본격적인 호경기를 맞게 했다. 한반도 전쟁 발발을 계기로 일본은 미군의 군수 물자와 서비스 보급을 위한

---

31) 和田春樹, 『朝鮮戰爭』, 1995, 227-230쪽.

기지가 되었다. 이러한 전쟁특수는 조달 대상이 된 품목 관련 산업 부문을 윤택하게 하고, 끝공업 생산액, 실질 GNP, 1인당 국민소득, 민간 소비 등 주요 경제지표에 있어서 1950년대 중반에 거의 전전(戰前) 수준을 돌파하게 했다.[32]

또한 한반도 전쟁 발발을 전후하여 일본에서 재일한인의 민족교육과 민족 단체에 대한 정치적 압력이 강화되었으며, 일본공산당과 깊은 관계를 가진 재일한인 운동가들의 단체활동을 정지시켰다. 점령당국에 의해 비합법단체로 몰릴 위기에 처한 일본공산당은 비록 당내에 노선을 둘러싼 갈등이 있었지만 전반적으로 전쟁 지원에 대한 반대 입장을 분명히 했다. 당내 주류파들은 한반도 내전에 관여하지 않는다는 소극적인 노선을 채택했으며, 이에 대해 당내 '국제파'는 북한의 '해방전쟁'과 결탁하여 반제국주의 공동투쟁을 주장함으로써 점령당국과 대치하는 양상을 보였다. 한반도 전쟁에는 재일한인 의용군이 참전하기도 했으며, 일본인 군사기술자가 연합국의 작전하에 전쟁에 관여하기도 했다.

한국과 일본의 역사교과서에 나타난 관련 서술 내용을 살펴보자. 한국의 역사교과서에는 공통적으로 '6·25전쟁'에 대한 기술을 비교적 많이 하고 있음에도 불구하고 일본이나 재일한인과의 관계에 대해서는 전혀 서술을 하고 있지 않다. 다만 교과서 ㉮가 "많은 청년들이 군에 지원하여 조국 수호에 앞장섰다"고 서술하여 있어 해외 한인에 대해서까지 해석할 수 있는 여지를 남기고 있을 뿐이다.[33] 한반도 전쟁의 전개 과정과 영향을 지나치게 국내에만 한정시키고 있는 것이다.

반면에 일본의 역사교과서에서는 공통적으로 한반도 전쟁과 일본과

---

32) 佐々木潤之介 外編, 『槪論日本歷史』, 2000, 279-280쪽.
33) 교과서 ㉮, 305쪽.

의 관계에 관하여 군사적·경제적 관점에서 서술이 그런대로 이루어지고 있다. 다만 앞서 지적한 대로 전반적으로 재일한인에 관한 언급이 없는 가운데, 한반도 전쟁과 재일한인과의 관계에 대한 언급은 나타나 있지 않다. 일본 교과서들이 공통적으로 일본의 군사적 재무장과 경제적 회복을 논하고 있는 가운데, 교과서의 성격에 따라 군사적 재무장에 대한 평가는 달리 서술되고 있다. 예를 들어, 교과서 ①은, "일본에 주둔하는 미군이 한반도에 출동한 후 치안을 지키기 위해 일본은 점령당국의 지령에 의해 경찰예비대를 설치했다"라고 하여,[34] 일본의 재무장을 정당화하고 있다. 이에 반하여 교과서 ②는 점령당국의 지령에 의하여 만들어진 경찰예비대를 전신(前身)으로 하는 자위대가 1951년에 체결된 미일안보조약과 함께 커다란 정치 문제가 되었다고 하여,[35] 일본의 재무장에 대한 중립적인 견해를 내비치고 있다. 한편 교과서 ③의 경우는, 「조선전쟁과 일본」이라는 항목을 설정하고 비교적 상세한 해설을 하고 있는 가운데, 옛 군인들에 대한 공직 추방이 해제되고 경찰예비대에 이들이 채용되었다고 하여 재무장에 대한 비판적 견해를 나타냈으며, 반공정책의 일환으로 재무장 움직임과 함께 공산주의운동이나 노동운동에 대한 억압이 있었던 점을 부각하고 있다.[36]

---

34) 교과서 ①, 217쪽.
35) 교과서 ②, 208-209쪽.
36) 교과서 ③, 358-359쪽.

_7_
샌프란시스코강화조약과 한국과의 관계에 관한 서술

샌프란시스코강화조약은 전후 일본의 점령 종결과 새로운 독립국가로서의 출발을 이해하는 데 중요한 문제이며 전후 한국과 일본과의 외교관계 조건을 이해하는 데에도 반드시 고려해야 하는 사건이다. 대일점령 종결을 위한 강화조약이 1951년 9월 샌프란시스코에서 조인되었으며 이듬해 4월에 발효되었다. 미 국무부는 1947년 7월 11일 극동위원회를 구성하는 11개 국 대표에게 대일강화의 예비회의를 제창했으나 강화회의의 방식에 대한 미·소의 근본적인 대립으로 이루어지지 못했다. 냉전이 절정기에 달했던 1949년 9월 미국과 영국 외상의 워싱턴 극동회의에서 대일강화의 방침이 협의되었고, 소련을 중심으로 하는 사회주의 진영에서도 1950년 2월 중국과 소련의 우호동맹 상호원조조약을 통해 일본과의 강화를 촉진하기로 협약했다. 그러나 같은 해 6월에 발발한 한반도 전쟁은 전면적인 강화보다는 미국을 중심으로 하는 부분적인 강화가 이루어지도록 하는 데 결정적인 계기가 되었다. 강화조약 체결을 위한 개별 접촉에서 중국의 대표권 문제가 주요 문제로 대두되어 결국 대륙의 중국과 대만(臺灣)의 중화민국은 강화회의에서 제외되었다.

마찬가지로 한국도 이승만 정부의 의도와는 달리 일본의 강화회의에서 배제되었으며, 결과적으로 독도영유권 문제나 전후처리 문제 등을 국제적으로 해결하는 기회를 얻지 못하고 일본과 개별적으로 힘겹게 국교정상화 교섭을 추진해야 했다. 한국 정부는 태평양전쟁 말기에 상해임시정부가 선전포고를 하고 광복군을 통해 일본제국과 전쟁을 했다고 하는 전쟁당사자로서의 논리를 세워 강화조약에 서명국으로서 참여

| 샌프란시스코 대일강화조약 체결식 |

하려 했다. 그러나 한국의 주장은 요시다 수상과 덜레스(J. F Dulles) 특사에 의해 무시되었으며, 그 대신에 대일강화조약의 발효를 앞두고 미국 측의 주선으로 일본과 단독으로 수교교섭을 진행하게 되었다.[37] 이렇게 볼 때, 대일 강화를 '부분 강화'라고 표현하는 경우, 그것은 소련과 중국을 제외한 것과 함께, 한반도와 대만이라는 식민지에서 새로 태어난 국가도 제외했다는 점을 의미하기도 한다.

검토 대상 역사교과서 내용에서 샌프란시스코강화즈약에 관한 언급 상황을 살펴보면, 우선 한국의 역사교과서의 경우, 세 가지 교과서 중 어느 것에도 일본의 점령 종결과 한국과의 관계에 곤한 언급이 없다. 일본의 점령 자체를 언급하고 있지 않을뿐더러 한일두교정상화 개시에 관한 언급이 없다보니 대일강화조약에 관한 서술이 나올 티가 없었을 것이다. 더욱이 교과서 ㉤가 「제2차 세계대전 이후의 세계」, 즉 냉전의 확산을 논하는 부분에서 중화인민공화국의 성립이나 제3세계의 형성을 논하면서도 일본의 재무장이나 점령 종결을 언급하지 않은 것을 볼 때, 한국의 역사교과서가 전반적으로 주변국 일본의 전후 독립 문제를 무시하고 있다는 느낌을 지울 수가 없다.

---

37) 최영호, 『현대한일관계사』. 2002, 128-129쪽.

| 샌프란시스코강화조약 체결을 알리는 일본 신문 |

한편, 일본의 역사교과서를 보면, 세 가지 교과서가 공통적으로 일본의 주권 회복으로서 샌프란시스코강화조약을 거론하고 있으면서도 한국과의 관계에 대해서는 언급을 소홀히 하고 있다. 교과서 ①과 교과서 ②는 한국과의 관련에 대해 전혀 언급을 하지 않고 있으며, 교과서 ③의 경우, 강화조약에 일본 영토에 대한 엄중한 제한 조치로서 '조선의 독립' 등이 규정되었다고 했으며, 강화조약 이후 "비교전국인 태국과 한국에 대해서도 일본 정부가 배상에 준하는 지불을 행하였다"라고 서술하고 있다.[38] 이러한 서술에서 한반도 독립을 지나치게 국제정치의 소산으로만 보고 있다는 점과 일본이 점령 종결 후 전후보상에 노력한 것으로 긍정적으로 평가하고 있다는 점을 문제점으로 지적하지 않을 수 없다.

또한 교과서 ③에는 대일강화회의에 초청되지 않은 국가로서 중화인민공화국과 중화민국만을 언급하고 있는데, 초청받지 않은 이유에 관하여 설명되어 있지 않다. 그러면서도 강화조약 체결 이후 일본 정부가 중화민국을 유일 정통정부로 인정하여 1952년에 평화조약을 맺은

---

38) 교과서 ③, 360쪽.

과정에 대해서는 설명하고 있다.[39] 이에 반하여 초청받지 않은 국가로서 한반도 국가에 대해서는 언급이 전혀 없으며, 따라서 한일국교정상화에 이르는 과정의 문제점에 대해서도 아무런 언급이 없다.

_8_
한일국교정상화회담에 관한 서술

국교정상화회담은 1951년 10월에 미국의 중재 아래 예비회담을 개최하여 기본조약을 체결하기까지 14년간에 걸쳐 진행되었다. 그러나 한일회담 과정과 그 결과로서 맺어진 한일기본조약은 전후 외교관계를 새롭게 규정하는 기능을 했지만 그와 함께 그 후 빈번히 발생하는 역사인식 외교 문제의 원점이 되었다고 해도 과언이 아니다. 이 조약이 과거 식민통치에 대한 역사적 평가를 양국이 편의적으로 해석할 수 있는 여지를 남긴 애매한 타협의 소산이었기 때문이다. 현대 한일관계에서 끊임없이 역사인식 문제가 반복되고 있는 것은 이처럼 국교정상화 과정에서 역사 문제가 말끔히 처리되지 못했기 때문이다.[40]

박정희 군사정부는 혁명공약으로 국민의 생활고 해결과 경제의 자립화를 내걸었던 만큼 일본으로부터 자본을 유치하기 위한 기본 작업으로서 일본과의 수교타결을 서두르게 되었다. 1962년 11월 김종필 중앙정보부장과 오히라 외상이 청구권 자금에 대해서 무상자금 3억 달러,

---

39) 교과서 ③, 360쪽.
40) 이원덕, 『한일 과거사 처리의 원점: 일본의 전후처리 외교와 한일회담』, 1996, 1-4쪽.

| 한일기본조약에 대한 한국 측 비준 |

유상자금(장기정부차관) 2억 달러로 합의한 것을 계기로 양국의 수교교섭은 타결의 실마리를 찾게 된다. 한일수교교섭이 타결된 데는 미국의 권유도 크게 작용했다. 군사정부가 들어서는 시기는 동북아시아를 둘러싸고 냉전구조가 정착되어가던 시기였다. 1960년대 중반에 들면서 한미방위협정과 미일방위협정을 양축으로 하여 미국 주도의 반공동맹체제가 견고해지고 있었으며 베트남전쟁에 대한 미국의 적극적인 개입은 한국과 일본을 미국 주도의 동아시아 동맹체제에 더욱 긴밀하게 끌어들였다. 이와 함께 한일 양국의 관계 개선에 대한 미국의 입김도 강해졌으며 이러한 미국의 지지와 권유가 수교 타결의 촉진제가 되었다.

  한일 양국은 1965년 6월 기본조약과 이에 부속하는 4개의 협정을 조인했다. 한일회담에 대한 반대운동이 전개되는 가운데 한국 정부는 대일수교를 단행했다. 한국 측은 청구권 자금을 얻는 대신에 식민지 역사에 대한 일본의 반성과 보상을 유보했다. 특히 기본조약에서 과거 대한제국과 일본제국 간의 구 조약에 대해 양국의 인식 차이를 '이미 무효'라는 애매한 문구로 처리함으로써 양국이 식민지 지배의 법적 효력에 대해 각기 다른 해석을 할 수 있게 했다. 이로 인하여 한국은 오

| 일본 노동단체의
한일기본조약 비준 반대운동 |

늘날에 이르기까지 일본 정부로부터 과거 식민지 지배의 불법성을 수
긍하는 태도를 이끌어 내지 못하고 있는 것이다.

검토 대상 역사교과서 내용에서 한일국교정상화 과정에 관한 언급
상황을 구체적으로 살펴보자. 우선 한국의 교과서 ㉮는 국교정상화 과
정과 문제점에 대한 언급을 생략하고, 「5·16 군사정변」 부분에서 "오
랫동안 숙제로 남아 있던 일본과의 관계를 개선하여 한일협정을 체결
하였다"라고만 간단히 언급하고 있다.[41] 교과서 ㉯ 역시 대일 수교과
정에 대해서는 서술을 생략하고 있다. 다만 국교정상화의 문제점에 대
해서, "박정희 정부는 조국근대화 실현을 국정의 주요 목표로 삼고 경
제개발정책을 추진하면서 일본의 사과와 정당한 보상을 요구하는 시
민, 학생들의 격렬한 반대를 억누르고 한일 간 국교를 정상화하였다"
라고 하여,[42] 중학교 교과서인 교과서 ㉮보다는 진일보한 서술을 담고
있다. 그러나 「경제개발계획의 추진과 고도성장」 부분에서 경제성장의
요인 가운데 하나로 박정희 정부의 '외국에서 도입한 차관'을 언급하
면서도, 대일 청구권 자금에 대해서는 전혀 언급하고 있지 않다. 이에
비해 교과서 ㉰는 한일국교정상화 문제에 관하여 비교적 많은 언급을

41) 교과서 ㉮, 311쪽.

42) 교과서 ㉯, 126쪽.

하고 있다. 실습활동을 위한 문제로 김종필과 오히라에 의한 비밀회담 기록을 제시하고 한일회담이 한국 사회에 끼친 영향을 생각하도록 한 것은 이 문제의 복합성을 인식시키기에 적절한 교육방법이라고 평가할 수 있다. 그러나 본문의 서술에서는 다음 인용문에서 보이는 바와 같이 국교정상화 문제의 복합성을 전달하기보다는 그 부정적인 측면에만 초점을 맞추고 있다.43)

> 한일회담에서 국민들의 관심은 일제의 침략과 식민지배에 대한 사죄와 배상에 집중되었다. 그러나 정부는 차관을 비롯하여 경제개발에 필요한 자금을 확보하는 데 치중하였다. 이에 많은 학생과 시민, 언론들은 '굴욕적인 대일외교'에 반대하였다. 학생들은 한일회담에 대한 반대에서 한 걸음 더 나아가 1964년 6월에는 서울 시내 중심부에서 대대적으로 정권의 퇴진을 요구하는 시위를 벌였다. 정부는 비상계엄과 휴교령으로 반대운동을 억눌렀다. 그리고 이듬해 대학과 고등학교의 문을 닫고 위수령을 내려 군대를 동원한 가운데 한일협정을 비준하였다. 한일국교정상화의 결과 동북아시아에서는 공산주의 세력에 대한 한미일 공동안보체제가 형성되었다.

한편 일본의 역사교과서에서도 한국과의 관계수립에 대해서는 언급이 있지만, 국교정상화 과정에서의 역사인식의 차이나 문제점에 대해서는 거의 언급이 없다. 교과서 ①은 "1965년에는 일본이 한국과 기본조약을 맺고 국교를 정상화했으며 유상 2억 달러, 무상 3억 달러의 경제협력을 약속했다"라고 간단히 서술하고 있는데,44) 이는 경제협력으로 전후처리를 다했다고 보는 관점이 드러난 서술이다. 교과서 ②는 "일본이 1965년에 한국과 기본조약을 맺어 한국 정부를 한반도에 있는

---

43) 교과서 ㉯, 286쪽.
44) 교과서 ①, 221쪽.

유일한 합법적 정부로서 승인했다"라고 간단히 서술하는 있는데,[45] 이는 냉전체제에 맞추어 북한을 제외시킨 것에 대한 문제인식을 내포한 서술로 보인다. 교과서 ③에서는 한일기본조약이 "1910년 이전의 모든 조약의 실효(失效)를 확인했다"라고 하여, 한국 측이 무효(無效)라고 인식하는 것과는 다른 견해를 나타내고 있으며, "한국 정부를 한반도에 있는 유일한 합법적인 정부로 인정하고 한국과 국교를 맺었다"라고 하여, 교과서 ②와 동일한 문제인식을 담고 있다. 아울러 교과서 ③에는 각주에서 7차에 걸친 한일국교정상화 과정을 해설하고 있다.[46]

_9_
이승만 라인에 관한 서술

이승만 정부의 '평화선' 문제는 1950년대 전반에 걸쳐 가장 중요한 한일관계의 이슈가 되었으며 한일국교정상화 교섭을 중단시키기도 하며 촉진시키기도 한 쟁점이 되었다. 오늘날의 어업협정과 독도영유권 문제와 관련하여 신생 한국 정부가 독립국가로서 일본에 대해 해양법 규범과 영유권 주장을 내세운 것으로 전후보상 문저와 함께 일본과의 사이에서 의견 차이가 심한 중요 쟁점이었다. 이 문저에 대해서는 1950년대 당시 및 오늘날의 국제법적 의미에 관한 재해석이 필요하다.

한국 정부는 1951년 9월 독도를 포함하여 기존의 '맥아더 라인'과 거의 유사하게 어업보호수역 확보를 위한 경계선을 국무회의에서 결정

---

45) 교과서 ②, 211쪽.
46) 교과서 ③, 367-368쪽.

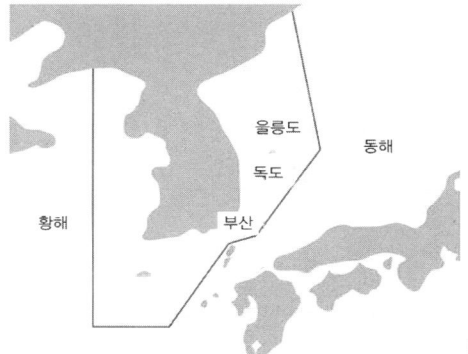

| 평화선(이승만 라인) 설정 해역 |

했다. 일본의 어족자원 남획에 대해 어족자원 보호를 위한 자구책으로서 경계설정이 필요했기 때문이다. 일제시기 일본인들이 그어놓은 트롤어업금지선을 기준으로 작성된 어업관할수역 안을 참고하면서 수역안에 독도를 포함시켰다. 어업보호수역의 설정은 나중에 일본과 어업협정을 체결할 때 한국의 입장을 분명히 밝힐 수 있는 계기를 마련한 것이며, 샌프란시스코강화조약 발효로 '맥아더 라인'이 철폐되면 일본어선의 무분별한 대거 침범이 예상되기 때문에 그 이전에 보호수역을 선포하였다. 그 결과 한국 국무회의가 어업보호수역 안에 대륙붕 이론을 가미하고 국방상의 안보 의미까지 포함하여 '평화선'을 결정하고 선포한 것이다.[47]

그런데 한국과 일본의 역사교과서 내용을 살펴보면, 모든 교과서가 공통적으로 '평화선' 문제에 관하여 하등의 언급을 하고 있지 않다. 3종의 한국 역사교과서는 모두 한결같이 이승만 정부의 비민주성에 대한 언급에 지나치게 치중하면서 신생 정부의 고민에 대해서는 일체 언급하지 않고 있다. 과거 정권에 대한 이분법적인 평가로서 이것은 역

47) 지철근, 『평화선』, 범우사, 1979, 109-129쪽.

사교육에 있어서 문제가 아닐 수 없다. 게다가 일본의 역사교과서에는 '평화선'은 물론 이승만 대통령 개인 혹은 이승만 정부에 관한 서술조차 전혀 없어, 일본의 중·고교 역사교육 현장에서 신생 한국 정부의 주체성을 무시하고 있는 것이 아닌가 하는 의문을 갖기 한다.

_10_
전후처리와 역사인식을 둘러싼 외교에 관한 서술

일본 정부는 전후 일관되게 식민지 지배의 불법성을 인정하고 있지 않으며 한일청구권협정을 이유로 하여 식민지 피해자들에 대한 보상에도 적극성을 보이지 않았을 뿐 아니라 간헐적으로 역사인식 문제에 관한 부적절한 언동을 보임으로써 주변국과의 사이에 외교적 불협화음을 발생시켜오고 있다. 이러한 일본 정부의 태도는 대일관계에서 우호와 협력을 중시해야 하는 한국의 외교당국으로 하여금 그 대응에 있어서 어려운 선택을 강요해 왔다.

다만 일본 사회에서 일본 정부를 향하여 과서가 반성의 목소리가 제기되고 있는 것은 결과적으로 한국의 대일 역사인식 외교를 지원하는 움직임이 되어 왔다. 패전 이후 일본에서 정치가는 물론 지식인들이나 일반 대중이 과거 전쟁에 대한 피해자 의식에 사로잡혀 아시아에 대해 자신들이 행한 가해의 역사를 직시하는 데 소홀히 했던 것에 비추어, 1960년대에 들어 일부 진보적인 지식인들 사이에 과거사 반성의 움직임이 일어나기 시작했으며 1980년대에 들어 일본의 일부 정치가들이 아시아에 대한 가해의식을 표명하기 시작했다.

| 왜곡 역사교과서 채택을 규탄하는 일본 시민 |

　그럼에도 불구하고 한일 간 우호와 협력의 움직임 가운데에도 양국의 외교관계에 있어서 역사인식 문제가 여전히 가장 중요한 갈등요소로 작용해 왔다. 오늘날에 이르기까지 일본의 역사교과서 검정 문제나 수상의 야스쿠니신사 참배 문제, 독도영유권 등을 둘러싸고 일어나는 일련의 외교적 갈등현상은 역사인식 문제의 심각성을 여실히 보여 주고 있다. 그리고 이러한 외교적 갈등이 직접적 간접적으로 양국 국민 간의 상호인식에 영향을 끼치고 있다.[48]

　분석 대상 역사교과서 내용에서 관련 사항에 관한 언급 상황을 구체적으로 살펴보자. 한국의 역사교과서 3종 모두 국교정상화 과정이나 정상화 이후의 한일관계에 관한 집중 서술이 없다보니 역사인식을 둘러싼 대일외교에 대해서도 본문에서 전혀 언급을 하고 있지 않다. 다만 교과서 ㉣만이「현대 문화의 동향」부분에서 실습활동을 위한 문제로 역사교과서 문제를 들고 있다. 후소샤 발행『새로운 역사교과서』를

48) 최영호,「일본의 역사인식 문제와 이에 대한 한국의 바람직한 대응」,『외교』제73호, 2005년 4월, 34-42쪽.

실례(實例)로 들어 일본의 역사교과서 왜곡 실태를 제시하고 있는 가운데, "1982년에 이어서 2001년에도 국제적으로 파문을 일으컸다"라고 서술하고 있다. 나아가 같은 쪽(page)에서 실습활동 과제로서, "일본 역사교과서 왜곡에 대한 우리의 대응방식을 조사해 보고 어떻게 대응하는 것이 바람직한지 토론해 보자", "우리가 다른 나라인 일본에게 교과서 내용 수정을 요구하는 것이 타당한지 토의해 보자"라고 하고 있어, 일본의 역사인식 문제 가운데 역사교과서 문제데 대해서는 그런 대로 문제제기를 하고 있는 것으로 보인다.[49]

일본의 3종 역사교과서 본문에는 모두 역사인식을 둘러싼 외교에 관한 서술이 없으며, 일부 교과서에서 사진 설명을 통해 이 문제를 제기하고 있는 정도이다. 교과서 ①과 교과서 ③에는 관련 서술이 전혀 없다. 교과서 ②에는 「세계의 일체화와 일본의 역할」 브분에 "현재 지구에 사는 사람들이 공통으로 안고 있는 많은 과제가 있으떼 다른 나라와 협조·협력하여 대응할 필요가 있다"고 하여, 협조 외교의 과제에 관한 서술이 있는데, 그것을 역사인식과 관련한 서술이라고 보기는 어렵다. 다만 같은 쪽(page)에 전후보상을 요구하며 소송을 제기한 사람으로 일본 기업(신일본제철)과 화해하고 기자회견을 하는 한국인 사진을 게재하면서, "전쟁중에 끌려와 강요받은 노동에 대한 보상을 요구하며 몇 가지 재판이 일본 정부와 기업을 상대로 제기되그 있다"라고 해설하고,[50] 한일 간 역사인식으로 인한 문제를 간접적으로 소개하고 있다. 일본의 역사교과서가 모두 북한의 일본인 납치에 관한 서슬을 하고 있는 점에 비추어 볼 때,[51] 전반적으로 역사인식 외교에 대한 문제제기

---

49) 교과서 ㉯, 343쪽.

50) 교과서 ②, 215쪽.

51) 교과서 ①, 223쪽; 교과서 ②, 213쪽; 교과서 ③, 387쪽.

는 지극히 미약하다.

이처럼 한국과 일본의 역사교과서가 공통적으로 전후에 들어 한일관계에서 언제나 쟁점이 되어 왔던 역사인식 문제와 전후처리 문제에 대해 본문에서 이를 언급하고 있지 않은 것은 문제가 아닐 수 없다.

_11_
한일 민간 교류에 관한 서술

한국과 일본의 민간 교류는 전후 지속적으로 증가했으며 전반적으로 한일 양국의 상대방 인식에 긍정적으로 기능하거나 적어도 부정적인 인식을 억제해 왔다. 1990년대 일본 사회의 보수화 경향에도 불구하고 한국과 한국인에 대한 인식이 점진적으로 호전되는 양상을 보이고 있으며, 근래에 들어 한일관계가 원만하지 않은 가운데에도 그런 대로 일본인들이 한국인에 대해 호감을 갖고 있는 것은 민간 교류의 긍정적 효과 때문이라고 생각된다.

한일 양국은 1965년의 국교수립 이후 양적인 면에서나 질적인 면에서 꾸준히 교류와 협력을 확대해 왔다. 그 대표적인 사례로서 1965년에 2억 달러에 지나지 않던 양국의 무역규모가 2004년에 이미 연간 600억 달러를 넘어섰으며 이제는 양국 시장통합의 개시를 의미하는 자유무역협정을 공식적으로 협의하는 단계에까지 이르렀다. 또한 인적 교류도 점차 활발해져 1965년의 수교 당시에는 연간 1만 명 정도에 지나지 않았지만, 2004년 한 해에 400만 명을 넘는 인원이 양국을 왕래했다. 나아가 오늘날 일일이 헤아릴 수 없을 만큼 다양한 문화교류행

| 조선통신사 행렬 재현 |

사가 양국에서 전개되고 있다. 1988년의 서울올림픽이나 2002년 월드
컵 공동개최를 전후하여 한일 양국 국민간의 우호적 분위기가 고조된
것이라든지 일본에서 한류 열풍이 일어난 것 등은 전반적으로 양 국민
간 인식 차이를 좁히는 데 긍정적으로 기능하고 있다.[52]

　한국과 일본의 역사교과서에서 한일 간 민간 교류에 관한 언급이 어
떻게 이루어지고 있는지 살펴보자. 우선 한국의 교과서 ㉮와 교과서
㉰에는 이와 관련한 서술이 전혀 없다. 그런데 교과서 ㉯는 「대중문화
의 성장」 부분에서 한류 문화가 일본 등지에서 선풍적인 인기를 끌고
있다고 언급하고 관련 사진을 싣고 있다.[53] 그리고 「체육활동의 성장」
부분에서 2002년 한일 공동주최 월드컵 축구대회를 소개하고 있다. 다
만 그곳에서 "2002년에는 우리나라가 일본과 공동으로 월드컵 축구대
회를 개최하여 한국에 대한 세계의 인식을 새롭게 하였다. 한국 축구
는 4강 진출의 성과를 올렸고, 거리응원이라는 세계에 자랑할 만한 응

---

52) 박영철 외, 『동아시아의 타자인식』, 2006, 284-285쪽.
53) 교과서 ㉯, 331쪽.

| 일본인 관광객 환영행사 |

원문화도 만들어 냈다"고 기술하고 있어,[54] 한일관계를 전혀 고려하지 않은 지나치게 한국 중심적인 언급에 그치고 있다. 이 책이 현대 대중문화의 변화를 서술하는 부분에서 북한의 문화와 예술에 대해서는 비교적 많은 언급을 하고 있으면서도 일본 대중문화의 개방에 대해서 전혀 언급을 하지 않는 것도 문제점으로 지적할 수 있다.

한편 일본의 역사교과서를 보면, 3종 모두가 주변국과의 관계를 포함하여 국제관계에 있어서 민간 교류의 현황과 과제에 관하여 일체 언급을 회피하고 있다. 선정된 교과서가 모두 일본 정부의 외교적 성과와 과제에 치중하고 있기 때문이다. 교과서 ②가 유일하게 「세계의 일체화와 일본의 역할」 부분에서 "일본 국민으로서, 동시에 국제사회에서 살아가는 인간(지구시민)으로서 보다 나은 사회 만들기를 생각해 가자"라고 하여,[55] 민간 교류의 과제와 필요성에 관한 뉘앙스를 풍기고 있다. 그러나 주변국과의 민간 교류에 의한 상호 이해에 관한 적극적

54) 교과서 ⑭, 332쪽.
55) 교과서 ②, 215쪽.

인 문제제기는 없다.

_12_
한일 양국 역사교과서 한일관계 서술의 문제점

이상으로 한국과 일본의 역사교과서를 각각 3종씩을 선정하고 9가지 쟁점을 중심으로 전후 현대시기에 관한 교과서 내용과 문제점을 검토해 보았다. 구체적인 쟁점별로 역사개설서 내용의 문제점을 간략하게 정리하면 다음과 같다.

① 한일 역사교과서가 공통적으로 전후 조선총독부의 잔무처리과정, 즉 일본의 패전과 미군정 확립 사이의 과도기에 대해 전혀 언급을 하고 있지 않다.

② 패전 직후 한반도 일본인의 귀환에 관한 서술과 관련하여, 일본의 역사교과서가 대체로 이 문제를 다루고 있는 데 반하여 한국 교과서는 언급에 인색하다. 일본제국 신민이 전후 재편되는 국가의 국민으로 어떻게 재편되어가는지에 관하여 언급이 없는 것이다. 귀환을 다루는 일본 교과서의 문제점으로는, 귀환이 부당한 식민지 지배와 침략적인 전쟁의 소산이며 전후 국제관계의 재편과정의 일환이었다는 것에는 전혀 언급이 없으며, 고난으로 점철된 귀환과정에 초점을 맞추고 있다는 점을 지적할 수 있다.

③ 재일한인의 귀환과 '잔류'에 관한 서술과 관련하여, 양국 교과서가 공통적으로 무시하는 관점을 보이고 있다. 한일 양국의 경계

인으로 살아 온 마이너리티를 역사교육의 대상에 끌어들이는 데 지극히 소극적인 것이다.

④ 한반도 전쟁에 대한 일본의 관여에 관한 서술에 있어서는, 일본의 역사교과서가 일본 경제의 전쟁특수에 대해서는 비교적 많은 언급을 하고 있는 데 비하여, 한반도 전쟁에 대한 일본 정부의 태도나 일본 사회의 반전 움직임에 대해서는 거의 언급을 하고 있지 않다. 다만 일부 교과서가 점령당국이 반공정책을 강조하고 간접적으로 일본 사회의 반전 움직임을 전달하고 있을 뿐이다. 한편 한국의 역사교과서는 모두 '6·25'에 관한 많은 언급에도 불구하고 일본의 관여에 대해서는 전혀 관련 서술을 하고 있지 않다.

⑤ 샌프란시스코강화조약과 한국에 관한 서술에 있어서는, 한일 역사교과서가 공통적으로 언급을 회피하고 있다. 한국의 교과서는 강화조약 자체에 대한 언급을 하고 있지 않다. 반면에 일본의 교과서는 강화조약에 관한 언급은 하고 있으면서도 부분적으로 대일강화회의에 초청되지 않은 국가로서 중국과 중화민국을 언급하고 있을 뿐, 한국이 제외된 것에 대해서는 아예 언급을 하고 있지 않다.

⑥ 한일국교정상화회담에 관한 서술에 있어서는, 한국과 일본의 역사교과서가 14년간에 걸친 과정에 관한 언급을 일체 하고 있지 않다. 한국의 교과서 일부가 한일기본조약의 문제점으로서 전후처리 문제를 거론하고 있는 데 대해, 일본의 교과서는 일부는 한반도에서 한국만을 유일한 합법적 정부로 승인한 것을 문제점으로 제기하고 있다.

⑦ 이승만 라인에 관한 서술에 있어서도 한국과 일본의 역사교과서가 모두 이 문제를 언급하고 있지 않다. 한국의 교과서는 주로 이

| 한일 양국 시민단체에 의한 9월 17일 '평화의 날' 행사 |

승만 정부의 비민주성에 초점을 맞춘 서술을 하고 있으며, 일본
의 교과서는 아예 이승만 정부에 대한 언급이 없어, 양국 모두 역
사 교육에 있어서 신생 한국의 고뇌를 이해하기 어렵게 하고 있
는 것이 아닌가 생각된다.

⑧ 전후처리와 역사인식 외교에 관한 서술에서, 한국과 일본의 역사
교과서가 공통적으로 교과서 본문에서는 이 문제를 언급하고 있
지 않으면서 일부 교과서에서 실습활동 과제나 사진 설명을 통해
이 문제를 거론하고 있다.

⑨ 한일 민간 교류의 현황과 과제에 관한 서술에 있어서는, 한일 양
국의 역사교과서가 공통적으로 언급을 소홀히 하고 있다. 한국의
교과서가 적극적으로 남북한 교류를 언급하고, 일본의 교과서가
국제사회의 구성원으로서 일본인의 과제를 언급하고 있으면서도,
정작 현실적으로 활발하게 전개되고 있는 양국간 민간 교류와 문
화교류에 대해서는 언급을 회피하고 있는 것이다.

이상으로 개별적인 쟁점을 중심으로 파악한 교과서 내용과 문제점을 종합해 보면, 양국의 교과서 서술에서 두 가지 문제점이 공통적으로 나타나고 있다는 점을 확인하게 된다. 첫째는, 국제관계에 관한 묘사의 분량이 상대적으로 많은 일본이나 상대적으로 적은 한국에서, 공통적으로 상호관련성이 높은 주변국으로서의 한일관계에 대한 서술이 전반적으로 미흡하다는 점이다. 둘째는, 국제질서의 중심이 되는 국가와의 관계와 한일 양국 국내의 정치체제 변동에 집중한 나머지, 주변국이나 경계인에 대한 서술이 미흡하며 따라서 식민지와의 전후 재편과정이나 '민족 이동'에 대한 언급이 극히 미약하다는 점이다.

　이러한 문제점은 기본적으로 한일 양국의 역사교육이 지나치게 민족 중심적이라는 데서 파생되는 것으로 볼 수 있다. 그러면서도 한일 양국의 역사교과서가 통일되고 고정된 상상의 공동체로서 민족을 중시하다보니 재일한인이나 한반도 거주 일본인과 같은 해외의 민족이나 소수자에 대한 고려가 부족하다. 나아가 이러한 문제점은 해방 전 식민지 사회에서 전후 사회로의 변화과정, 일본 식민지 지배의 전후처리 과정에 대한 서술을 미흡하게 하는 것으로 이어지는 것이 아닌가 생각된다. 또한 국내 사회의 변동을 중심으로 현대사를 서술하면서도 국가 간 사람들의 움직임, 즉 '민족 이동'에 대해서는 서술이 지극히 부족한 것도 민족을 통일되고 고정된 공동체로 간주하는 데서 나오는 한계라고 할 수 있다.

VI. 한일 양국의 외교 2006-2007 회고와 반성

_1_
방위대학 교장의 고이즈미 외교 평가

2006년 9월 초, 일본 방위대학의 교장이며 국제정치학자인 이오키베 마코토(五百旗頭眞)가 수상관저에서 게재하는 메일 매거진(mail magazine)에 야스쿠니 참배를 비판한 글을 실었다는 뉴스가 한국에서 보도된 일이 있다. 일본 방위청 산하 자위대 간부양성기관인 방위대학교 총장이 고이즈미 수상의 야스쿠니 참배와 이를 두둔하는 여론을 "마마(媽媽)자국 보조개 증후군"이라며 강도 높게 비판했다고 하는 글이다. 한국으로 따지면 육군사관학교 교장이 '청와대 브리핑'에 대통령의 '아픈 대목'을 가차없이 꼬집는 글을 기고했다는 평가와 마찬가지다.[1]

그러나 전반적인 내용에서 볼 때 이오키베의 글이 반드시 고이즈미의 외교를 비판한 것으로 보기는 어렵다. 오히려 전반적으로 고이즈미 업적을 칭찬하는 글이라는 점을 알 수 있다. 이오키베는 주로 미일관계를 중심으로 하는 외교사에 관한 저술을 내놓고 있으며 특히 일본 패전 이후 요시다 시게루(吉田茂) 수상의 정치와 외교에 대한 연구에서 많은 연구성과를 내놓고 있다. 고베(神戶)대학교 교수로 정치외교사를

| 이오키베 방위대학 교장의 취임 후 첫 훈시 |

1) 「동아일보」 2006년 9월 8일.

가르치다가 2006년 8월 1일 방위대학 교장에 취임했다. 그는 이 글을 통해 임기가 거의 끝나가는 고이즈미의 정치적 성과를 평가하면서 요시다에 버금가는 정치적 지도자로 추켜세우고 있다.

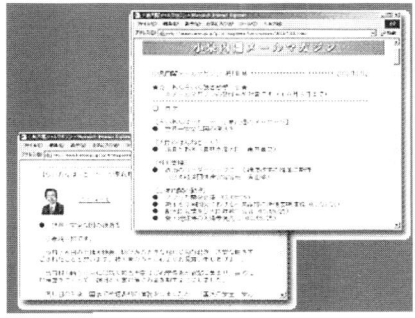

| 일본 총리실의 메일 매거진 |

다만 이 글에서 그는 고이즈미의 '모험 외교' 가운데 나타난 결함으로 야스쿠니 참배를 통해 아시아에 쌓아 온 일본의 신뢰가 크게 손상 받았다는 점을 지적하고 있다. 비록 일부분이기는 하지만 총리실의 홍보매체가 정치지도자의 외교적 결함을 지적하는 글을 실어 내보내는 일은 이례적인 일이라고 할 수 있다. 한편으로 고이즈미의 자신감과 후계자에 대한 배려를 짐작할 수 있는 대목이기도 하다. 한국에서 정권 말기에 이르면서 권력자들이 전반적으로 비참할 정도로 비판을 받고 있는 것이나, 정치권에서 이에 대한 여유 없는 이전투구식 공방이 계속되는 것과는 극히 대조를 이루는 것이었다.

고이즈미 내각의 메일 매거진은 2001년 6월 14일에 창간호를 냈으며 아베가 자민당 총재로 선출된 다음날인 2006년 9월 21일 제250호로 끝을 맺었다. 그는 마지막 호에서 "5년간 감사했습니다"라는 제하의 인사말에서 자신은 24시간 공인(公人)으로서 무슨 일이 있으면 곧바로 대응할 수 있도록 5년간 열심히 노력해 왔다고 술회(述懷)했다. 그리고 미일동맹과 국제협조를 외교의 기본으로 하여 국제사회의 책임 있는 일원으로 세계평화와 안정을 위해 노력해 왔다고 했다.2)

---

2) http://www.kantei.go.jp/jp/m-magazine/backnumber/2006/0921.html.

이키오베의 글이 실린 제248호는 2006년 9월 7일에 발신되었으며, 고이즈미 수상이 "친왕(親王) 전하의 탄생을 축하하며"라는 제목으로, 바로 전날 왕자가 태어난 것을 축하하며 작성한 글을 가장 앞에 실었다. 일본 황실에서 41년 만에 종래의 황실전범(皇室典範)에 따라 황위를 계승할 수 있는 남자아이가 태어난 것을 국민들과 함께 기뻐하는 내용이었다.[3] 이하, 이오키베 교장의 글을 번역하여 소개한다.

고이즈미 정권 5년을 이렇게 본다

고이즈미는 유례가 없는 정치가이다. 전후 자민당 정부는 당과 관료기구를 두 개의 큰 기계로 하여 밑으로 지지 모체가 되는 많은 거대 이익집단을 거느리고 왕성한 파벌정치를 마음껏 해 왔다. 고이즈미는 그런 것에 도움을 받지 않고 국민과의 공감을 쌓음으로써 수상이 되었다. 고이즈미 수상은 압도적인 지지율을 배경으로 하여 오랫동안 계속된 파벌정치와 기득권 정치를 타파하는 역할을 연출했다. 파벌에 구속되지 않고 관료인사를 자신의 생각대로 단행한 것은 전후사에 있어서 요시다 시게루와 고이즈미뿐이다. 그런데 '원맨 요시다'는 정권 말기에 인기가 극도로 추락했던 것에 비해서, 5년간의 정권을 마감하는 고이즈미의 국민적인 인기는 식을 줄을 모른다. 기적의 인물이라고 말할 수밖에 없다.

고이즈미의 정치개혁은 세 가지 요소로 되어 있다. 첫째는 신자유주의적인 민영화와 작은 정부의 추진이었다. 둘째는 국제적 역할의 확충으로 모험을 취하여 자기 주장을 펴고 행동하는 외교의 전개였다. 셋째는 이것들을 가능하게 하는 수상관저 기능의 강화였다. 실은 이 세 가지 축의 개혁은 1980년대 레이건, 대처, 나카소네 시대로부터 시작되어 1990년대에 오자와(小澤一郎)와 하시모토(橋本龍太郎)에 의해 모색

---

3) http://www.kantei.go.jp/jp/m-magazine/backnumber/2006/0907.html.

되었던 것을 계승한 것이지 고이즈미의 독창적인 개혁이 아니다. 고이즈미의 독창성은 국민들 앞에서 개혁을 드라마화하여 연출해 보이고 국민들을 끌어들이고 국민들을 감동시키는 민주주의의 극장 정치에 있다. 고이즈미는 일본 역사상 처음으로 국민과의 공감에 의해 결속된 정치가다.

고이즈미가 너무 매력적이고 시대의 표현을 독점하고 있기 때문에 좋은 일뿐만 아니라 좋지 않은 일까지 국민적으로 용인되는 점이 있다. 마마자국도 보조개로 보이는, 눈에 콩깍지가 끼는 증후군이다. 특히 외교적인 측면에서 이것이 현저하다고 나는 보고 있다. 예를 들어 야스쿠니 참배 하나로 얼마나 아시아 외교를 마비시키고 일본이 부지런히 쌓아 온 건설적인 대외관계를 악화시켰는가.

침략전쟁을 행하다가 패배한 일본에 대한 불신은 세계에, 특히 아시아에 뿌리 깊었다. 그러나 전후 일본은 평화적 발전주의를 취하고 세계에서 가장 격차가 적은 풍요로운 사회를 구축했다. 나아가 민주주의 사회를 확립했으며 그리고 발전도상국 국가건설에 대한 협력을 거듭해 왔다. 이것을 보고 세계는 일본을 신뢰하고 인정하게 되었다. 동남아시아는 1990년대에 일본의 우방이 되었다. 어려웠던 한국과의 관계도 김대중-오부치(小淵惠三) 시대에 전기를 맞았다. 장쩌민(江澤民) 정부의 중국은 본래 다루기 힘든 상대였으나 그래도 세기가 바뀌는 시점에서 일본을 중시하는 노선으로 방향을 바꾸었다. 이렇게 쌓아올린 신용이라는 대외 자산은 고이즈미 수상이 야스쿠니 참배에 집착함으로써 크게 손상을 입었다.

그러나 고이즈미 수상의 넘치는 매력과 국민적인 인기가 아시아 외교에 대한 비판을 덮어 버리고 있다. 고이즈미 외교는 전체적으로 보아 어떤가. 역시 높은 점수를 받고 있다. 특히 커다란 업적은 대미관계 수준을 높인 것이다. 일본 외교에 있어서 대미관계가 단독 과반수와 같은 정도의 지위를 차지하고 있는 만큼, 그러한 극적인 개선은 커다란 성과가 아닐 수 없다. 수상은 9·11 테러로 상처를 입은 미국으로 날아가 부시 대통령과 나란히 서서 "일본은 미국과 함께 하겠다"고 약속했다. 부시 정권이 세계적으로 인기가 없는 이라크전쟁을 벌였을 때 고이즈미 수상은 발 빠르게 '지지'를 표명하고 나섰다. 이라크 점령 후에 전란 상황이 확산되면서 일본의 외교관까지 희생되는 가운데에서도 수상은 자위대 파견을 결단했다. "비록 희생을 동반하더라도 해야만 하는 일이 있다." 위험을 무릅쓰고 하는 외교행동도 역시 고이즈미에게 있어서는 금기를 넘어서는 감동적인 드라마였다.

덧붙이자면 나는 이라크전쟁이 잘못된 전쟁이라고 판단하고 설득력 부족한 전쟁으로 인하여 미국과 함께 했지만 반드시 뒷맛 씁쓸한 결과가 야기될 것으로 우려했다. 잘못된 전쟁이라는 것은 그 후 점점 분명해졌지만 이라크에 파견된 자위대에게 비극은 발생하지 않았고 미국과의 관계도 악화돼지 않았다. 그렇기는커녕 고이즈미 수상은 자신의 임기 중에 육상자위대를 이라크 사마와 지역으로부터 보기 좋게 철수시켰다. 그것도 대미관계를 악화시키는 일이 없이 부시 정권으로부터 칭찬을 받으면서 철수시킨 것이다. 이러한 마술에 대해서는 경의를 표할 수밖에 없다.

고이즈미 외교는 전후 일본에 없던 '모험을 취하는 외교'였다. 수상 스스로가 북한을 방문하여 납치 사실을 인정하게 하고 문제 해결의 큰 줄기를 공동성명으로 제시한 대업은 고이즈미 외에 누구도 쉽게 할 수 없는 일이었다. 국내 정치나 외교에 있어서 고이즈미 정치에는 용기와 감동의 드라마가 있다. 보기 드물게 뛰어난 지도자라고 말할 수 있다. 아시아 외교에서의 실점이 적지는 않지만, 그것은 고이즈미 수상이 후계자에게 재부상할 수 있는 기회를 남긴 것으로 생각하고 이에 대처해야 할 것이다.

_2_
2006년 10월 한일 정상회담

2006년 10월 9일 오후에 청와대에서 노무현 대통령과 아베 수상이

| 2006년 10월 한일 정상회담 |

회담을 가졌다. 회담이 열리기 3시간 남짓 앞서 북한의 핵 실험 성공 보도가 나오게 되어 양국 정부가 전략적 대응을 검토하는 등 사뭇 어수선한 가운데 정상회담이 이루어졌다. 이 정상회담은 고이즈미 수상의 야스쿠니 참배 문제로 야기된 주변국과의 외교적 경색을 완화시키고자 하는 '수습' 회담으로서 그 의미를 갖는 것이었다. 이 자리에서 갑자기 터진 북한 핵 실험과 관련하여 한일 양국 정상이 이에 대한 불쾌감을 공유함으로써 대북 공조의 실마리를 보인 회담이기도 했다.

노무현 대통령의 집권 초기에는 화기애애한 분위기 가운데 고이즈미 수상과 정상회담을 가졌으며 셔틀 회담을 개최하기에 이르렀으나 2004년부터는 경색된 분위기 가운데 회담이 이루어져 왔다. 이러한 종래 회담에 비추어 볼 때, 2006년 10월 회담은 화기애애와 경색이 혼합된 분위기였다고 할 수 있으며 대체로 신중한 대화로 상대방을 자극하지 않으려는 분위기가 강했다. 수상 취임 직후에 중국과 한국의 방문을 우선적으로 고려한 아베에 대한 한국의 외교적 배려도 크게 작용했다.

다만 이 회담이 수상 취임 인사와 같은 성격을 띠는 가운데 양국 정상의 입장을 구체적으로 확인하는 자리는 되지 않았다. 역사인식 문제와 관련하여 아베 수상이 무라야마 성명을 계승하겠다는 의지를 표명

| 노무현 대통령의 아베 수상 환영 만찬 |

하고 제2기 역사교과서공동위원회 출범에 대해 전향적인 자세를 보인 것 정도라고 할 수 있다. 따라서 공동성명과 같은 것을 발표하지 않았으며 셔틀 회담의 복원 문제도 이때 논의되지 않았다. 바로 전날 이루어진 일본과 중국 간 정상회담에서와 마찬가지로 한일 정상회담에서 야스쿠니 참배 문제는 거론되지 않았다.

아베 수상은 집권 초기부터 역사인식 문제에 대한 신중한 행보를 지속했다. 역사인식 문제에 관한 행태에 있어서 아베 수상은 고이즈미와 전략적 동질성을 띠고 있기는 했지만 전술적인 면에서 고이즈미와 차별성을 보인 것이다. 그러나 '전후 출생 수상'으로서 역사책임을 무겁게 받아들이고 있지 않은 아베에게는 일본 국내 문제에 따라서 언제라도 그의 전술적 모호성(tactical ambiguity)이 중단될 가능성이 높았다.

아베 정권 시기에 한일관계에 영향을 끼친 가장 큰 이슈는 대북정책이었다. 일본 정부의 대북강경론과 참여정부의 포용정책은 북한의 핵실험 이후 대북제재의 수위를 둘러싸고 인식의 차이를 보였다. 아베는 집권기간 내내 북핵 개발 문제와 함께 '납치' 문제를 들어 북일관계 개선에 지극히 소극적인 태도를 보였다. 그는 2007년 4월에 대북 경제제재 조치를 6개월간 다시 연장했을 뿐 아니라 같은 해 9월 초 북한에 대한 수해지원도 유보하겠다는 입장을 밝혔다. 비슷한 시기에 몽골에서 열린 북일수교에 관한 실무그룹회의에서도 '납치' 문제에 대한 일본의 강경한 자세를 누그러뜨리지 않았다.[4]

_3_
2006년 한일관계에 대한 평가

2006년 한일 간 외교관계는 먹구름 잔뜩 낀 날씨로 시작하여 약간 흐린 날씨로 마감하는 듯하다. 2005년에 독도 문제와 역사교과서 문제, 거기에다 고이즈미 수상의 야스쿠니 참배로 인하여 경색되었던 분위기가 2006년에 들어서도 그대로 이어졌다. 그러나 2006년 후반에 들어 고이즈미가 퇴진하고 아베가 새로운 수상에 취임한 직후 주변국 다독거리기에 나서면서 외교적 불협화음이 어느 정도 해소되는 분위기로 바뀌었다. 한일 간 외교적 갈등 분위기가 주춤해진 이유는 아베 수상이 취임 직후에 중국과 한국을 방문한 데 따른 것이지만, 이와 함께 전반적으로 2005년에 비해 2006년에 들어 한국 정부가 비교적 차분한 외교적 대응을 보였기 때문이기도 하다.

노무현 대통령이 2006년에 들어 공식 석상에서 처음 한일관계를 논한 것은 1월 하순에 열린 연두 기자회견 자리에서였다. 대통령은 이 자리에서 연설문을 낭독하는 동안에는 대일외교 방침에 관한 발언을 일체 하지 않았다. 고이즈미 수상이 임기 말년에 야스쿠니신사에 참배

---

4) 김호섭,「실패한 전후 체제의 탈각: 安倍정권 1년의 평가」,『한일협력』, 2007년 冬, 15-17쪽.

할 것이 예상되었지만 한국 정부로서는 이러한 예상을 근거로 굳이 외교적 논쟁을 제기할 필요가 없었기 때문이다. 다만 연설이 끝난 후에 일본 신문기자와의 질의응답에서는 '보편적인 원칙'을 강조하면서 야스쿠니 참배 문제에 대해서 외교적인 타협이 있을 수 없다는 입장을 재확인했다.

대통령은 3·1절 기념사에서도 고이즈미의 야스쿠니 참배에 대해 간결하면서 엄중한 표현으로 비판적인 견해를 제시했다. 그러나 이와 함께 일본 국민에 대해 유화적인 표현을 사용하여 신뢰를 보내고 포용하는 견해를 제시하기도 했다. 대통령은 일본 국민의 대다수가 일본이 국제사회의 신뢰를 얻기 위해서 역사인식을 바르게 가져야 한다고 생각하고 있다고 평가했으며, "우리는 일본 국민의 양식과 역사의 대의를 믿고 끈기 있게 설득하고 요구해 나갈 것"이라고 말했다. 2005년의 3·1절 기념사에서 일본의 지성에 호소한다고 하며 강경한 발언을 내놓았던 것에 비하면 대조적으로 부드러운 어조를 보였다.

2006년 광복절에는 이날 새벽의 야스쿠니 참배 뉴스가 시끄럽게 보도되는 가운데 아침을 맞았다. 외교통상부가 "과거 일본의 군국주의와 침략의 역사를 미화하고 정당화하고 있는 야스쿠니신사를 또 다시 참배한 데 대해 깊은 실망과 분노를 표명한다"고 엄중하게 비판한 반면, 대통령은 비교적 담담하게 광복절 기념사를 읽어나갔다. 한일관계에 대한 언급으로서는 지역의 패권주의를 경계하는 입장에서 일본의 헌법 개정 논의를 우려한다는 발언으로 시작했다. 일본이 헌법을 개정하기 전에 먼저 해야 할 일은 과거에 대하여 진심으로 반성하고, 여러 차례의 사과를 뒷받침하는 실천으로 다시는 과거와 같은 일을 반복할 의사가 없음을 분명하게 증명해야 한다고 했다. 그리고 일본에 대해 독도, 역사교과서, 야스쿠니, 그리고 '위안부' 문제의 해결을 위한 실질적인 조치를 요구했다.

　이와 같이 한국 정부의 희망과는 달리 고이즈미는 종래의 자신의 뜻을 굽히지 않고 패전일을 기해서 야스쿠니 참배를 강행했다. 따라서 그가 퇴진하는 2006년 가을까지 한일 간 역사인식 문제를 둘러싼 외교적인 소모전이 계속 이어지게 되었다. 그러나 중국 정부와 더불어 한국 정부의 역사인식 문제에 대한 확고한 입장 표명은 고이즈미와 성향을 같이하는 '포스트 고이즈미' 정치가에게 적잖은 외교적 부담으로 작용했다. 2006년에 들어 자민당 내부에서 고이즈미가 주변국 외교에서 자충수를 두고 있는 것을 비판하는 목소리가 부쩍 높아졌다. 여기에다가 미국의 정치권에서까지 야스쿠니 참배를 비판하는 정치가들의 목소리가 나오자 새로운 아베 내각은 야스쿠니 참배를 자제하는 태도를 보이게 되었다. 10월 중순에 초당파 의원으로 구성된 '야스쿠니 참배 국회의원 모임' 소속 84명 의원들이 야스쿠니신사 가을 대제(大祭)에 맞추어 참배를 실시했으나, 이때 아베 내각의 각료들은 이러한 집단 참배에 가담하지 않았다.

　아베 수상은 취임 직후인 10월 초에 중국에 이어 한국을 방문했지만, 전임 수상의 야스쿠니 참배로 야기된 외교적 경색 국면을 타개하기에는 역부족이었다. 역사인식 문제와 관련하여 아베 수상은 1995년 무라야마 성명을 계승하겠다는 의지를 표명하고 제2기 역사교과서공동위원회 출범에 대해 전향적인 자세를 보인 것 이외에 자신의 역사인식을 구체적으로 보이지는 않았다. 정상회담 후 공동성명과 같은 것은 발표되지 않았으며 셔틀 회담의 복원 문제도 논의되지 않았다. 일본과 중국 간 정상회담에서와 마찬가지로 야스쿠니 참배 문제는 논의 대상이 되지 않았다. 수상 취임 직후에 중국과 한국의 방문을 우선적으로 고려한 아베에 대한 외교적 배려로서 결국 의례적인 회담으로 그친 것이다.

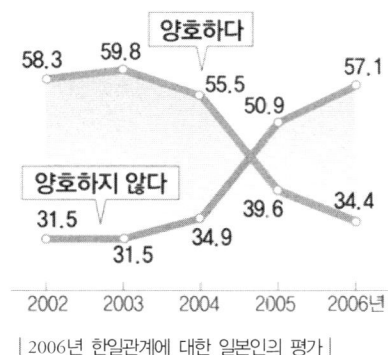

수상이 되기 이전에 아베가 취해 온 행태에서 본다면 집권 후에도 보수화·우경화되어 가는 일본 사회에 맞추어 역사인식 문제를 둘러싸고 또 다시 고이즈미 정권의 전철을 밟아 한일관계를 그르치게 될 개연성이 충분했다. 그러나 아베는 적어도 2006년을 마감하는 시기까지 역사인식 문제로 인한 주변국 정서를 의식하여 이에 대한 신중한 행보를 보였다.

| 2006년 한일관계에 대한 일본인의 평가 |

일본 내각부가 2006년 10월에 조사한 '외교에 관한 여론조사' 결과에 따르면, 일본 국민들이 한일관계의 현황에 대해 어떻게 평가했는지를 알 수 있다. 이 여론조사를 개시한 1986년 이후 2003년에 한일관계가 '양호하다'는 평가가 59.8%로 가장 높았다. 그런데 2004년 이후 계속하여 그 수치가 떨어졌다. 2005년에 '양호하다'는 평가가 15.9%나 떨어졌으며, 2006년에는 하락폭이 주춤해졌지만 그래도 전년에 비해 5.2% 떨어진 것으로 나타나, 이 여론조사 이후 가장 낮은 수치를 기록했다. 반면 '양호하지 않다'는 평가도 2005년에 비해 6.2% 올라가, 1986년 이후 가장 높은 수치를 기록했다.[5]

5) http://www.8.cao.go.jp/survey.

_4_
2007년 1월 필리핀의 한일 정상회담

2007년에 들어 한일 양국의 정상이 처음으로 만난 것은 1월 14일 필리핀 세부에서 열린 한중일 3국 정상회의에서였다. 다음날에는 한중일 3국과 동남아시아국가연합(ASEAN) 회원국 10개 국, 여기에 인도·호주·뉴질랜드 등 총 16개 국이 참가하는 제2차 동아시아정상회의(EAS)가 열렸다. 비록 다자 간 회의 가운데 이루어진 양국 정상의 만남이었지만, 2007년 한일 간 외교관계의 향방을 전망할 수 있는 자리였다. 한국의 대외정책을 중심으로 하여 2007년 한일 정상의 첫 만남에서 나타난 특징을 간단히 논하고자 한다.

첫째는, 한국의 외교적 성과라고 할 수 있는 것으로, 한중일 3국의 고위급 외교정책 결정자들이 북한의 핵 문제를 비롯한 국제적 이슈에 대한 긴밀한 대화와 조정을 위하여 정례적인 회합을 갖기로 합의했다는 점이다. 비록 한국이 제안한 외교장관 간의 모임이 아니라 장관·차관급·차관보급 등 다양한 고위급 모임으로 결정된 것이나, 그 첫 모임 장소를 한국이 아니라 중국으로 결정한 것 등에서 한계를 나타내기는 했지만, 동북아 3국 간 외교정책의 협의체를 구축해 간다는 큰 그림을 제시했다는 점에서 나름대로 외교적 성과라고 할 수 있다.

둘째는, 북한의 비인도적 '납치' 문제에 관한 견해가 서로 다른 상황에서 일본이 한국을 배제하고 국제적 협조를 이끌어 냈다는 점이다. 한국이 "납치 문제와 핵 문제는 별개"라고 하는 입장을 고수하는 가운데, 일본은 중국과의 양자 회담을 통하여 이 문제에 관한 '필요한 협력'을 하겠다는 대답을 이끌어 냈으며, 필리핀을 설득하여 EAS의장 성명을 통해 이례적으로 북한에 대해 '납치' 문제의 해결을 위한 적극적인 자세를 요구하는 문구를 발표하게 했다. 필리핀으로서는 ASEAN에 대한 최대 원조국 일본의 의향을 거부하기가 어려웠을 것이다. 노무현 대통령이 14일 저녁 ASEAN+3 정상 만찬과 15일 EAS 오찬에 불참한 배경으로, 국내 문제뿐 아니라 한중일 정상회담에서 '납치' 문제를 둘러싸고 이처럼 일본 수상과 신경전을 벌이느라 정신·육체적 피로가 증폭됐기 때문인 듯하다.

셋째는, 이번 한일 정상회담이 다자 간 회담에 그치고 한일관계를 진전시키기 위한 양자 간 회담으로 이끌어 내지 못했다는 점이다. 반면에 일본과 중국은 역사인식 문제 등에서 이견을 크게 보이고 있으면서도 이번 회담을 통해 야스쿠니 참배 문제로 중단되었던 양국 정상회담을 재개하기로 합의함으로써 관계 개선에 진전을 보였다.

이 시기 중국과 일본이 ASEAN에 대해 활발한 외교를 전개하고 있었던 것은 주목해야 할 일이다. 중국은 2010년까지 ASEAN과 자유무역협정을 체결하겠다그 하며 교섭을 서두르고 있었으며 EAS로부터 인도·호주·뉴질랜드를 제외한 13개 국을 중심축으로 하여 동아시아공동체 수립을 꾀하고 있었다. 중국은 ASEAN 국가에 대한 경제적 지원을 계속 늘려가고 있는 가운데, 이때 필리핀에 대해 3년간 60억 달러의 차관을 제공하겠다고 하여 이번 모임에서 가장 큰 선물을 들고 참가한 국가가 되었다. 한편 일본은 '에너지협력 이니시어티브'를 내걸고 ASEAN 국가에 대해 발전소 정비 등을 위한 20억 달러의 ODA를 제공하겠다고 약속했으며, 금후 5년간 1,500명의 기술자 연수생을 받아들이겠다고 발표하는 등 동남아시아 끌어안기에 적극적인 자세를 보였다. 한국이 북한 끌어안기에 급급한 모습을 보이는 가운데, 일본과 중국은 한국을 이용하거나 제치면서 경쟁적으로 아시아 지역에서 패권구도를 구축하는 모습을 보이고 있었다.

_5_
한미 FTA 타결과 한일관계

한국과 미국 간 자유무역협정(FTA) 협상이 2006년 2월에 시작하여 14개월 만인 2007년 4월 2일에 타결되었다. 일본에게 있어서는 자국과의 통상에서 절대적으로 중요한 지위를 차지하고 있는 두 국가가 자신의 머리 너머로 경제적 짝짓기에 돌입한 것이다. 그런데 일본 정부는 한미 간 협상이 쉽사리 타결될 것으로 보지 않은 듯하다.

4월 2일 오후에 가서 뒤늦게 시오자키(鹽崎恭久) 관방장관이 이에 관련한 일본 정부의 논평을 내놓았다. 그는 "중장기적 관점에서 한국 경제의 발전을 통해 동아시아지역 전체의 평화에 공헌할 것을 기대한다"고 말했으며, 일본 정부로서는 협상내용을 잘 살펴서 대응하겠다고 했다. 이와 함께 관방장관은 한일 FTA에 대해서도 언제든지 저개에 응할 용의가 있다고 밝혔다. 한미 FTA가 타결되기 직전인 3월 31일, 제주도에서 열린 한일 외무장관회담에서 양국은 경제연계협정(EPA) 교섭을 추진하자는 데 합의한 바 있다. 한미 FTA의 타결은 한일 간 EPA 교섭과 함께, 2004년 6월에 중단된 FTA 교섭을 재개하는 데 있어서 그 움직임을 가속화하는 계기가 되었다.

일본과 같이 농업 부문에 대한 보호에 집착하는 한국은 이번 협상에서 쌀을 예외로 취급하는 것을 조건으로 하여 FTA 타결을 얻어 냈다. 이러한 결과에 대해 일본에서 적극적 통상정책을 주장하는 사람들은 이를 교훈으로 삼아 미국과의 FTA 교섭에 착수할 계기를 마련할 것을 일본 정부에게 권했다. 또한 이들은 북미 시장에서 한국 기업의 경쟁력이 향상될 것을 경계하는 의견을 내놓았다. 예를 들어 현재 북미 시장에서 가장 많이 팔리는 소니 제품의 평면 TV가 FTA 체결 후에는 가

| 한미 FTA 5차 협상에 참가한 한미 대표 |

| 한미 FTA 반대 집회 |

격경쟁력이 높은 삼성전자 제품에게 추월을 당할 것이라고 말했다. 또한 중소형 자동차에 대한 관세를 철폐하기로 한 한미 FTA가 시행될 경우, 종래의 일본 자동차 회사들이 북미 시장에서 누리던 우위적인 위치가 위협을 받을 수도 있다고 말했다.6)

　여기에서 이와 관련한 「아사히신문」 사설을 번역·소개한다.7) 이 사설은 한미 FTA 타결에 즈음하여 일본 정부의 소극적 대응을 비판하는 한편, 한국과 미국의 FTA 교섭을 적극 검토할 것을 요구했다.

---

6) 「AFP BB News」 2007. 4. 8, http://www.afpbb.com/article/economy/2208476/1496627.

7) 「朝日新聞」 2007年 4月 3日 社說.

한미 FTA, 이젠 일본 차례다

　한국과 미국이 자유무역협정을 맺는 교섭에서 합의를 이루어 냈다. 한국의 저항이 심했던 쌀 시장의 개방이 보류되기는 했지만 난항했던 양국 간 교섭이 마무리된 것은, 국내 지향적인 자세가 눈에 띄는 일본의 통상전략을 뒤흔들 것이다. 미국은 1994년에 북미자유협정(NAFTA)을 발효시킴으로써 FTA 맺기에 나섰는데, 그 후에는 싱가포르 등 소형 협정만이 이어졌기 때문에, 이번에 오랜만의 커다란 성과를 거둔 셈이다. 한국으로서도 최대 규모의 협정이다.

　2006년 6월에 시작된 교섭은 밀어붙이는 미국과 방어하는 한국이라고 하는 구도가 되었다. 한국은 쌀 등 농산물 경쟁력이 약한데다가 자동차와 금융 등 공업제품과 서비스산업에서도 시장개방이 불충분하다. 하지만 노무현 대통령은 눈앞의 고통을 참고 장기적인 안목으로 국내 산업의 경쟁력을 높이겠다며 FTA 반대를 외치는 농민들의 격렬한 행동 앞에서 그렇게 결단했다. 미국의 경우, 부시 대통령에게 허용된 무역촉진권한(TPA)이 7월 1일로 끝난다. 양국 간 교섭에서 최대의 상대가 된 한국과 타결하지 않고서는 대통령의 통상정책이 막히고 만다. 양국의 지도자를 움직이게 한 것은 서로 다른 국가나 지역과의 경제 통합이 성장을 가져온다고 하는 세계의 커다란 조류였다.

　반면 일본은 어떤가. 한국과의 FTA 교섭은 2년 반 간에 중단되었다. 전기제품과 자동차 부품에서 경쟁력이 약하고 대일무역에서 적자를 내고 있는 한국이 단기적으로 손해를 입을 수도 있는 교섭에 임했던 것이다. '미래지향의 한일관계'를 눈에 보이는 성과로 하고 동북아시아 지역의 정치적 안정에도 기여할 것으로 보았기 때문이다. 하지만 일본은 무역 규모가 작은 다랑어 같은 농수산물의 시장개방에서 양보를 하지 않았다. 나아가 고이즈미 당시 수상의 야스쿠니 참배까지 겹쳐서 싸우고 헤어지는 결과를 낳았다. 대미교섭을 마무리하고 나면 "다음은 일본"이라는 의욕이 한국 측에서 생길 것이다. 교섭 재개는 다시없는 찬스다.

　한국 시장에 바람구멍을 낸 미국이 이제는 일본과의 FTA 교섭을 요청해 올 것이라고 보는 견해도 있다. 아직 미일 양국의 경제계가 교섭 개시를 제언하고 있는 단계에 불과하지만, 성장하는 아시아 경제와의 관계를 중시하는 미국이 대일전략을 강화시킬 가능성은 높다. 아시아·태평양을 둘러싼 경제통합을 향한 구상들을 다채롭다. 남미나 러시아도 가맹하고 있는 작년 가을의 APEC 회의에서 미국은 APEC 전체 지역의 자유무역협정을 제창했다.

일본은 이웃나라 한국과 중국의 경제적 연계에는 소극적이었지만 동남아시아국가연합(ASEAN)을 중심으로 하는 교섭은 서둘러 왔다. APEC에도 적극적인 편이다. 하지만 동북아시아의 발목을 굳게 해야 아시아 전체에 대한 전략이 살아나는 것이다. 농산물의 무역자유화를 질질 끌고 있는 사이에 일본은 아시아에서의 통합 교섭에 뒤처지고 있는 것은 아닐까. 주위의 움직임에 허둥지둥하기만 해서는 '통상국가 일본'의 이름이 무색해질 것이다.

_6_
후쿠다 내각 출범과 한일관계

2007년 9월 26일 후쿠다 야스오(福田康夫) 수상이 이끄는 내각이 정식 출범했다. 후쿠다의 정치적 행보에서는 '저자세'의 신중함이 돋보인다. 그의 성향은 이번 내각 구성에서부터 잘 나타난다. 각료 인사에서 관방장관으로 기용한 마치무라(町村信孝)의 외상 자리, 그리고 자민당 간사장을 맡긴 이부키(伊吹文明)의 교육상 자리를 메우기 위한 인사조치로 최소한의 각료 진용 변화를 선택했다. 국회 개회 중에

| 후쿠다 야스오 수상 |

| 후쿠다 수상 취임 후 첫 내각 |

수상이 사임하는 긴급사태에 따른 응급대응이기는 하지만, 내각의 일
관성과 여당 내부의 안정을 기반으로 하면서 국정을 운영하고자 하는
새로운 수상의 의지가 선명하게 반영된 것으로 볼 수 있다.

　후쿠다 수상의 정치성향에 따라 대외정책에 있어서도 대체로 '저자
세' 외교를 내보였다. 후쿠다는 과거 모리 내각이나 고이즈미 내각에서
관방장관에 재직하면서 9·11사태에 따른 테러대책특별조치법 제정을
막후에서 주도했으며 고이즈미와 부시 사이의 밀월관계를 막후에서 떠
받치기도 했다. 또한 그는 2002년 고이즈미의 방북과 '평양선언'을 막
후에서 주도한 것으로도 유명하다. 이렇듯 조용하면서도 착실한 성향
에 힘입어 관방장관직에 3년 반 이상을 재직할 수 있었다. 그는 미일
관계를 중시하는 현실외교의 기조를 견지하면서도 고이즈미나 아베와
는 달리 어떤 국가와도 가능한 원활하고 평화로운 관계를 유지하고자
하는 온건한 노선을 유지할 태세를 비쳤다. 역사인식 문제로 인하여
불필요하게 주변국과의 외교적 관계를 그르치는 일은 피하고자 하는
그의 의지가 이미 이번 총재 선거과정에서 표명된 바 있다. 후쿠다 내
각의 등장으로 한일관계 전반에 걸쳐 우호적 관계가 유지되거나 증대
될 것으로 보는 견해가 많은 가운데, 대북정책에서도 '대화와 압력'이

라는 틀에서 대화에 더 큰 비중을 둘 것으로 전망하는 의견이 많았다.[8]

다만 그의 '저자세' 외교가 대북정책에도 적용될 것인지, 특히 '납치' 문제를 둘러싼 대북정책에서 그의 온건 외교노선이 어느 정도 북한에 대한 유화정책으로 나타날 것인가가 후쿠다 내각 출범 때부터 세간의 관심을 끌었다. 후쿠다는 자민당 총재 선거 때, 자신의 손으로 대화를 통해 '납치' 문제를 해결하겠다는 강한 의지를 보였으며 북한과의 국교 정상화에 실마리를 마련하겠다는 의욕을 보인 바 있기 때문이다.[9]

그런데 후쿠다 내각이 출범한 지 2주가 되는 10월 9일에 열린 각료 회의에서 일본 정부는 북한에 대한 제재조치를 6개월간 더 연장하기로 결정했다. 2007년 4월에 이어 다시 제재조치를 연장함으로써 대북정책에 관한 한 '저자세'를 취하지 않는 모습을 보인 것이다. 마치무라(町村 信孝) 관방장관은 그날 기자회견을 통해 "납치 문제에 구체적인 진전이 없고 북한의 핵 문제를 둘러싼 제반 정세에 따라 제재 조치를 계속하는 것이 필요하다고 판단했다"고 그 이유를 설명했다.[10] 일본 정부는 2006년 7월 북한의 미사일 발사에 대한 보복으로 특정선박입항금지법에 의거하여 만경봉호의 입항을 금지한 데 이어, 같은 해 10월 핵 실험 강행 후 외환관리법을 추가 적용하여 선박입항과 수입의 전면 금지, 사치품 수출 금지 등의 추가 제재조치를 취한 바 있다.

이렇듯 출범과 함께 대북정책을 어느 정도 완화할 것으로 보았던 기대와는 달리 후쿠다 내각은 고이즈미와 아베 내각의 정책을 이어받는 강경자세를 보였다. '납치' 문제에 대해 일본 정부는 북한에 대해 일관되게 진상규명과 함께 피해자 전원 귀국 조치와 '납치' 범죄자 처벌을

---

8) 박철희, 「일본 후쿠다 내각의 출범과 한일관계 전망」, 『한일협력』 2007년 冬, 9-19쪽.
9) 「세계일보」 2007년 9월 18일.
10) 「연합뉴스」 2007년 10월 9일.

요구해 오고 있다. 노무현 대통령의 방북에 앞서 후쿠다 수상은 '납치' 문제에 대한 북한 측의 성의 있는 태도를 바라는 의향을 전달하도록 요청한 것으로 알려지고 있다. 그러나 북한 측은 일본과의 국교정상화에 대해 관심을 보였을 뿐 '납치' 문제에 대해서는 수용태도를 보이지 않았다. 일본 측 의향을 전달한 노 대통령에게 김정일 위원장은 더 이상 '납치' 피해자는 없다고 단언한 것으로 알려지고 있다.

'납치' 문제에 대한 북한의 자세는 남북 정상회담 기간인 10월 2일 유엔에서 최수헌 북한 외무성 부장이 발언한 내용에서도 잘 나타나고 있다. 그는 유엔총회의 일반토론에서 연설하는 가운데 일본과 미국을 지칭하면서 대북 적대정책을 해체하도록 요구했다. 특히 그는 일본에 대해 총련 조직을 말살하려는 시도가 양국관계에 '최악의 상태'를 초래했다고 주장하기도 했다. 그러면서도 그는 기자회견에서 '납치' 문제에 대해 "가공의 유괴 사건에 국제사회의 눈을 돌리게 하여 과거 청산을 없는 것처럼 하려는 일본의 책략"이라고 비난했다.[11]

오늘날까지 일본 정부는 지난 2002년에 일본에 귀국한 피해자 5명을 포함하여 '납치' 피해자가 적어도 17명 이상 될 것으로 보고 있다. 그러나 북한 측은 2002년 북일 정상회담에서 발표한 대로 생존자 5명, 사망자 8명, 미입국자 2명이 전부이며 더 이상은 없다고 한다. 일본 정부가 마쓰모토 교코(松本京子), 다나카 미노루(田中實) 등 실명을 들어가며 피해자가 더 있다고 주장하는 것에 대해, 북한은 이들에 대한 '납치' 사실이 없다는 입장을 굽히지 않고 있다.[12]

---

11) 「연합뉴스」 2007년 10월 3일.
12) 「연합뉴스」 2007년 10월 9일.

_7_
후쿠다 수상의 미국 방문과 북일관계

2007년 11월 15일 후쿠다 수상이 미국을 방문했다. 후쿠다는 미일동맹을 가장 중시하는 일본 정부의 외교기조를 견지하는 의미에서 수상 취임 직후부터 첫 외유 상대국으로 미국을 지목하고 정상회담을 준비해 왔다. 미일 정상회담에서는 미일동맹의 기초를 다지기 위해 양국의 인재 교류가 중요하다는 판단 아래 '인적 교류 강화를 위한 이니시어티브'를 의제로 하여 안보·경제·환경 문제 등에 관한 지적 교류, 주일미군, 미일협회 관계자들을 중심으로 하는 민간 교류의 조직화, 미국에서 일본어 교육의 활성화 등을 논의하기로 했다.

이러한 미래지향적 미일관계 구축 과제와 함께 양국 간에는 우선 해결해야 하는 당면과제가 많았다. 무엇보다도 후쿠다 내각에 들어 일본 해상자위대가 인도양 해상에서 급유활동을 해 오던 것이 중단되는 사태가 발생했다. 일본 여당은 새로운 테러대책특별조치법안을 국회에 상정하고 신속한 통과를 추진하려고 했지만, 참의원에서 다수를 차지하는 민주당을 비롯하여 야당이 이 문제에 대해 쉽게 협조하지 않았으며, 따라서 급유활동을 재개하는 데는 시간이 걸릴 것이 자명해졌다. 일본 수상은 정상회담을 통해 미국 측에 이러한 국내 정치적 상황을 해명해야 했다. 또한 주일미군 재편의 축을 이루는 오키나와 후텐마(普天間)기지 비행장 이전 문제에도 전혀 진전이 없는데다가 미군 주둔 경비에 대한 일본 측의 추가 부담 문제나 미국산 쇠고기 수입 문제도 걸려 있었다.

이와 함께 후쿠다 수상은 미국이 북한을 테러지원국에서 해제하려는 움직임과 관련하여 '납치' 문제로 인한 일본 국민들의 불편한 심기를 미국에 전달해야 하는 과제를 안고 있었다. 일본은 헉개발 문제와 북미관계 진전에 있어서 어떻게든 여기에 '납치' 문제를 연계시키려고 해 왔다. 수상 방미 3일 전인 11월 12일 마치무라 관방장관은 기자회견을 통해 미국의 테러지원국 지정 해제 문제와 관련하여 "납치 문제는 일본 국민의 감정에 깊이 뿌리박힌 것으로 일반 의제와 다르다. 납치는 국가범죄로 일본인의 인권이 침해당하고 있는 문제이며 결코 미일관계에 좋은 영향을 주지 않을 것이다"라고 하며 우려를 표명한 바 있다. 이러한 발언은 후쿠다의 방미 일정을 발표하는 가운데 나온 것으로 일본 정부의 실질적인 방미 목적을 잘 나타내는 발언이었다. 미일정상회담 시기에 맞추어 일본의 정치권에서는 현역 국회의원을 중심으로 하여 '납치' 문제를 미국 정부에 알리고자 하는 움직임이 활발하게 전개되었다. 대표적인 예로 히라누마(平沼赳夫) 전 경제산업상을 단장으로 하는 방미단이 11월 14일부터 3일간 워싱턴에서 로비활동을 통해 미국 행정부와 의회 의원을 대상으로 하여 '납치' 문제의 해결이 없는 가운데 테러지원국 해제가 이루어지지 않도록 요청한 것을 들 수 있다.[13]

한편 이 시기 북한은 후쿠다 내각이 출범한 지 한 달 보름 정도가 지났음에도 불구하고 대북정책에서 가시적인 변화의 움직임이 보이지 않자, 직설적으로 일본의 대북정책 전환을 촉구하고 나섰다. 11월 10일 관영 조선중앙통신은 "정치적 결단을 내려야 한다"라는 제하의 논평에서, 후쿠다 수상 취임 이후 일본의 대외정책에서의 변화를 기대해 왔으나 현재까지 대북정책을 비롯해 대외정치에서 달라진 것이 없다고 지적하면서 "구태의연하고 강경보수적인 대북 입장을 철회"해야 한다고 주장했다. 통신은 특히 "일본의 대조선 재제 책동은 전반적 국제정

---

13) 「全國協議會にユース」 2007年 11月 16日.

| 후쿠다 수상의 미국 방문 |

세의 흐름에 역행하는 것이며 북일 간 적대관계를 더욱 악화시키는 결과밖에 가져올 것이 없다"면서 "대세를 따르는 것이 일본으로서 옳은 선택"이라고 강조했다. 통신은 이어 후쿠다 내각이 "6자회담을 파탄시켜 한반도 핵 문제가 해결되지 못하게 함으로써 군국화와 핵무장의 명분을 세울 수 있다고 보는 일본 내 국수주의 세력에 발목이 잡혀 대외정책 전환에서 응당한 결단을 내리지 못하고 있다"고 지적했다. 또 일본이 6자회담 경제·에너지 협력 실무회의에서 '납치' 문제를 거론하면서 경제지원을 외면하고 일본 국회가 대북제재 연장을 또 다시 승인했다고 언급하고, "유독 일본만이 6자회담에서 자기의 의무를 회피하고 회담 진전에 방해를 조성하고 있다"며 이것은 "선임 정권의 유치한 정치방식에서 한 치도 벗어나지 못한 것"이라고 비판했다.[14]

2007년 11월 16일 오전 부시 대통령과 후쿠다 수상은 백악관에서 1시간 가량 회담했다. 후쿠다 수상은 감기가 심하게 든 상태에서 부시 대통령과 첫 상견례를 했다. 후쿠다는 '납치' 문제를 거론하면서 북한의 테러지원국 명단 삭제 반대의사를 부시에게 전달했다. 하지만 부시

---

14) 「연합뉴스」 2007년 11월 10일.

는 "납북자 문제를 잊지 않을 것"이라고만 되풀이했을 뿐, 테러지원국 삭제 여부에 대해선 별다른 언급을 하지 않았다. 결국 일본으로서는 핵 문제와 '납치' 문제를 별도로 간주하는 미국의 기본입장과, 핵불능화 조치에 비교적으로 적극적인 자세를 보이고 있는 북한을 조만간 테러지원국 대상에서 제외시키고자 하는 기본방침에 큰 변화가 없음을 확인하는 데 그친 것이다.15)

_8_
2007년 11월 싱가포르의 한일 정상회담

2007년 11월 20일 오후, 노무현 대통령과 후쿠다 스상은 싱가포르에서 정상회담을 가졌다. 같은 해 9월 말 후쿠다 수상의 취임 직후, 그리고 10월 초 남북 정상회담 후, 두 차례에 걸쳐 전화르 통화를 한 적은 있었지만 직접 대면하여 정상회담을 갖게 된 것은 이번이 처음이다. 이 회담에서는 양국간 기본입장과 협력방향에 관한 원론적인 대화로 일관되었으며 구체적으로 합의된 사항으로는 유골송환 문제가 있었다. 대북정책에 대해서도 한일 양국은 기본방향에서 서로 다른 입장을 설명하는 데 그쳤다. 다만 회담 결과 과거 고이즈미나 아베 수상에 비해 후쿠다 수상이 북일관계 진전을 위해 전후처리 문제에 대해 보다 적극적인 자세를 보인 것으로 한국 정부는 평가했다. 백종천 청와대 안보실장의 한일 정상회담 관련 브리핑을 토대로 싱가포르 정상회담을 재구성해 본다.16)

---

15) 「아시아경제」 2007년 11월 19일.

| 한중일 3국 정상회담 |

　정상회담에서 두 정상은 한일관계는 물론 대북관계, 그리고 국제사회에서의 협력 등에 대해 다양한 의견을 교환했다. 한일관계와 관련하여 노무현 대통령은 후쿠다 수상 취임 후 관계증진에 대한 우리 국민의 기대가 크다고 말했고, 향후 미래지향적 관계 발전을 위해 긴밀히 협의하자고 제안했다. 후쿠다 수상은 도쿄 소재 유텐지에 보관되어 있는 한반도 출신 군인·군속 유골 중 유족의 봉환 의사가 확인된 유골 101위를 우선 2008년 초에 송환하기로 했음을 강조했고, 이에 대해 노 대통령은 감사의 뜻을 표했다. 아울러 노 대통령은 일제 강제동원 진상규명을 위해 일본이 보관하고 있는 자료에 대해 접근할 수 있도록 협조를 당부했다.

　또한 두 정상은 양국 간 문화적·인적 교류가 양국 협력관계의 기반 강화에 있어서 중요하다는 데 인식을 같이하고 앞으로도 문화적·인적 교류증진을 위해 계속 노력하기로 했다. 노 대통령은 양국 간 현안 문

16) 「쿠키뉴스」 2007년 11월 20일.

| 싱가포르 한일 정상회담 |

제가 쟁점화되지 않도록 관리하고 문제가 생겼을 경우에는 확산되지 않도록 노력하는 것이 필요하다고 언급하였으며 이에 대하여 후쿠다 수상도 공감을 표시했다.

이와 함께 노무현 대통령은 2007년 10월 남북 정상회담 결과를 언급하면서 최근 남북 간 관계의 진전상황을 설명했다. 이에 대해 후쿠다 수상은 남북 정상회담이 성공적으로 개최되고 후속 조치가 착실하게 이루어지고 있는 것을 축하한다면서 남북관계 진전과 한반도 안정이 더욱 증진되기를 기대한다는 기본입장을 밝혔다. 이대 노 대통령은 김정일 위원장 면담시 김 위원장이 북한은 미국의 협상태도와 관계 개선에 신뢰를 갖고 있다고 언급했고 북일관계 정상화 필요성도 분명하게 인식한다고 했다고 전했다. 이에 대해 후쿠다 수상은 북한과의 대화를 통해서 '납치' 문제, 과거청산 문제 등 북일 간 제반 현안을 해결해 나가고자 하는 일본 정부의 대북 기본방침을 설명했다.

한일 정상회담에 앞서 이날 오전에는 한중일 3국 정상이 회동했다. 이 자리에서 3국 정상은 협력증진을 위해 아세안+3 정상회의를 계기로 열리는 회의와는 별도로 향후 적절한 시기에 3극 정상회의 개최를 추진한다는 원칙에 합의했다. 3국 정상회담은 1999년 이후 중단했다가

2005년을 제외하고는 계속 아세안＋3 회담에서 개최해 왔다. 이번에 나온 '독립 개최안'은 3국의 관계 긴밀화에 활력을 주기 위한 방안이다. 3국 정상은 이외에도 북한의 핵 문제 해결을 위한 제휴에 합의하고 6자 회담에서 결정한 연변의 3개 핵 시설 무력화와 핵 계획 신고의 연내 이행이 필요하다는 입장에 합의했다. 또 13개 항목으로 된 3국의 협력추진계획을 발표했다. 주요 협력사업으로는 3국의 협력사업을 위한 인터넷 '사이버 사무국' 개설과 3국 자유무역협정의 지속적인 연구와 투자 협정체결, 아프리카 문제에 관한 정책협의, 베이징올림픽 기간 중 사이버테러 공격 대책 등이다.[17]

_9_
2007년 한일관계에 대한 평가

2007년에 들어 한일 양국의 정상은 1월 14일 필리핀 세부(sebu)에서 처음 만났다. 한중일 3국과 ASEAN 회원국 10개 국, 여기에 인도·호주·뉴질랜드 등 총 16개 국이 참가하는 제2차 동아시아정상회의(EAS)가 열린 자리에서였다. 비록 다자간 회의 가운데 이루어진 양국 정상의 만남이긴 했지만, 한일 간 외교관계의 진전을 위한 제스처가 없는 가운데 썰렁한 분위기 속에 헤어졌다.

필리핀 EAS에서 한국의 외교당국이 거둔 성과로는 동북아 3국간 외교정책의 협의체를 구축해 간다고 하는 큰 그림을 제안한 것이 결과적으로 어느 정도 받아들여졌다는 점 정도이다. 그런데 한국이 제안한

---

17) 「아시아경제」 2007년 11월 20일.

대로 장관급 정례모임으로 결정되지 않고 장관·차관급·차관보급 등 다양한 고위급 차원의 모임으로 결정됨으로써, 협의체(council)로서의 실행력이 약화되고 정책 포럼(forum)에 가까운 낮은 형태로 결착되었다. 이는 북핵 문제에 대한 동아시아 3국의 결속력을 확보하기에는 미흡한 결과였으며, 마찬가지로 역사인식 외교의 방향에서 볼 때에도 일본 정부에 대한 외교적 구속력을 떨어뜨리는 결과로 귀착되었음을 의미한다.

또한 이때 열린 한일 간 정상회합도 중국을 포함한 다자 간 회담에 그쳤으며 한일관계 진전을 위한 적극적인 형태의 양자 간 회담이 되지 못했다. 일본과 중국이 역사인식 문제 등에서 크게 이견을 보이면서도 양자 간 회담을 통해 야스쿠니 참배 문제로 그간 중단되었던 정상회담을 재개하기로 합의한 것이 비하면, 한일 양국에 있어서는 오히려 두 정상 간의 역사인식 차이에 따른 소원한 관계를 확인시킨 자리가 되었다.

한편 1월 25일에 열린 대통령의 신년기자회견에서 대일외교에 관한 언급은 회견의 끝부분에 NHK 기자가 한 질문에 대한 답변에서 나왔다. 남은 임기동안 대일 외교정책을 어떻게 펼쳐 나갈 것인가를 묻는 질문에 대해, 노 대통령은 다음과 같은 내용을 중심으로 하여 자신의 견해를 밝혔다. 첫째, '납치' 문제에 대한 일본 측의 주장은 이해하지만 이 문제가 최우선 과제로 다루어지는 데 있어서 한국 정부의 견해는 일본과 다르다는 점을 분명히 했다. 둘째, 역사인식 문제로 외교관계를 그르치는 일을 일본 정부가 자제할 것을 요구하면서, 대통령의 지론인 "세계 보편의 원칙에 따라서 성의를 가지고 역사 문제에 임해 주기를 바란다"고 주문했다. 셋째, 작년 11월 한일 정상회담 당시 양국관계에 있어서 협력의 기반을 넓히기 위해서 '평화의 바다'에 관한 언급을 했다고 밝히고 이러한 견해에 대한 일본 측의 진지한 고려를 요구했다.

이러한 연초 분위기가 시사하는 바와 같이 참여정부의 남은 임기 동안에 대일외교가 맑은 날씨처럼 회복될 것으로 기대하기는 어려웠다. 한일 간의 냉랭한 분위기는 9월 하순 아베가 사퇴하고 후쿠다 내각이 들어서도 쉽사리 해소되지 않았다. 그것은 한일 양국 정상이 당면한 외교적 쟁점이 되고 있는 북핵 혹은 '납치' 문제에 대해 현격한 견해 차이를 보이고 있는 가운데, 쉽사리 역사인식 문제에 대해 허심탄회하게 논의할 수 있는 기회를 갖기가 어려웠기 때문이다. 결국 2007년 한 해 동안 지난 고이즈미 집권 말기에 역사인식 관련 문제로 양국 정상이 보인 것과 같은 외교적 갈등양상은 나타나지 않았지만, 이제까지 쌓아 온 외교적 불협화음이 말끔하게 해소되지도 않았다.

대북정책을 둘러싼 한일 간 이견은 남북 정상회담 이후에 나타난 일본의 대북 제재조치 연장에서 극명하게 드러났다. 후쿠다 내각에 대해 출범 직후부터 대북정책을 어느 정도 완화할 것으로 기대했으나 여전히 고이즈미와 아베 내각의 정책을 이어받는 강경 자세를 보였기 때문이다. 특히 '납치' 문제에 대한 일본 정부의 집요한 추궁과 북한 측의 회피적인 태도는 한일관계 진전을 가로막는 하나의 요인이 되고 있다. 일본 정부는 북한에 대해 '납치' 문제에 있어서 진상규명과 함께 피해자 전원 귀국 조치와 납치 범죄자 처벌을 일관되게 요구하고 있다. 노무현 대통령의 방북에 앞서 후쿠다 수상이 '납치' 문제에 대한 북한 측의 성의 있는 태도를 바라는 의향을 전달하도록 요청하기도 했다. 그러나 북한 측은 일본과의 국교정상화에 대해서는 관심을 보였을 뿐 '납치' 문제에 대해서는 수용태도를 보이지 않았다. 일본 측 의향을 전달하는 노 대통령에게 김정일 위원장은 "더 이상 '납치' 피해자는 없다"고 단언한 것으로 알려지고 있다.

참의원 선거 직후의 어수선한 일본 정국에서 일본 정부가 안정을 찾

| 2007년 12월 한일 유골협의 |

아 가면서 한일 양국관계에서 우호적인 분위기를 유드했다. 후쿠다 내
각이 역사인식 문제에 대해서 신중한 행보를 보인 것은 관계회복의 중
요한 모멘텀으로 작용했다고 생각된다. 특히 10월 18일 야스쿠니신사
의 가을 대제(大祭)에 맞추어 보수파 의원들이 집단적으로 참배하는 가
운데에도 현직 각료 중 한 명도 여기에 가담하지 않은 것은 한국과 중
국으로부터 외교적 신뢰를 회복하는 데 커다란 역할을 했다. 11월 20
일 ASEAN 관련 정상회담을 위해 싱가포르를 방문한 한중일 3국 정상
이 다시 모였다. 이때는 지난 1월의 필리핀 회담에 비해서 부드러운
분위기에서 회의가 이루어졌으며, 향후 3국간 협력추진을 위한 '행동
계획'을 마련하기로 하는 등, 13개 항목에 걸친 구체적 조치를 취해 가
기로 합의했다.

11월 20일 오후에 한일 양국 정상은 따로 만나 회담을 가졌다. 이
자리에서 후쿠다 수상은 양국이 거리상 역사적으로 가장 가까운 관계
에 있으며 미래지향적인 관계를 더욱 발전시키기 위해 노력하겠다는

의지를 밝혔다. 이에 대해 노 대통령은 한국 국민들이 후쿠다 수상에게 큰 기대를 하고 있다고 전했다. 이때 구체적인 외교협력사항으로 일본 측이 도쿄 유텐지(祐天寺)에 보관되어 있는 한반도 출신 군인·군속 유골 101구를 2008년 1월까지 유족들에게 송환하겠다고 밝혔다. 그런데 북한 문제와 관련하여 관계 개선과 국제적 협력이 필요하다는 방향 인식에서는 양국 정상이 공감하면서도 우선순위에 있어서는 견해를 달리 하고 있는 점을 확인하는 데 그쳤다. 후쿠다 수상은 북일관계 개선의 전제조건으로 핵 문제와 '납치' 문제의 해결을 내세운 데 대해, 노 대통령은 김정일 위원장의 의사를 전달하는 형태로 일본 측에게 국교 정상화와 경제투자에 있어서의 적극적인 행동을 요구했다.

2006년 8월에 고이즈미 수상이 감행한 야스쿠니 참배의 여파는 아베의 등장과 방한에도 불구하고 2007년에 들어서도 한일관계에 앙금을 남겼다. 그것은 아베가 기본적으로 고이즈미의 정책기조를 답습한데다 그가 수상이 되고 나서도 과거에 자신이 보였던 몰(沒)외교적 역사인식 행태를 뒤엎을 만한 적극성을 보이지 않았기 때문이다. 여기에 한국의 참여정부도 대일관계의 회복을 위한 적극성을 보이지 않았다. 대북관계에서 보인 적극성에 비하면 대일외교는 소극적이었다고밖에 평가할 수 없다.

다만 전반적으로 2006년에 잔뜩 흐린 분위기로 한 해를 마감했던 것에 비하면, 후쿠다 내각이 들어선 2007년에는 보다 맑아진 한일관계의 상태에서 한 해를 회고할 수 있게 되었다. 2008년 이후 당분간 이러한 관계 회복의 움직임이 계속 이어질 것으로 전망하는 것도 어렵지 않다. 일본 정부(내각부)가 일본 국민들을 대상으로 매년 조사하고 있는 '외교에 관한 여론조사' 결과를 통해 한일관계의 현황을 살펴보자. 비록 일본인과 한국인이 동등한 평가를 내리지는 않을 것으로 보지만, 이 조

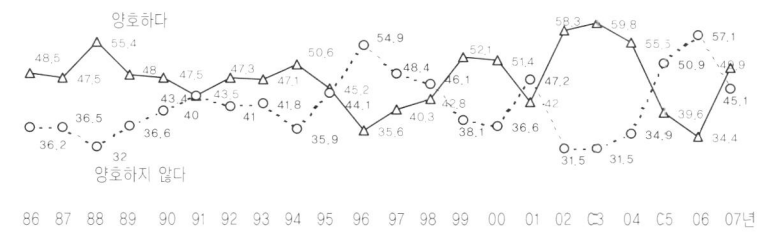

양호하다
48,5 55,4
       47,5 48 47,5 47,3   50,6   54,9   52,1 51,4   58,3 59,8   55,3 57,1
                        43,4 43,5   45,2 48,4   46,1   47,2   50,9 45,1
       36,5   40 41 41,8   44,1   42,8   42   34,9   39,6
36,2   36,6   35,9 35,6   40,3 38,1 36,6   31,5 31,5   34,4
       32
양호하지 않다

86 87 88 89 90 91 92 93 94 95 96 97 98 99 00 01 02 C3 04 C5 06 07년

| 한일관계에 대한 일본 국민의 평가(1936~2007년) |

사를 통해 한일관계에 대한 민간인들의 분위기 등 평가를 어느 정도
가늠해 볼 수 있지 않을까 한다.[18]

2007년 10월에 조사한 결과는 '양호하다고 생각한다'는 의견 비율이
6.5%, '대체로 양호하다고 생각한다'는 의견이 43.4%로, 이 두 비율을
합하면 49.9%가 양호하다고 본 것으로 나타났다. 이것은 2006년의 조
사결과 34.4%에 비해 15.5%나 증가한 수치이다. 반면에 '양호하다고
생각하지 않는다'는 의견은 12.1%, '대체로 양호하다고 생각하지 않는
다'는 의견은 33.0%로, 이 두 비율을 합하면 45.1%가 양호하지 않다
고 본 것으로 나타났다. 이것은 전년의 조사결과 57.1%보다 12.0% 낮
은 수치이다. 지난 2005년과 2006년에 '양호하지 않다'는 평가가 '양
호하다'는 평가를 웃돌았던 것에 비하면, 2007년 한일관계가 정상적인
분위기 방향으로 가닥을 잡은 것이 분명하다. 그러나 참여정부 초기에
해당하는 2003년과 2004년에 모두 '양호하다'는 평가가 55%를 넘었던
것을 감안하면, 관계증진을 위한 양국의 외교적 과제가 많았음을 보여
주는 수치라고 할 수 있다.

---

18) http://www8.cao.go.jp/survey.

_10_
21세기 한일관계의 과제

여기서는 이 책의 결론을 대신하여 한일관계의 다양한 측면 가운데 역사 문제와 관련한 양국관계를 중심 내용으로 하여, 앞으로 어떠한 변수에 따라 어떻게 변화할 것인가, 그리고 한일 양국이 이 문제에 대해 어떻게 대응하는 것이 바람직한가를 간략하게 논하고자 한다.[19]

과거사 문제에 대한 일본 정치권의 움직임과 같은 한일관계 내부의 변수에 따라서 단기적으로 양국의 외교관계가 변화하기도 하지만, 장기적으로 볼 때에는 한일관계 외연을 둘러싸고 있는 국제정치질서의 변화에 따라서 양국의 외교관계가 변화할 가능성이 높다. 한일관계의 대외적 변수로서 현시점에서는 북한의 존재가 커다란 부분을 차지하고 있으나, 보다 장기적인 관점에서 볼 때, 21세기 안에 어떠한 형태로든 한반도에 통일 혹은 통합된 국가체가 형성될 것으로 보아, 여기서는 남북한을 하나의 행위체로 전제하고 한일관계의 전망을 논하고자 한다.

한일 양국을 둘러싼 국제정치질서의 변화는 세계정치에서 차지하는 강대국 권력의 분포 변화에 크게 좌우될 것이다. 21세기에 들어 동북아시아에 있어서 미국의 패권이 유지될 것인가, 그리고 중국의 부상이 어느 정도까지 계속될 것인가 하는 것이 정치질서의 변화를 전망하는 데 있어서 가장 중대한 화두가 되고 있다. 이에 대해서 국제정치학자혹은 미래학자들 사이에 다양한 견해가 있지만, 여기서는 그 견해들을 일일이 논하기 보다, 다만 이러한 요소가 한일관계의 변화에 영향을

---

19) 이 글을 작성하는 데는 윤영관, 「21세기 세계정치와 한반도 평화」(미래전략연구원 특별기고), 2007년 5월을 주로 참고했다.

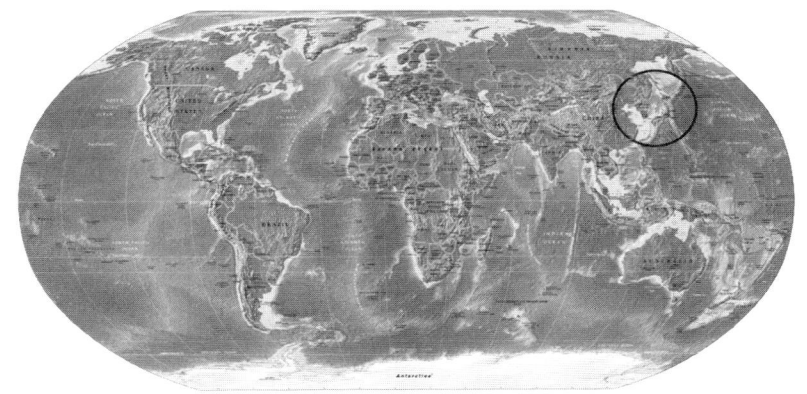

| 세계지도 속의 한국과 일본 |

끼치는 중요한 변수가 될 것이라는 것을 확인하고자 한다.

21세기에 들어서 세계정치에 있어서 미국의 패권적 지위가 위협을 받고 있는 것이 분명하지만, 그렇다고 해서 가까운 장래에 미국이 우월적 지위를 쉽게 상실할 것으로 보는 사람도 드물다. 그러건서도 중국의 부상이 계속될 것이고 따라서 세계정치질서에서 중국이 영향력을 확대해 갈 것이라는 견해에 대해서도 부정하는 사람도 드물다. 한일관계를 둘러싸고, 강대국으로서의 미국과 중국이 앞으로 협력관계를 구축해 갈 것인지, 아니면 갈등 혹은 충돌 관계를 구축해 갈 것인지에 대해서는, 앞으로 미중관계에서 협력과 갈등의 두 가지 속성이 모두 나타날 것이며 각국 정부의 전략에 따라 달라질 것이기 때문에 어느 속성이 보다 강하게 나타날지 예측하기란 쉬운 일이 아니다. 지난 9·11 테러 이후 미국이 종래와는 달리 중국을 협력적 동반자로 포섭하면서도, 중국을 견제하는 형태로 일본·인도·호주 등과의 견계를 강화하고 있는 것은 이러한 이중적인 측면을 잘 말해 주고 있다.

중국의 부상은 미국과 동맹관계를 유지해 오고 있는 한국이나 일본

| 부산 앞바다 |
한일 양국은 각 분야에 걸쳐 교류와 대화를 확대하고
심화해감으로써 상호 학습과 이해의 폭을 넓히는 일이
양국의 공통과제라고 할 수 있다.

에게 공통적으로 새로운 국제전략을 요구하고 있다. 미국과의 전략적인 동맹관계를 유지하면서도 중국과 협력관계를 강화해 가야 한다는 어려운 과제를 한일 양국이 공통적으로 안게 된 것이다.

이러한 상황을 역사 문제와 관련지어 생각해 보면, 과거 식민지 역사 문제에 대해서는 종래보다 국제사회의 지원을 얻기 쉬우므로, 앞으로는 한국 정부가 일본에 대해 힘겨운 개별적 대응을 하지 않더라도 이 문제를 해소하기가 쉬워질 것이라고 전망할 수 있다. 그러나 다른 한편으로 동북공정을 비롯한 중국과의 역사 문제에 대해서는 일본에 대해서보다는 상대적으로 한국의 입지가 좁아지기 쉬울 것으로 보이며, 적절한 해법을 찾기가 어려울 것을 보인다. 이렇게 되면 한국으로서는 중국과의 역사 문제에 대해서도 개별적인 대응보다는 국제사회로부터의 지원을 유도하는 유연하면서도 다양한 간접적 대응을 적극 모색해야 할 것이다. 이와 함께 역사 문제에 있어서 중국의 존재가 커지게 되면서, 역사 문제에 대한 한국 측의 민감성이 중국 쪽으로 더 기울어질 수도 있다. 그렇게 되면 오늘날 한일관계에서 차지하는 역사 문제의 비중 혹은 민감성이 앞으로 보다 낮아질 가능성도 배제할 수 없다.

한일관계로 범위를 좁혀 역사인식 문제에 대한 향후 양국의 바람직한 자세와 우리의 대응방안을 제시해 보겠다. 여전히 양국의 외교관계가 역사인식 문제로 영향을 많이 받고 있는 가운데, 앞으로 일본 정부나 책임 있는 정치가들이 역사인식 문제에 대한 신중한 행보를 지속할 것인지는 미지수다. 앞으로 아베 수상과 같은 '전후 출생자'가 일본의 정치권 지도자로 대거 활약하게 되면서, 일본 정부가 과거에 비해 상대적으로 역사인식 문제에 관한 행태에 있어서 대처로 과거 전쟁이나 식민지에 대한 책임을 무겁게 받아들이고 있지 않을 것으로 예상되기 때문이다.

그러면서도 역사 반성이라는 문제에 대해 반드시 부정적인 방향으로만 전개되지는 않을 것이다. 오히려 정치가의 행태에 따라서는 중국의 부상 등과 같은 국제사회의 변화에 합리적으로 대응하기 위해, 또는 국가나 지역의 평화 문제에 적극 대응하기 위해서 과거 역사에 대한 반성에 대해 종래보다 더욱 진솔하게 접근하는 쪽을 선택할 가능성도 있기 때문이다. 이렇게 되면 한국이나 중국과의 외교관계에 있어서 역사인식 문제를 둘러싼 대화를 제도화해 나갈 수 있는 여지도 충분하다. 그러나 현시점에서 볼 때, 단기간 내에 일본의 정치권이 이러한 전향적 태도를 보이기는 어려울 것으로 전망된다.

그럼 역사인식 문제가 여전히 외교적 현안이 되고 있는 상황에서, 한일 양국이 안고 있는 공통적 과제는 무엇일까? 원론적인 대답에 불과하다고 하겠으나, 궁극적인 과제는 일본 국민과 정치가들이 과거 식민지 지배에 관한 반성과 사죄의 마음을 갖는 것이며, 한국의 국민과 정치가들은 각 방면에서 일본에 대한 경쟁력을 길러 모든 구성원이 역사의 콤플렉스에서 자유로워지는 것이다. 관점에 따라 이 목표는 멀리 느껴질 수도 있고 가깝게 느껴질 수도 있다. 적어도 양국 간 우호와 협력을 원하는 관점에서 보면, 궁극적 목표를 위한 개별적인 과제가 분명해진다. 결국 각 분야에 걸쳐 교류와 대화를 확대하고 심화해감으로써 상호 학습과 이해의 폭을 넓히는 일이 양국의 공통과제라고 할 수 있다.

한일관계의 이상적인 미래 목표에 이르기 위해서는 단기적으로 양국 정부가 해야 할 과제가 있다. 무엇보다 양국 정부는 외교적인 배려에 힘을 기울여야 한다. 이미 일본 정부는 1995년 8월의 무라야마 담화와 2005년 8월의 고이즈미 담화, 그리고 2006년 8월의 아베 수상의 종전기념일 기념사를 통해서도 "식민지 지배와 침략의 역사적 사실을 받아들이고 통절한 반성으로 사죄"한다고 밝혔다. 주변국을 자극하는 역사인식 관련 발언에 정치가들은 신중해야 하며, 이러한 역사인식의 기조를 뒤엎는 정치가들의 경거망동에 대해서는 일본 정부 내에서 자정(自淨)하고자 하는 노력을 보여야 한다.

한편 한국 정부는 대일 역사인식 외교에 있어서 일관되게 단호한 자세를 보이는 것이 중요하다. 그렇다고 해서 이 문제가 쟁점으로 떠올랐을 때 외교라인에서 감정적으로 대응하는 것은 바람직하지 않다. 외교적 언어로서는 강렬하면서도 절제된 표현을 사용해야 하며 다각적인 접촉을 통해 한국 측의 입장을 전달하고 일본 측의 진의를 파악하고 설득하려는 노력이 필요하다. 경제적으로나 문화적으로 한일 양국에 복합적인 상호의존이 심화되고 있는 현실에 비추어 볼 때, 양국 국민간의 감정적인 마찰을 최소화하고 교류의 흐름을 순조롭게 하는 일이야말로 양국 정부가 해야 할 가장 중요한 임무라고 할 수 있다.

한일관계 기본자료

Ⅰ. 역대 주일대한민국대사(부임기간)

1. 김동조 1965.12~1967.10
2. 엄민영 1967.10~1969.12
3. 이후락 1970. 1~1971. 1
4. 이 호 1971. 1~1974. 1
5. 김영선 1974. 1~1979. 2
6. 김정렴 1979. 2~1980. 9
7. 최경록 1980. 9~1985.10)
8. 이규호 1985.11~1988. 4
9. 이원경 1988. 4~1991. 3

10. 오재희 1991. 3~1993. 4
11. 공노명 1993. 4~1994.12
12. 김태지 1995. 2~1998. 4
13. 김석규 1998. 5~2000. 3
14. 최상용 2000. 3~2002. 2
15. 조세형 2002. 2~2004. 3
16. 나종일 2004. 3~2007. 2
17. 유명환 2007. 3~

Ⅱ. 주일 대한민국 공관 현황

주일대한민국대사관(http://jpn-tokyo.mofat.go.kr)

① 주오사카 대한민국 총영사관
② 주후쿠오카 대한민국 총영사관
③ 주요코하마 대한민국 총영사관
④ 주나고야 대한민국 총영사관
⑤ 주삿포로 대한민국 총영사관
⑥ 주센다이 대한민국 총영사관
⑦ 주니가타 대한민국 총영사관
⑧ 주히로시마 대한민국 총영사관
⑨ 주고베 대한민국 출장소
⑩ 주가고시마 대한민국 출장소

Ⅲ. 역대 주한 일본국 대사(부임기간)

1. 前田利一　(1965.12~1965.12)
2. 吉田健三　(1965.12~1966. 3)
3. 木村四郎七(1966. 3~1968. 5)
4. 上川洋　　(1968. 5~1968. 7)
5. 金山政英　(1968. 7~1972. 1)
6. 前田正裕　(1972. 1~1972. 2)
7. 後宮虎郎　(1972. 2~1975. 2)
8. 前田利一　(1975. 2~1975. 3)
9. 西山昭　　(1975. 3~1977. 7)
10. 前田利一　(1977. 7~1977. 7)
11. 須之部量三(1977. 7~1981. 4)
12. 村岡邦男　(1981. 5~1981. 5)
13. 前田利一　(1981. 5~1984.12)
14. 谷野作太郎(1984.12~1984.12)
15. 御巫淸尙　(1984.12~1987. 3)
16. 太田博　　(1987. 3~1987. 4)
17. 梁井新一　(1987. 4~1990. 3)
18. 川島純　　(1990. 3~1990. 4)
19. 柳健一　　(1990. 4~1992. 6)
20. 川島純　　(1992. 6~1992. 8)
21. 後藤利雄　(1992. 9~1994. 8)
22. 茂田宏　　(1994. 8~1994. 8)
23. 山下新太郎(1994. 8~1997.10)
24. 小田野展丈(1997.10~1997.10)
25. 小倉和夫　(1997.10~2000. 2)
26. 寺田輝介　(2000. 2~2003. 1)
27. 高野紀元　(2003. 1~2005. 8)
28. 大島正太郎(2005. 8~2007. 8)
29. 重家俊範　(2007. 9~　　　　)

Ⅳ. 주한 일본국 공관 현황

주대한민국일본국대사관(http://www.kr.emb-japan.go.jp)

① 재부산 일본국 총영사관　② 재제주 일본국 총영사관

V. 한일 간 무역 현황

(단위: 억 달러, 괄호는 증감률)

	2000년	2001년	2002년	2003년	2004년	2005년	2006년
대일수출	204.7 (29.0)	165.1 (△19.3)	151.4 (△8.3)	172.8 (14.1)	217.0 (25.6)	240.3 (10.7)	265.3 (10.4)
대일수입	318.3 (31.8)	266.3 (△16.3)	298.6 (12.1)	363.1 (21.6)	461.4 (27.1)	484.0 (4.9)	519.2 (7.3)
대일수지	△113.6	△101.3	△147.1	△190.4	△244.4	△243.8	△253.9
총교역액	523.0	431.4	450.0	535.9	678.5	724.3	784.5

출처: 한국무역협회.

VI. 한일 간 투자 현황

(단위: 억 달러, 괄호는 비중/건수)

	2000년	2001년	2002년	2003년	2004년	2005년	2006년
일본의 대한투자	24.5 (16.1/614)	7.7 (6.8/591)	14.0 (15.4/474)	5.4 (8.4/495)	22.5 (17.6/552)	18.8 (6.2/611)	21.1 (18.8/584)
한국의 대일투자	1.4 (2.3/138)	0.94 (1.9/114)	0.59 (2.7/73)	0.49 (1.4/62)	3.3 (4.1/114)	2.1 (2.3/137)	2.9 (1.6/185)

출처: 산업자원부·한국수출입은행.

VII. 한일 간 출입국 현황

(단위: 만 명, 괄호는 비중, %)

	2000년	2001년	2002년	2003년	2004년	2005년	2006년
방한 일본인	247.2 (46.5)	237.7 (46.2)	232.2 (43.4)	180.2 (37.9)	244.3 (42.0)	244.0 (40.5)	233.9 (38.0)
방일 한국인	110.1 (20.0)	113.4 (23.8)	127.2 (24.3)	145.9 (28.0)	158.8 (25.9)	174.7 (26.0)	211.7 (28.9)

출처: 한국관광공사(KNTO), 일본국제관광진흥기구(JNTO).

한일관계 2006-2007 주요일지

2006년

1. 4	고이즈미 수상, 연두 기자회견
1.20	한일 양국 형사사법공조조약 서명
1.25	노무현 대통령, 연두 기자회견
1.28	아소 외상, 천황의 야스쿠니 참배에 관하여 언급
1.30	아소 외상의 28일 발언에 대해 한국 외교부 비판 논평
2. 3	일본 참의원에서 외국인을 포함한 한센인 보상법 통과
2. 4	베이징에서 북일 간 수교교섭을 포함한 포괄적 협의 재개
2.22	시마네현 '다케시마의 날' 1주년 행사
2.24	재일대한민국민단 단장으로 하병옥 씨 선출
3. 1	노무현 대통령, 3·1절 기념사에서 일본의 역사인식 문제를 언급
3. 1	북관대첩비환수추진위원회, 육로를 통해 북관대첩비 북한 측에 인도
3.29	일본 문부과학성, 2005년도 교과서 검정 결과를 발표
3.30	외교통상부, 독도에 대한 일본 정부 주장을 철회하라고 성명
4.14	일본 해상보안청, 한국 측 배타적 경제수역에 대한 탐사계획을 국제수로기구에 통보
4.18	반기문 외교통상부장관, 독도탐사 관련 모든 사태 대응책 준비하고 있다고 발표
4.25	노무현 대통령, 한일관계에 관한 특별담화문 발표
5. 3	한국 정부 독도 EEZ 대책팀 발족

5.17	민단과 총련 대표, 상호 화합을 위한 공동성명 발표
5.17	일본 참의원, 입국 외국인에 대한 지문채취 출입국관리법 개정안 통과
6.16	북한 대륙간 탄도미사일 대포동 2호 발사대 설치
6.16	일본 참의원, 대북인권법안 통과
6.23	한국 해양경찰청, 일본의 해양조사 대비 '국제의기대응팀' 설치
6.24	민단의 임시 중앙위원회에서 '5·17 공동성명'을 백지화하기로 결정
6.29	북한에 피납된 김영남, 금강산 남북이산가족 상봉장에서 모친 상봉
7. 5	북한, 대포동 2호 등 중·장거리 미사일 시험발사
7.10	아베 관방장관, 북한에 대한 선제공격 검토할 수 있다고 발언
7.14	북한 미사일 발사 관련 대북제재결의안 유엔 안보리 상정
8.13	한국 정부, 첫 동해·독도 표기 세계지도 제작·배포
8.15	고이즈미 수상 야스쿠니신사 참배
9. 4	제6차 한일 EEZ 경계획정 실무회의 개최
9. 6	외교통상부, 일본 외무성과 전화로 차관급 전략 대화
9.10	일본 자민당, 아베 신조를 제21대 총재로 선출
9.10	제6차 ASEM 정상회의 헬싱키에서 개막
9.28	동북아역사재단 출범
10. 3	재일본대한민국민단 창설 60주년 기념일
10. 9	북한 핵 실험 성공 발표
10. 9	아베 수상, 한국 방문하여 노 대통령과 회담
10.14	반기문 유엔사무총장 피선
10.15	외교통상부, 유엔안보리 대북결의 지지 성명 발표
11. 1	아베 수상 핵 폐기 진전 없으면 대북 제재를 계속하겠다고 언명
11.12	일제강점하강제동원피해진상규명위원회, 한국인 B·C급 전범도 피해자로 인정
11.18	한국 찬성한 가운데 유엔 대북인권결의안 가결
12. 6	친일반민족행위진상규명위원회, 친일반민족행위자 106인 확정 발표
12.25	「아사히신문」의 연재 칼럼 「풍고계(風考計)」, 제41회로 종결

2007년

1. 4	아베 수상, 이세신궁 참배
1. 6	아베 수상, 메이지신궁 참배
1.14	필리핀 세부에서 한중일 3국 정상회의 개최
2. 2	부산지법, 미쓰비시중공업에 대한 손해배상청구소송에서 원고 패소 판결
2.15	보훈처, 친일파 후손 40여 명 토지 270만 평 환수 추진
2.26	허남식 부산시장, 한일 해저터널에 대한 정책적 검토 의견 발표
3. 1	아베 수상, '위안부' 강제동원 증거 없다는 견해를 피력
3. 3	외교통상부, 아베 수상의 '위안부' 발언에 대해 논평
3. 4	제7차 한일 EEZ 경계획정 실무회의 개최
3. 7	북일국교정상화 실무회의 하노이에서 개최
3.26	아베 수상, '위안부' 문제에 관한 사과 발언
3.28	일본 국회도서관,『신편야스쿠니신사문제자료집』을 국회에 제출
3.31	제주도에서 한일 외교장관회담
4. 2	한미자유무역협정(FTA) 협상 타결
5. 2	친일반민족행위자재산조사위원회, 이완용 등 친일파 재산 첫 환수결정
5. 4	이집트 샤름 엘 세이크에서 한일 외교장관회담
6.18	제8차 한일 EEZ 경계획정 실무회의 개최
6.18	재일본조선인총연합회, 부실채권 지급 청구 소송에서 패소
6.26	'위안부' 결의안, 미 하원 외교위원회 통과
7.29	일본 참의원 선거, 자민당 참패하고 민주당이 압승
7.30	'위안부' 결의안, 미 하원 본회의 통과
8.15	아베 내각 각료 가운데 유일하게 다카이치사나에 내각부 특명대신이 야스쿠니 참배
8.23	아베 수상 인도 방문시 팔 판사 후손 면담
8.24	외교통상부 아베 수상의 팔 판사 칭송에 비판 논평
8.27	아베 내각 대폭 개편
8.29	외교통상부, 독도 및 해양경계 전담 부서 신설
8.31	한일 외교장관 전화 협의

9. 6	APEC 계기 한일 외교장관회담
9.12	아베 수상, 전격 사퇴
9.24	한일 양국 2008년을 '한일 관광교류의 해'로 지정
9.26	일본의 후쿠다 내각 공식출범
9.29	오키나와 현민, 일본 정부의 교과서 왜곡에 분노
9.29	제62차 유엔총회 계기 한일 외교장관회담
10. 2	노무현 대통령 평양 방문, 7년 만에 남북정상 만남
10. 5	제1회 '세계한인의 날'
10.24	국정원과거사위, 1973년 김대중 납치를 박정희 대통령이 묵시적으로 승인했다고 판단 발표
10.24	일본 정부, 김대중 납치 사건에 대한 한국 정부의 사과와 재발방지 약속을 요구
11. 7	재일대한민국민단 히비야공원에서 영주외국인 참정권 촉구하는 대회 개최
11.20	싱가포르 한일 정상회담에서 일본 측 유골송환 협력하겠다고 언급
11.20	일본 입국 외국인에게 지문채취제도 전면 시행
11.23	한국 국회 본회의, 일제강제동원희생자지원법안 재심의 통과
12.10	일제강제동원희생자지원법 공포
12.20	일본 정부, 일본제국 군인·군속의 공탁금 명부를 한국 측에 제공

| 찾아보기|

■ 항 목

■인 명